INTERNATIONAL CULTURAL TRADE

国际文化贸易

佟　东 / 编著

经济管理出版社
ECONOMY & MANAGEMENT PUBLISHING HOUSE

图书在版编目（CIP）数据

国际文化贸易/佟东编著. —北京：经济管理出版社，2016.9
ISBN 978-7-5096-4559-8

Ⅰ. ①国… Ⅱ. ①佟… Ⅲ. ①文化产业—国际贸易 Ⅳ. ①G114

中国版本图书馆 CIP 数据核字（2016）第 204099 号

组稿编辑：申桂萍
责任编辑：侯春霞
责任印制：黄章平
责任校对：张　青

出版发行：经济管理出版社
（北京市海淀区北蜂窝 8 号中雅大厦 A 座 11 层　100038）
网　　址：www. E-mp. com. cn
电　　话：（010）51915602
印　　刷：三河市延风印装有限公司
经　　销：新华书店
开　　本：720mm × 1000mm/16
印　　张：15.25
字　　数：243 千字
版　　次：2016 年 10 月第 1 版　2016 年 10 月第 1 次印刷
书　　号：ISBN 978-7-5096-4559-8
定　　价：49.00 元

目录

第一章
国际文化贸易概述

本章导读

近几年，我国文化产业发展得很快，日益得到人们的重视，我国对外贸易成绩斐然，已成为世界贸易大国，连年的顺差使我们早已成为外汇储备最多的国家，未来的局势仍然很乐观。但是，我国在文化产品和文化服务的贸易上仍然需要继续努力，我们的文化产品/服务的进口与出口严重不均衡，虽然已成为世界文化出口大国，但出口主要集中在文化产品上，而不是产业形态更为高级的文化服务上，并且我们的核心文化产品出口乏力，表明其外贸竞争力不高。

主要内容

（1）学习和研究国际文化贸易的意义。

（2）国际文化贸易发展体现的特点。

（3）国际文化贸易的分类。

（4）国际文化贸易与国际服务贸易的区别与联系。

（5）国际文化贸易与国际知识产权贸易的区别与联系。

学习目标

了解、学习和研究国际文化贸易的意义；理解国际文化贸易发展体现的特点；了解国际文化贸易的分类；掌握国际文化贸易与国际服务贸易的区别与联系，以及国际文化贸易与国际知识产权贸易的区别与联系。

第一节　国际文化贸易的研究意义、内容和方法

一、发展国际文化贸易的意义

对一个国家来说，发展对外文化贸易具有重要的意义。文化生产和贸易具有高附加值的特点，能够加快国民财富积累、实现可持续发展，还能够向其他产业提供丰富的文化附加值，为其他产业的外贸出口打开广阔的通道，提升国家文化形象和国家整体竞争力。

（一）文化贸易具有高附加值的特点

由美国哈佛商学院著名战略学家迈克尔·波特提出的"价值链分析法"，把企业内外价值增加的活动分为基本活动和支持性活动。基本活动涉及企业生产、销售、进料后勤、发货后勤以及售后服务。支持性活动涉及人事、财务、计划、研究与开发以及采购等。基本活动和支持性活动构成了企业的价值链。不同的企业参与的价值活动中，并不是每个环节都创造价值，实际上只有某些特定的价值活动才真正创造价值，这些真正创造价值的经营活动，就是价值链上的"战略环节"。企业要保持的竞争优势，实际上就是企业在价值链某些特定的战略环节上的优势。运用价值链的分析方法来确定核心竞争力，就是要求企业密切关注组织的资源状态，在价值链的关键环节上获得重要的核心竞争力，以形成和巩固企业在行业内的竞争优势。企业的优势可以来源于价值活动所涉及的市场范围的调整，也可以来源于企业间协调或合用价值链所带来的最优化效益。查尔斯·兰蒂将迈克尔·波特的产业链分析法引入对文化产业的解释，他提出了五个阶段的过程，包括：①

（*a*）开始。这表现了创造性过程本身。从知识产权的角度看，创造

---

① 陶东风. 文化研究（第三辑）[M]. 天津：天津社会科学出版社，2002.

性过程必然是与专利、版权和商标联系在一起的。

(*b*) 从创造性到形成产品。这是指那些推动生产过程的角色——经理、生产商、编辑、设备供应商、电影和照片实验室、技师等。

(*c*) 流通。这是指文化产品如何被传播——代理商、发行人及各参与促进流通的中间人。

(*d*) 发送机构。发行的结构因素包括剧院、电影院、书店、音乐厅、电视频道、博物馆、杂志。

(*e*) 观众与接受。批评家的角色、市场营销和公开行业。

正如莫瑟所指出的，在价值生产链分析法中，文化的价值要大于仅仅是税收的产生。例如，一部电视连续剧的价值链首先由开发了电视剧剧本的知识产权的作者构成。其他环节引入编辑、生产商、经理、设备供应商、后期制作师，接下来是代理商、促销人员和中间人。通过电视台的物质基础结构（陆地的、按次计费的）以及产品的广告推销（时尚、T 恤衫、CD）和辅助发行平台，这些内容产生了价值。[①] 在价值链的生成过程中，文化产业具有高附加值、高回报的特点。

文化产品的高额利润是十分惊人的，根据詹姆斯·耶戈的统计，《我的巨型希腊婚礼》等八部电影的平均收益高达 15156%，[②] 也就是说，它们获得的收入是其成本投入的 150 多倍。这种高额利润在其他产品中是难以想象的。由于认识到了文化产品高回报率、高附加值的特点，当前世界上的许多国家也十分重视文化产品的出口，并由此带来了巨额的经济效益。视听产品已经成为美国仅次于航空航天的主要换汇产品，居于出口贸易的第二位。2002 年，英国文化产业出口达到 175 亿美元，2003 年成为仅次于金融业的全国第二大产业。1993~2003 年，日本商品出口总额一共增长 36%，但在同样的 10 年内，文化产业出口额却增长近 2 倍，从 5343 亿日元上升到 1.5779 万亿日元，文化产业出口贸易仅次于汽车工业。

对于文化产品来说，其通过贸易而带来的直接收益仅仅是利润来源的一部

---

① Colin Mercer. Mismatch or Convergence: Cultural Policy and the Cultural Industries [EB/OL]. http: //www.curac.cdu/ documcnts/cdap/2004_cdap04.pdf.

② James Jaeger. Why Invest in a Moive? [EB/OL]. http: //www.mecfilms.com/moivepubs/memos/whyinves.htm.

分，衍生的其他相关产业收入（如旅游、玩具、游戏、主题乐园等）比直接收入要高得多。例如，美国电影产业总收益的20%来自银幕营销，80%来自后电影产品开发，即电影相关主题产品的营销。《星球大战前传》在开拍之前就已经开始赚钱，它的玩具版权由世界三家最大的玩具公司竞标，仅此一项就净赚4亿美元，围绕电影开发的玩具有6大系列，共200余款，据测算，其相关产品收入突破50亿美元。

（二）文化贸易对区域经济发展和形象提升具有整体带动作用

美国全美州长协会的一份报告认为，在城乡地区，由于文化部门对地区经济的直接和间接贡献，其正在作为一种经济生活的发动机而出现。报告还强调指出，振兴文化生活具有多种好处，除了增加收入、就业和税收之外，文化活力还能提高地区的知名度，同时吸引潜在的游客、居民和投资者。[①]

文化经济具有的优势在于：文化更富有弹性，可以经受时代变化的考验，它很少会消亡，而总是在进化，尽管面临全球化的潮流，但是文化仍然可以不断探索创新，而且更利于创造新的空间和场所。这些都是单纯的经济战略所无法达到的。因而，文化经济表现出一种“整体效应”，文化经济“不仅仅是诸多经济功能中的一种，它还是经济的发源地、经济的框架和经济的结构”。[②] 在产生直接经济效益的同时，它还对促进就业、增加国家和社区稳定性、提升国家形象等方面具有十分重要的作用。

从生产特点、生产内容和作用的方式与范围来看，文化产业远远超越了信息产业的物质领域，它以其特有的广泛性和渗透性提升着物质生产领域的文明程度，带动着科教、休闲、传媒、体育等庞大的产业群体的蓬勃发展，推动着人类知识经济时代高级阶段的来临以及经济结构的根本性变革。[③]

文化生产以文化创造性活动为中心，层层扩散，形成文化产业生产体系。以流行音乐唱片的生产为例，流行乐队为了生产唱片，首先需要录音室，这里一开始就涉及相关的专业人员与高科技的设备；唱片投入生产，又与制造业相联系，

---

① National Governors Association. The Role of the Arts in Economic Development [J]. Washington DC: NGA Center for Best Practices, 2001 (6): 1.

② 世界文化产业发展前沿报告（2003~2004）[M]. 北京：社会科学文献出版社，2004.

③ 张曾芳，张龙平. 论文化产业及其运作规律 [J].中国社会科学，2002 (2).

这需要通过科技手段与工业生产形式相结合，大量复制文化产品，同时，唱片所需要的包装，又与设计、印刷等相联系；唱片的发行过程，不仅牵涉销售业，还涉及广告业以及电影、电视和电台等服务活动，乃至多媒体行业的介入。不仅如此，当前文化产业的扩展所形成的“亚文化产业”，或者说文化产业与其他产业融合以后产生的混合型产业，既包括传统制造业、种植业、养殖业和服务业的基本形态，又包括具有很高文化含量的会展业、咨询业、旅游业、职业培训业等。目前文化产业国际通用的标准产业分类依据，正是将文化产业视作一个包含四部分的生产链：内客的创意、生产输入、再生产和交易。①

文化经济的优越性在实践中得到了广泛的认同。在欧洲城市复兴过程中，一些城市最初是将重点放在单纯的经济战略上。大型的购物中心建设就曾经是一些城市振兴衰落地区的思路。20 世纪五六十年代，一些美国城市的郊区曾因建设大型购物中心而取得了成功，一些城市规划学者也因此认为这是恢复城市活力的重要手段。但是，大型购物中心的建设思路很快就暴露出问题。首先，对于这些旧城来说，大型购物中心的建筑造型是对地方特色与周边地区城市脉络的破坏。其次，大型购物中心对周边地区带来巨大的交通压力，而且相当规模的停车场占地也会使旧城空间不堪重负；特别是，大型购物中心仍然解决不了当时城市居民居住郊区化所引发的夜晚市中心“空城计”的问题。② 而文化经济的整体性效应却解决了大型购物中心暴露出的问题。它妥善地解决了保护旧城风貌、传承城市文脉，并增强旧城经济与文化活力、应对交通与土地压力等一系列问题，保证了城市的可持续发展。以下来自韩国的例子也非常有力地说明了这一问题：

> 1997 年，韩国遭受亚洲金融危机的袭击，外汇储备降到历史最低，众多大财团解体，1/3 的银行倒闭，失业率大幅增加……然而，不到五年时间，韩国经济再次崛起，1999 年经济增长一度反弹至 10%左右。在韩国经济恢复过程中，最为活跃、成长最快的是文化产业。数字游戏被确定为韩国的战略产业，自 1998 年以来，其产值翻了两番。其中最

① 世界文化产业发展前沿报告（2003~2004）［M］. 北京：社会科学文献出版社，2004.
② 吴晨. 文化竞争：欧洲城市复兴的核心［J］. 瞭望，2005（2）.

具代表性的“天堂游戏”，不仅风靡亚洲，而且与微软和索尼等巨头游戏产品在国际上形成犄角之势。韩国电影出口额从 1995 年的 21 万美元增长到 2003 年的 3098 万美元，增长 147 倍；2003 年，韩国向 56 个国家出口了 164 部电影，平均每部出口价格为 19 万美元，比 2002 年平均每部增加了 8 万美元。[①]

2004 年，影视剧、网络游戏等韩国文化产品所带动的“韩流”几乎席卷整个亚洲。韩国贸易会在一份关于“韩流”的经济影响的报告中称，对中国、日本、泰国、中国香港和中国台湾地区的与“韩流”相关的商品出口，使韩国获得了 9.18 亿美元的收入，占对上述五个经济体商品出口总额的 7.2%。

影视剧、网络游戏等“韩流”文化产品无疑为韩国带来了滚滚财源，但是，这些由文化产品所带来的直接收益不过是冰山一角。对于大力推进文化战略的韩国来说，它更为看重的是“韩流”过后留在其他国家人们心中的韩国形象，是随着对韩国文化产品消费而来的对韩国文化的熟悉、认可乃至接纳，这才是韩国大打文化牌的精髓和秘密所在。这一点也是文化贸易第二层面的作用，即文化产品和文化服务的双重属性，使得文化贸易在带来直接经济效益的同时，提升了一国的文化形象，加强了其他国家对该国文化的亲近感和认同感。例如，由于韩国文化产品所取得的巨大成功，韩国美食也受到大家的青睐。

文化产品和文化服务具有一般商品和特殊商品的双重属性。文化产品和文化服务对消费者的满足主要是心理的而不是生理的，是精神的而不是物质的，它在具有物质性、形象性的同时，更具有精神性和可持续性。文化产品和文化服务会在消费者心中留下潜移默化的影响，从而对其承载的文化观念产生某种信任感、亲切感乃至依赖感。因此，“一个国家的对外文化贸易，不仅具有经济的价值，而且具有外交、宣传的功能，传播了它的意识形态和价值观念。”[②] 由于文化亲近感和文化认同感，文化贸易会形成巨大的整合效应和辐射效应，带动一国其他非

① 史斌. 当文化成为韩商的力气：广告所带不来的亲和力［J］. 环球财经，2005（2）.
② 丁伟. 发展中国家对外文化贸易的历史机遇［N］. 光明日报，2004-09-20.

文化产品的出口贸易，从而对增强一国的整体经济实力起到巨大的推动作用。这是文化贸易作用的第三个层面，也是发展对外文化贸易最为重要的意义所在。

早在20世纪70年代，日本学者日下公人就指出，文化本身在能够产生高额利润的同时，还对重化学工业等其他非文化领域的贸易产生重要的影响，“有无文化亲近感、文化尊敬感”甚至是“直接关系到确保资源供应的大问题”。因此，日下公人极力主张日本在推行经济立国的同时，考虑文化立国战略，因为只有“创造文化、输出文化并使世界文明喜爱它”,“才能轻而易举地得到文化鼻祖的利益，确保资源供应和祖国安全”。[①]

美国好莱坞有所谓的“火车头理论”，即电影作为火车头，它本身可以不赚钱，但它可以带动电影业的发展。好莱坞电影中，票房收入一般只占一部电影全部收入的1/3，其余的收入则是电视等版权和电影后续产品的收益。在我们看来，文化产品和文化贸易的“火车头”作用应该包括两个层面：从某一产业领域角度来说，文化产品本身所带动的是后期相关收入，是整个相关产业价值链的形成；从整个国家的经济和对外贸易战略角度来说，文化产品和文化贸易这一“火车头”的作用并不仅仅是对某一产业价值链的带动作用，它甚至可以带动整个国家经济和对外贸易的增长。文化产品和文化贸易后一层面上的“火车头”作用更为重要。

（三）发展国际文化贸易有利于实现经济可持续发展，改善出口结构

对当今世界来说，可持续发展已经成为一个十分重要的议题。可持续发展是20世纪80年代提出的一个新概念。1987年，世界环境与发展委员会在《我们共同的未来》报告中第一次阐述了可持续发展的概念，得到了国际社会的广泛认可。可持续发展是指既满足现代人的需求又不损害后代人满足需求的能力。换句话说，就是指经济、社会、资源和环境保护协调发展，它们是一个密不可分的系统，既要达到发展经济的目的，又要保护好人类赖以生存的大气、淡水、海洋、土地和森林等自然资源和环境，使子孙后代能够永续发展和安居乐业。

持续的经济发展需要持续的动力。在人类历史上，人口、资源、资本等都曾是推动经济增长的动力。古典经济学认为，国家财富主要与一个国家的天然资

① 日下公人. 新文化产业论［M］. 北京：东方出版社，1989.

源、劳动人口、数量、利率、币值有关。然而，可利用的天然资源是有限的。随着现代社会的发展，环境恶化、生态危机等“工业化病症”不仅成为经济进一步发展的严重障碍，甚至已经威胁到人与自然的关系。有人警告说：如果我们再这样肆无忌惮地对自然资源进行大肆掠夺，人类就有被“开除球籍”的危险。与传统产业相比，文化产业所依赖的不是海洋、矿产、森林等自然资源，而是文化传统、创意观念等。它在很少甚至不损害自然资源的情况下，带来巨大的经济回报。因此，能否充分利用文化资源，充分发展文化经济，对于国家和地区的可持续发展有着十分重要的作用。

积极发展对外文化贸易，对当代中国具有尤为重要的意义。无论是中国对外贸易的整体格局，还是中国对外文化贸易本身，都是如此。

从目前中国对外贸易的整体格局来看，根据世界贸易组织公布的2004年世界贸易统计，2004年中国货物进出口总额、出口额和进口额世界排名均为第三。从量化的指标来看，中国无疑已经是世界贸易强国，但是，我们也应该看到，在量的增长背后，中国对外贸易也存在着结构上的巨大不平衡性。从对外贸易的产品结构来看，在中国对外贸易中，农产品、能源、原材料等基础产品占相当大的比重，而高技术含量、高附加值的产品贸易所占比例极低。另外，从贸易方式来看，在2004年的中国贸易总额中，加工贸易就占了6000多亿元，而外来加工贸易占全部出口额的58%。这意味着，在庞大的贸易总额中，有很大一部分是发生在大型跨国公司内部。在这种贸易格局中，中国所提供的仅仅是廉价的劳动力，获利的却是外国公司。因此，在促进对外贸易、推动贸易总量增长的同时，改善贸易结构已成为中国对外贸易所面临的重要课题。在改善贸易结构方面，具有高附加值、整体效应特点的文化贸易无疑具有重要的作用和意义。

再从中国对外文化贸易本身的情况来看，中国对外文化贸易存在着严重的贸易逆差现象。包括媒体在内，中国和西方国家之间的“文化贸易”逆差还十分严重。无论是从文化资源的角度讲，还是从综合国力的角度讲，这种严重的文化贸易逆差都是不应该的。因此，大力发展文化贸易，改变文化贸易中的严重逆差现状，进而改善中国对外贸易整体格局，已经成为摆在我们面前的迫切任务。“从体制改革和机制创新的高度，大力发展对外文化贸易，已成为我国发展文化事业、增强文化实力、提高国际竞争力的一个新的战略突破口和历史性机遇。”①

二、国际文化贸易的研究方法和学习方法

（一）国际文化贸易学研究方法

一门学科要上升到理论地位，完整的研究方法是不可缺少的。由于国际文化贸易学是一门交叉学科，它和众多学科都息息相关，因此，目前我们认为它可以广泛地采用其他学科的研究方法，为自己的研究方法奠定基础。这些方法既包括人文学科的文献综述、深度访谈、比较分析等，也包括社会学科的问卷调查、内容分析、个案研究等。由于文化贸易学和文化产业学关系最为密切，在这里介绍文化产业学的两大研究方法以资借鉴，即政治经济学研究方法和文化研究方法。

政治经济学研究方法是传统的经济研究所普遍采用的方法，它产生于 1960 年以后的一群社会学家与政治学家之间，其主要目的在于揭示文化产品中的意义是怎样被“建构”的。因此，其研究领域包括探讨人们在社会中的不同社会地位、人们与他们在一定的社会组织中所要获得的产品之间的相互联系，以及这些联系如何产生等。例如，一项政治经济学的研究很可能对一个喜欢看报纸的澳大利亚人和这份报纸的主人默多克之间的关系产生浓厚的兴趣。

除此之外，政治经济学也非常注重对伦理和标准化状态的研究。这个术语包含着强烈的保守主义成分，它注重文化产品的生产过程，并默认这种过程是符合现实生活状态，也是符合当前社会制度的。它注重文化产业中的个人商业，注重个人商业与政府、媒介之间的合作等问题。

对政治经济学方法曾经有一种误解，就是把它看作是对正统主流经济学研究方法的翻版。后来一些学者对两者之间的差异进行了归纳，认为：第一，政治经济学对媒介的研究是全盘和整体的，它将其中所涉及的政治、社会和文化等问题看作是相互关联的，而不是像主流经济学那样将它们看作是互相分离的；第二，政治经济学方法有着历史的视野，它更加关注一个国家、企业和文化领域长期的变化；第三，它非常关注私营企业和公共集体利益之间的平衡；第四，最为重要的是，它超越了仅仅对于技术问题的探讨，而是更为关注隐藏在技术背后的基本

① 丁伟. 发展中国家对外文化贸易的历史机遇［N］. 光明日报，2004-09-20.

的道德、公正、平等和公共资源等问题。

不过，在这个学派之内也有一些持“左翼”态度并对社会出现的问题和冲突有所挑剔的人，有些学者也用“批判政治经济学”来区分这个术语中所包含的保守成分的理论。批判政治经济学基于“批判”的立场，太过于对媒介、文化和政府之间的合作进行严厉的批判，很多媒介机构对此行为非常反感。因此，批判政治经济学研究方法便经常被误解、忽视或者简化。不过，它研究的合理的一面是将文化看作资本主义的产物和消费品，这为解释资本主义社会中权力的不平等和利益的偏见奠定了基础。

政治经济学研究方法对于文化产业学的一个显著贡献在于，它提供了文化产品及意义被建构的过程，并反映出文化产品的意义在于建构过程中与社会各层面之间的关系；但它同时提供了一种关于当前的文化产业是为资产阶级利益集团和权势集团服务的议程。在此基础上，政治经济学研究的核心主题是文化产业是被控制的，那么，这种由权势和利益集团所控制的资本主义文化产业就一定会导致财富和权力今后继续控制文化产业的循环吗？近年来，这一议题引起了学者们的广泛关注。

另外一种是文化研究方法，这是一种分化和分解的研究方法，它的最终目的是通过考虑文化和社会权力之间的关系来探讨和重新思考文化的意义。[①] 它注重的是对文本的“解构”，即找出文本中自身逻辑矛盾或自我拆解的因素，从而摧毁文本在人们心目中的传统建构。例如，对于歌手麦当娜的文化研究会立足于音乐本身的意义之上，探讨她的音乐态度是否和当前的女权主义有关；对于麦当娜和她的歌迷的研究也可以成为一项关于女性的身体、性感度和性别关系是怎样被理解或者是如何被“建构”的研究。[②]

由于立足于文化本身的意义而着力于探讨文化与其他社会权力的关系，因此这一研究方法对文化本身带有一种批判性的敌意。同样，对于其他许多跨学科领域的研究方法也都保留了批判的态度。但是，它的研究却是深刻的和高屋建瓴的。文化研究方法的贡献主要体现在以下几个方面：

---

① David Hesmondhalgh. The Cultural Industries [M]. London, Sage Publications, Thousand Oaks, 2002.
② Eric Louw. The Media and Cultural Production [M]. London, Sage Publications, Thousand Oaks, 2002.

(*a*) 文化研究有力地论证了普通的、大众的文化必须要被社会所严肃考虑和认真接受的事实。它拒绝将文化分等级来看待，认为没有什么“神圣的”高级文化，也没有什么“低俗”的文化。我们不应该将所谓的“通俗文化”纳入研究范围而感到庆幸，因为它们本来就是应该引起重视的。对于文化的研究就是要考虑到文化中的各种要素和各个维度，这些维度包括不同伦理、不同种族、不同社会背景、不同阶层、不同性别以及不同国家的文化。

(*b*) 文化研究提供了相当精确的对于不同文化的定义，尤其提供了对于文化的基本含义的强有力的论述。不过，虽然文化研究有着丰富的对于文化的各种各样的定义，但它仍然钟情于那些蕴含着政治含义的定义。

(*c*) 文化研究目前最为关注的是一些含有政治意义的问题，具体地说，是关于话语权的问题。例如，“是谁在传播文化?”“谁在国际舞台上拥有发言的权力?”等等。这些问题与那些准备对资本主义制度、父权制、种族制以及文化帝国主义等进行批判的问题不谋而合。近年来，在一些最好的文化研究著作中都充满了对权威的无情批判。

(*d*) 文化研究在当前的最前沿课题是文本性研究、主观性研究、社会等级和身份认同等问题。文本性研究关注的是文化权力中的审美价值观问题，研究文本与意义怎样影响社会；主观性问题研究文化传播的主体意识；等级和认同问题探讨“我们是谁，我们从哪里来”等问题。另外，文化研究也探讨阶级、种族、女权主义等问题。

总体看来，文化研究方法通过分析文化现象与各种社会层面的关系，高屋建瓴地对当前资本主义制度中的种种弊端进行深刻的剖析。它对既定社会现实的批判是全面的，相对于政治经济学方法中对于既定现实的默许与肯定，文化研究方法在某些方面有着更为深刻的意义。

在文化产业研究过程中，这两种研究方法互相补充，可以被共同使用在既要研究传播过程又要对文化现象进行解构的案例中。在文化贸易研究中，政治经济学的研究方法可以被用来具体分析文化产品的形成过程以及文化产品的出版、发行、市场、经营等范畴；而文化研究方法则可以用来探讨国与国、民族与民族之间文化意识形态领域的冲突，以及在背后操纵文化产业的权力纷争和霸权主义等冲突。应该说，这两种研究方法对于国际文化贸易学的研究以及国际文化贸易学科的形成都有着积极的作用。

（二）国际文化贸易的学习方法

要想学好“国际文化贸易”这样一门崭新的课程，除了要注意一些传统的和普适的方式方法以外，还必须学会运用创新性学习方法，并时刻关注实践和理论两个层面的发展进程。

1. 学会运用创新性学习方法

创新性学习方法要求学生在学习知识的过程中，不拘泥于书本，不迷信权威，不墨守成规，以已有的知识为基础，结合学习的实践和对未来的设想，独立思考，大胆探索。

传统的学习是维持性学习，学习者从中获取的只是固定不变的见解、观点、方法和规则，目的是应付已知的、重复发生的情况，增强学习者解决既定问题的能力，从而达到维持现存社会制度和现存生活方式的目的。创新性学习是一种能带来变化、更新、重组以及重新提出问题的学习形式，能使个人和社会在急剧变革中具有应对能力并提前做好准备，是解决个人和社会问题的重要手段。其基本特征是预期性和参与性，通过预期促进事物发展的连续性，通过参与创造空间或地域的连续性，两者紧密相关，相辅相成，缺一不可。创新性学习的主要追求目标是自主性和整体性，通过创新学习，使学习者既具有自主性，尽可能地自力更生，又具有介入更广阔的人际关系、与他人合作、理解和认识自身所在大系统的整体性能力。

(*a*) 要注重知识的发展性理解，注重知识的相对真理性、发展性，以掌握前人知识为起点，以应用并且发展知识为目标，注重为发展知识而去掌握知识，在提高应用能力的基础上培养创新的能力和技巧，讲究“温故知新”、“推陈出新”。

(*b*) 以建立合理的知识结构、提高应用和创新能力为标准，不盲目追求掌握知识的数量，注重知识的结构，注重获取新知的方法，注重分析和解决问题的实践能力，把学习能力、实践能力、创新能力视为衡量学习成果的同等重要的标准。

(c) 提倡用探索和研究的方法进行学习，在学习中提高探索和研究的能力，形成思维的开放性、求异性，重视前人获得的结论性知识，尤其重视前人创新知识的思维路径和特点，这种在学习过程中进行的创新思维训练，不仅能极大地提高学习深度和质量，而且为以后工作中的创新和创造提供了锐利的思维武器。

(d) 提倡“学为主体，教为主导”，师生之间是一种共同探究的平等合作关系，教师的任务在于引导、帮助学生学习，真正把学生放在学习的主体地位，全面履行“传道、授业、解惑”的职责，即不仅要“授业、解惑”，更要向学生传授做人之道、治学之道。

总之，在国际文化贸易学习中，同时存在着学习过程和创新过程，两者在思维形式和科学方法上是高度一致和密切相关的。在科学研究和创新中需要的观察能力、分析能力、思维能力、判断能力、想象能力、实验能力等，不仅要在学习中培养，而且是提高学习质量所必需的。说到底，创新是不断追求反映客观规律的真理，而学习的核心在于追求反映真理的客观规律，创新性学习正是追求这二者之间的统一。①

2. 关注实践和理论两个层面的发展进程

大家都知道，理论是实践的抽象，科学的理论可以有效地指导实践发展，并且理论一旦形成，可以与实践同步，但更多时候是超越或落后于实践的。因此，对于国际文化贸易这一全新领域的学习和研究，需要同时关注实践和理论两个层面的发展进程，两者不可偏废。

本书在篇章结构设计方面，很好地贯彻了理论内容与实践内容大体平衡的原则。在具体学习过程中，还要注意以下三点：

(a) 掌握“特点—原因”分析法。例如，分析“美国电影对外贸

① 张笛梅. 什么是创新性学习［N］. 中国教育报，2008-07-09.

易”时，先要总结罗列出美国电影对外贸易的若干主要特点，并进行重要性排序，而这些特点背后应该有足够的相关量化指标作为支撑，说美国是“电影贸易强国”，就需要用国际电影市场占有率数据来证明，这一占有率指标具体则是由影院片源、影片产量、影院放映时间、票房收入和国别市场份额等数据组成，另外，还需要有国别案例来佐证具体的出口市场情况。在分析形成这些特点的原因时，仍然要对政府、企业和第三方机构等进行重要性排序，同时不仅要关注政府和第三方机构在推动立法、保护知识产权和打破配额限制等政策层面的作用，以及好莱坞电影企业在类型运用、明星制度和领先潮流等技术层面的作用，还要重视分析国内市场、发展历史和语言优势等要素禀赋方面的影响。

（*b*）联系实际进行学习。例如，2008年金融危机后，各国文化产业及文化贸易受金融危机的影响到底如何？是随其他产业及贸易同步下行，还是单独逆势上扬？其中原因又是什么？ 回答这些问题，既要考虑相关国家文化产业的主要资金来源是中央或地方政府拨款还是企业的投资或赞助，也要顾及从需求和供给两方面呈现出的因行业不同而不尽相同的影响，更要注意政府应对、民众需求和产业降温等因素的作用。此外，大家平时通过阅读报刊等所接触到的像文化创意产业、文化例外等或流行、或特殊的词汇用语，也应该是我们学习过程中需要联系和理解的内容。

（*c*）灵活应对学习中遇到的问题。对于国际问题，要先从国别案例入手，然后到次区域，再到大区域，最后才在世界层面上进行归纳总结；对于复杂问题，应该着力于分析现状特点及其隐藏在其背后的经济、政治、社会和文化原因，进而探究可能存在的客观规律；如果是面对各界尚无定论的领域或问题，可以采取研究式和讨论式学习法，重过程不重结论，目的在于熟悉和掌握从提出问题到解决问题过程中的思维路径和思考方法。

第二节　国际文化贸易的发展及分类

一、国际文化贸易的发展

（一）国际文化贸易发展势头强劲

根据联合国贸易和发展会议数据库（UNCTAD）的相关资料显示，2002~2010年，国际文化商品贸易出口总额从1982.4亿美元增长到了3832.1亿美元，年均增速为8.6%，略低于同期国际商品贸易增幅；国际文化服务出口总额从495.9亿美元增长到1450.3亿美元，年均增速为14.4%，高于同期国际服务贸易年均增速3.2个百分点。由于金融危机的影响，2009年的世界贸易急剧萎缩，其中商品贸易降幅超过23%，而文化商品贸易降幅大大低于商品贸易，体现出文化贸易较强的抗金融危机、“逆势而上”的能力。

文化贸易的发展可以直接带动相关文化产品的出口。有关资料显示，2002~2011年国际相关文化商品贸易年均增速为8.6%，与国际文化商品贸易发展速度持平。2011年，国际文化及相关商品出口占国际商品出口贸易的比重为7.3%。[①] 由于文化贸易具有高附加值特性，可以对经济和社会产生整体带动作用，各国纷纷将文化贸易作为提高国际竞争力的战略突破口，采取各种有效措施来促进文化贸易的发展。因此，基于当前的环境，国际文化贸易必然呈现蓬勃发展的态势。

（二）发达国家占据文化贸易的主导地位

文化经济具有内在的地理纬度特性，当代的文化产业发展在不同的国家和地区之间有着巨大的不同，这种格局上的不平衡与基础经济的发展水平有关。文化产业作为一种新兴产业，也是一种知识密集型的高端产业。文化产业的发展、文化消费市场的形成，都需要一定的经济基础作为支持才能够进行。根据马斯洛的需求五层次理论，人们在满足了生存、安全、社交、尊重等基本权利需求之后，

① 米宏伟. 文化贸易全球化现状与特点［J］. 国际经济合作，2012（12）.

就会主动地追求一种更高层次的精神文化需求。正如当前，经济发达的国家和地区的文化产业和文化贸易的发展都远远高于经济相对欠发达的国家和地区的发展，从而这些发达国家和地区在国际文化贸易竞争中占据主导地位。

（三）跨国公司成为文化贸易的主体

当前，国际文化贸易的主导地位属于跨国公司，而不是任何一个国家的政府。由于跨国公司拥有雄厚的资金，管理方式和技术比较先进，其正逐渐发展成为国际文化贸易的主体。近些年来，数字技术飞速发展，各个国家、地区在文化政策方面也进行了相应的调整，使得世界范围内原有的文化产业格局发生了非常大的变化。当前世界范围内出现的几个规模巨大的跨国文化产业集团就是在文化产业的国际化重新调整的基础上产生的。目前，世界文化市场已被几个跨国文化集团垄断，如美国、西欧和日本的跨国公司涵盖了全球国际文化贸易量的2/3，其中时代华纳、迪士尼集团、新闻集团等大多数集团公司把基地设在了美国，也有原本不在美国但目前迁址到美国的大型跨国公司。

二、国际文化贸易的分类

厘清国际文化产品贸易对象的各种分类及分类标准，有助于我们更加准确地理解其内涵。[①]

（一）以文化商品和文化服务为划分标准

按照日内瓦WTO统计和信息系统（SISD）中的《服务贸易总协议》（GNS/W/120），服务部门可以分为十一个大类142个服务项目。文化服务的范围包括其中的第十大类：娱乐、文化与体育服务，包括娱乐服务（含剧场、乐队与杂技表演等）；新闻机构；图书馆、档案馆、博物馆及其他文化服务、体育及其他娱乐服务。还包括第一大类“商品服务”中F类别的印刷、出版服务和第二大类“通信服务”中D类别的视听服务，如电影与录像带的生产与批发，电影放映、无线电视与电视、录音等。此外，近几年涌现出的文化会展服务、文化中介服务、文化咨询服务等新型文化服务以及相关的文化产品，也属于文化服务的范围。

1995年，国际货币基金组织（IMF）颁布的《国际收支手册》指出，国际文

① 韩骏伟. 国际文化贸易［M］. 广州：中山大学出版社，2009.

化产品贸易是指：居民与非居民之间，有关个人、文化和娱乐服务的交易。细分为以下两类：一是声像和有关服务；二是其他文化和娱乐服务。第一类包括（影片或录像带形式的）电影、收音机、(实况或提前录制的）电视节目和音乐录制品。这里还包括租用费用的支出和收入，有关戏剧、音乐作品、体育活动、马戏等活动的演员、制片人收到的费用，以及这些活动（电视、收音机等）的放映权费用也包括在内。第二类包括其他个人、文化和娱乐活动，如与博物馆、图书馆、档案馆及其他文化、体育和娱乐有关的活动。这里还包括国外教师或医生提供的函授课程的费用。

海关编码（HS）系统的分类法中没有一个分类叫“文化产品”，属于这一分类的产品只是这个拥有 99 个分类的分类系统的其中几类。而其中有关文化软件的最重要的分类包括 49 类（书籍、报纸、图画以及其他印刷业产品）和 97 类(艺术品、收藏品和古董)。文化硬件则见于 HS 分类系统的各个角落，从 37 类(摄影和录像产品）到 92 类（乐器）。在海关统计中，对商品的分类主要取决于其物理性质，而不取决于其产业来源、内容的民族性或其文化价值。

在联合国中央产品分类（CPC）中，文化产品主要指的是文化服务。归为 96 类“娱乐、文化和体育服务”中，主要包括电影、无线电广播和电视及其他娱乐服务、表演艺术和其他现场娱乐活动、表演宣传服务、通讯社服务、图书馆、档案馆、博物馆和其他文化服务等。

前述国际货币基金组织的《国际收支手册》分类涵盖了几乎所有的国际文化产品贸易对象，但不如 CPC 详细，究其原因，大致是因为 CPC 是就总的生产结构进行分类，涵盖了国际国内两种贸易。为了使 CPC 更具分析价值，其补充了一些其他项目，虽然这些项目对国内贸易具有重要的意义，但对国际贸易而言其重要性相对要弱些。

国际通行的文化产品贸易统计标准是 UNESCO 的文化统计框架 FCS。FCS 将当前国际流通中的文化商品和服务划分为 10 大类，分别为：文化遗产（编码为 0)；印刷品及文学作品（编码为 1)；音乐（编码为 2)；表演艺术（编码为 3)；视觉艺术（编码为 4)；电影和摄影（编码为 5)；广播电视（编码为 6)；社会文化活动（编码为 7)；体育及游戏（编码为 8)；环境和自然（编屿为 9)。UNESCO 有关研究机构发布的文化产品贸易数据就是在 FCS 的基础上从国家间商品贸易数据库（COMTRADE）中统计得到的。

然而随着国际贸易统计标准的不断修订以及数据可得性的局限，不同时期的文化产品贸易内涵存在较大差异。如 UNESCO 于 2000 年首次发布的国际文化产品贸易报告《1980~1998 年间国际流通中的部分文化商品》就没有包含第 0、第 3、第 7、第 9 类商品；而 2005 年发布的《1994~2003 年间国际流通中的部分文化商品和服务》的统计范围则覆盖了第 0~6 类商品以及部分“相关文化服务”，并将文化产品分为“核心”的和“相关”的文化产品。二者的区别在于，“核心文化产品”更多地产生自一些传统文化产业，具有有形的组成部分，并且具有文化的内容；而“相关文化产品”更多地与内容产业有关，常常指文化创意服务，以及与创意、制作、流通“核心文化产品”紧密相关的活动、设备和支撑要素，诸如设计软件、广告推广、物流和企业创意服务等，都属此类。例如，一张刻上了音乐的 CD 及与之相关的知识产权被定义为“核心文化产品”，而一张空 CD 或 CD 播放机就被定义为“相关文化产品”。①

（二）以文化硬件和文化软件为划分标准

国外一些贸易研究专家根据文化产品贸易的标的物，认为文化产品贸易应包括硬件贸易和软件贸易。② 一般来说，文化硬件指用来生产、储存、传播文化内容的器物工具和物态载体，如摄影器材、视听设备、影视器材、舞美设备、游戏和娱乐器材、艺术创造和表达的工具等；文化软件则指包含文化内容的产品和文化服务，包括广播电视节目、电影动画片和故事片、印刷品、出版物、视听艺术、表演艺术、载有文化艺术内容的光盘、视盘和多媒体、娱乐、会展等。③

对于这种划分方法，有人认为：从定义看，硬件是器物工具或载体，是器材类，属于制造业；唯一特别的地方就是它是用来生产、储存、传播文化内容的。进行实际的贸易情况统计时，对硬件部分划分类型会引起混乱，是纳入制造业，还是文化产业。因为，产业贸易的计算是以产品的贸易量为依据，而不是以其使用的用途为依据。④ 这与人们通常理解的只有软件的文化产品贸易不同，也就能解

① UNESCO. International Flows of Selected Cultural Products and Serice.

② 钱光培. 北京文化产业发展态势分析［EB/OL］. http://philosophy.cass.cn/org/zxin/whzxin/lbs/beijing.htm，2011-10-12.

③ 刘江华. 我国文化产品贸易现状及应对［J］. 对外经贸实务，2005（12）.

④ 李小牧，李嘉珊. 国际文化贸易：关于概念的综述和辨析［J］. 国际贸易，2007（2）.

释为什么中国长期在图书、报纸期刊、音像制品等核心文化商品贸易中处于严重逆差却仍从 2002 年起被列为世界第四大文化出口国。联合国贸易与发展组织（UNCTAD）2008 年 2 月 14 日发表的报告指出，中国和意大利已经成为创意产品的最大出口国。[①] 该份报告还指出，由法国设计、中国制造的产品也计算到中国的出口货物中，UNCTAD 所做出的这项数据并不十分严密，需进一步研究用更加准确的方法来计算国际贸易中的文化产品。

（三）我国相关法律文件对文化产品的分类

国家统计局 2004 年印发的《文化及相关产业分类》是我国首次对文化及相关产业的分类。根据该文件，“文化及相关产业”是指为社会公众提供文化、娱乐产品和服务的活动，以及与这些活动有关联的活动的集合。文化及相关产业的活动主要包括六种：文化产品制作和销售活动、文化传播服务、文化休闲娱乐服务、文化用品生产和销售活动、文化设备生产和销售活动、相关文化产品制作和销售活动。文化活动的内容包括文化服务和相关文化服务两个部分，其中文化服务包括新闻服务、出版发行和版权服务、广播电视电影服务、文化艺术服务、网络文化服务、文化休闲娱乐服务和其他文化服务；相关文化服务包括文化用品、设备及相关文化产品的生产，文化用品、设备及相关文化产品的销售等。

从分类的种类来看，该分类是产业分类，着眼点在于生产者和产品供应者的生产和供应过程，而未涉及文化产品本身的划分。但其分类项目中又包括了诸如文化商品、设施和其他相关的文化商品实物，例如，在广播、电视、电影服务类别中，只列举了广播、电视、电影服务的提供，而没有列举广电、电影节目本身；其他类别，如出版发行和版权服务等也只是规定了这些文化产品的提供，而没有涉及这些文化商品的本身。因此，国家统计局的《文化及相关产业分类》对文化产品的准确分类没有十分重要的指导意义。

2007 年 4 月，商务部等六部门联合颁布了《文化产品和服务出口指导目录》。该目录没有细分文化商品与文化服务，而是将文化产品分为新闻出版类、广播影视类、文化艺术类、综合类四大类。就其内容来看，文化产品既包括出版单位出

① Creative Economy Report 2008（UNCTAD/DITC/2008/2），http：//www.unctad.org/creative-economy. 以及 http：//ssc.undp.org/creative_eonomy，2008-08-11.

版发行的图书、电子出版物、报纸、期刊、电影、电视产品完成片、宣传片和素材、美术品、游戏产品等文化商品，也包括互联网出版物与服务、对外翻译服务、中外合作制作电影、电视节目服务、广播影视对外设计、咨询、勘察、监理服务等文化服务。

在2004年《文化及相关产业分类》的基础上，国家统计局于2012年7月颁布了新的文化产业及其分类，该分类延续原有的分类原则和方法，调整了类别结构，增加了与文化生产活动相关的创意、新业态、软件设计服务等内容和部分行业小类，减少了少量不符合文化及相关产业定义的活动类别。在此分类中，文化及相关产业是指："为社会公众提供文化产品和文化相关产品的生产活动的集合。"范围包括：①以文化为核心内容，为直接满足人们的精神需要而进行的创作、制造、传播、展示等文化产品（包括货物和服务）的生产活动；②为实现文化产品生产所必需的辅助生产活动；③作为文化产品实物载体或制作（使用、传播、展示）工具的文化用品的生产活动（包括制造和销售）；④为实现文化产品生产所需的专用设备的生产活动（包括制造和销售）。

从内容上分析，上述两个文件的目的不在于界定文化产品，两者的分类种类也各不相同，例如，国家统计局的文化产业分类提及了文化用品和设施，而六部门的文件则没有。六部门的文件没有细分文化商品和文化服务，而国家统计局的文件中有。由此可见，该两个文件在界定文化产品方面可起参考作用，而不能照搬。但是，国家统计局的文件中的"按照文化活动的重要性分为文化服务和相关文化服务"的分类原则可以帮助我们更好地理解和掌握文化产品的范围。

第三节　国际文化服务贸易与国际服务贸易比较

一、国际文化服务贸易与国际服务贸易

国际文化服务贸易是国际服务贸易的组成部分。国际服务贸易的范围要大于国际文化服务贸易。GATS涉及的服务共包括商业性服务，通信服务，建筑及有

关工程服务，分销服务，教育服务，环境服务，金融服务，健康与社会服务，旅游及与旅游相关的服务，文化、娱乐及体育服务，运输服务十一大类。其中，与文化产业直接相关的服务贸易主要有：第一类，商业性服务中计算机及其相关服务项下的软件实施服务、数据处理服务；其他商业服务项下的广告服务，展览管理服务，摄影服务，印刷、出版服务等。第二类，通信服务中电信服务项下的增值电信服务；视听服务。第四类，分销服务。第五类，教育服务。第六类，环境服务。第八类，健康与社会服务。第九类，旅游及与旅游相关的服务。第十类，文化、娱乐及体育服务等。而且，国际文化服务贸易的方式涵盖了GATS所规定的跨境交付、境外消费、商业存在和自然人流动四种方式。

国际文化服务贸易区别于其他服务贸易的重要方面在于它的文化性。一般物质服务直接用于人们物质生活的过程中，满足人们物质的需要或实用需要，一般来讲，其本身并不存在或发生什么精神意义的追问。人最基本的物质需要是维持生存所必需的衣、食、住、行等，满足这些需要的物质产品服务如食品、衣服、住房、交通工具等，虽然也包括一定的审美因素，但其基本价值却在于物质的功用性和使用方面。人除了物质需要外，还有精神的需求，人们喜爱和欣赏各类文化产品，这就是精神的需要，因为它是社会生活在人们头脑中审美反映的产物。它与人的意识的关系是直接的，而与物质现实的关系是间接的。人类社会之所以存在着各种层次、各种规格、各种类型的文化服务，主要不是为了提供具有某种实际使用价值的产品，而是为了最大限度地满足人们的精神需要，影响人们的精神世界，文化服务直接影响的是人的精神意识、思想感情、情绪意志、审美心理等，通过对人的精神的影响最终影响实际的社会生活。文化服务创造的主要是认识价值、审美价值和教育价值，而不是使用价值，它要满足的是人们的精神需要，而不是物质需要。例如，工人制造画笔和小提琴是物质生产服务，而艺术家用画笔创作美术作品和用小提琴演奏乐曲是文化生产服务，这两种劳动服务所提供的消费有着原则的区别。前者提供的是生产资料，而后者提供的则是人的精神上的消费、情感上的享受。根据这一判断标准，我们就很容易区分文化服务与非文化服务了。

从外延上讲，国际服务贸易包括国际文化产品贸易中的国际文化服务贸易，但国际文化产品贸易还包括国际文化商品贸易，由此可见，国际文化贸易与国际服务贸易在国际文化服务贸易领域发生了重叠。在众多的文化服务种类中，核心文化服务由视听及相关服务（包括电影制作、发行服务、广播和唱片服务）、著作权版税和表演艺术构成。相关文化服务类包括广告、建筑服务和通讯社服务等。

二、国际文化贸易与国际知识产权贸易

知识产权制度的目的在于通过赋予一定的人以某种权利或法律地位，保护权利人的权利，鼓励生产知识资产，促进科技、文化和艺术等事业的进步。历史证明，给知识产权以法律保护，不仅有利于文化产业的发展和文化生活的繁荣，而且对文化产品贸易有积极的促进作用；而文化产业的发展、文化生活的繁荣以及整个国际文化产品贸易的发展，反过来要求法律加强对文化商品和文化服务的产权保护，尊重从事文化产品创作的各类主体的权利。《中华人民共和国专利法》第1条规定的专利法的目的是："为了保护专利权人的合法权益，鼓励发明创造，推动发明创造的应用，提高创新能力，促进科学技术进步和经济社会发展，制定本法。"《中华人民共和国著作权法》第1条规定："为保护文学、艺术和科学作品作者的著作权，以及与著作权有关的权益，鼓励有益于社会主义精神文明、物质文明建设的作品的创作和传播，促进社会主义文化和科学事业的发展与繁荣，根据宪法制定本法。"从上述条文可以看出，我国知识产权法的价值取向也是保护文化、科技等方面的创造性成果，促进社会、文化和经济的发展。

在西方的思想启蒙时期，像知识和科学这样的概念被广泛地理解为文化，它包括文学及一些美好的艺术。1871年英国人类学家爱德华·泰勒指出，文化或者文明，就其广泛的民族学意义而言，乃是这样一个复杂整体，它包括知识、信仰、艺术、道德、法律、风俗以及所有其他作为社会一员的人习得的能力以及习惯。[①] 随着法律人类学的进步，格尔茨更清晰地指出文化在法律生成、发展的过程中所扮演的角色：法律是在不同的时间、地点和场合，由不同的人群根据不同的想法创造出来的。人在创造自己的法律的时候，命定地在其中灌注了他的想象、信仰、好恶、情感和偏见，表达了特定的文化选择和意向，它从总体上限制着法律（进而社会）的成长，规定着法律发展的方向。[②] 由此可见，版权制度与文化有

①② 梁治平. 法律的文化解释［M］. 北京：生活·读书·新知三联书店，1994.

着密切的联系。正如郑成思教授所说："如果说专利法促进着技术的发展，那么版权法则一直被技术的发展影响着。当然，从版权法促进文化传播的角度来看，它最终也反过来影响着技术的发展。"[①] 世界各国都已经认识到知识产权政策在保护和发展文化产业中的重要作用。例如,《保护文化内容和艺术表现形式多样化公约》在序言中提到："认识到知识产权对支持文化创造的参与者具有重要意义。"

知识产权贸易机制最初出现在 19 世纪中叶。在当时的国际贸易中，尚未把知识产权作为特殊的贸易标的，规制知识产权贸易的规则与其他普通商品的国际贸易规则一样。但是，文化产品中蕴含了某民族或国家的文化特性、历史价值观等，具有商品和文化双重属性，如果适用与一般的商品贸易相同的规则，会损害文化产品所具有的文化载体属性，进一步损害文化产品中所蕴含的丰富文化内涵。

正是基于这种区分，法国、加拿大等国在文化产品贸易领域采取"文化例外"原则，限制一定的文化产品进出口，以保护本国的文化产业。虽然这些措施只在部分国家存在，但在一定意义上实现了一般商品规则和涉及文化产品的知识产权贸易规则的区别，注意到了文化产品区别于一般商品的特殊属性，创新了国际文化产品贸易中的知识产权体制。

随着社会的发展，越来越多的国家和地区逐渐认识到保护和促进文化多样性的重要性，认为保护和促进文化多样性属于维护公民人权和文化权利，这种理念奠定了国际文化产品贸易中知识产权保护机制的价值基础。

2001 年，联合国教科文组织通过的《世界文化多样性宣言》在人类史上首次确认文化多样性是人类的一项基本特性，认识到文化多样性是人类的共同遗产，应当为了全人类的利益对其加以珍爱和维护。2005 年 10 月 20 日，联合国教科文组织第 33 届大会通过了《文化多样性公约》。该公约承认传递着文化特征、价值观和意义的文化活动、产品与服务具有经济和文化双重性质，故不应视为仅具有商业价值；重申各国拥有在其领土上维持、采取和实施他们认为合适的保护和促进文化表现形式多样性的政策和措施的主权；授权缔约国在紧急状况下可以通过与该公约的规定相符的方式，采取一切恰当的措施保护面临消亡危险、受到严重威胁或是需要紧急保护的文化表现形式；主张在保护文化多样性方面加强国际

① 郑成思. 版权法［M］. 北京：中国人民大学出版社，1997.

合作。《文化多样性公约》是国际社会签订的首个旨在保护和促进文化多样性的国际公约，其对缔约国具有法律约束力，从而将对文化多样性的保护上升到了国际法层面。《文化多样性公约》在序言中强调，“认识到知识产权对支持文化创造的参与者具有重要意义”，从而使得公约与国际文化产品贸易中的知识产权体制产生了密切联系。

除了《文化多样性公约》之外，国际社会还陆续制定了一些保护产权的国际公约，并以这些公约为基础在 GATT“乌拉圭回合”多边贸易谈判中达成了 TRIPS 这一关于知识产权的协定，这些国际条约、协定等所涉及文化产品的部分，初步构成了国际文化产品贸易中的知识产权法律体系。

（一）从两种贸易所涉及的法律关系来看

两者的法律关系主体不同，国际文化产品贸易的主体是文化商品的所有权人或其他有权处分该文化商品的人和文化服务的提供者，国际知识产权贸易的主体是知识、产权的拥有者或其他有权处分该知识产权的人。两者交易的对象不同，国际文化产品贸易的对象是文化商品和文化服务，它们是文化内涵的外在体现，是有形物和行为；国际知识产权贸易的对象是知识产权权利主体所拥有的专有权，换句话说，国际知识产权贸易是权利人对其知识产权专有权的转移和许可，交易的对象是权利。由此可见，两者交易的对象不同。从两者法律关系所涉及的内容来讲，贸易主体的权利义务也有很大不同。

（二）从调整这两种贸易的法律属性来看

无论是国际文化产品贸易还是国际知识产权贸易，都要受到国际贸易法律规范的调整。在贸易过程中，各相关方都需要遵守诸如关税、许可证、配额法律、商检法、贸易救济法等贸易规则和最惠国待遇、国民待遇等贸易原则。在国际知识产权法中与贸易有关的法律条款对国际贸易中侵犯知识产权的行为，如盗版、伪造、侵权、假冒等，都规定了法律救济的措施，其主要针对的是侵权行为。例如，《与贸易有关的知识产权协议》对国际贸易中侵犯知识产权的行为，如盗版、伪造、侵权、假冒等，都规定了极为严厉的措施，要求各缔约国的国内立法与行政程序与协议保持一致，规定司法当局有权命令当事方停止对知识产权的侵犯行为，特别是禁止那些对知识产权构成侵权行为的产品进入商业流通渠道。

（三）文化产品大部分受著作权（版权）保护

文化产品中的报纸杂志、图书出版、影视作品等受著作权（包括邻接权）保护，未经许可，他人不得擅自复制、改编和发行等，否则构成侵权。而一般产品多受到专利权或商标权等工业产权的保护，如不体现文化内涵的发明创造、新型设计等。当然，这两者也不是截然分开的，如某些工艺品也可能受到外观设计法的保护。

（四）文化产品的知识产权（著作权）限制与贸易规制的关系

知识产权的法律性质为财产权，属私权的范畴。与一般财产权相比，知识产权的客体是无形的独占权，所以，包括版权在内的知识产权权能主要通过强调排他性来实现权利人对其知识产权的拥有。这与一般物权的占有、使用、处分、收益等积极权能有区别。这种消极权能其实是限制了其他人对版权保护对象的处分权。例如，没有权利人的许可，复制发行其作品是法律禁止的。体现在文化产品国际贸易领域就是，广泛的国际版权保护不仅使作品在产生地（作者住所地或作品初次发表地）与其他国家或地区间的贸易受到限制，而且在其他相关国家或地区之间的贸易也受到限制。

根据版权制度实行的对文化产品贸易的限制，显然与国家或政府对国际贸易所采取的管理不同。两者的法律属性不同，各有其适用的领域。例如，某种文化商品虽然不享有著作权，但可以自由进出口；或者，进出口受限的文化商品却有可能享有著作权。《伯尔尼公约》规定："本公约的规定，绝不影响本联盟各成员国政府根据法律或规章，在该主管当局认为必要时，行使准许、控制或禁止任何作品或制品的流通、表演或展览的权力。"WTO 法律规则更是将国际贸易规则和基于知识产权保护进行的贸易限制相挂钩。根据 TRIPS 协议以及相关贸易规则，一成员方政府如果没有尽到保护其他成员方国民的知识产权的义务，其他成员方可采取措施限制进口该国的产品。

根据《关税与贸易总协定》第 20 条的知识产权执法例外，为加强根据关税与贸易总协定有关条款而实施的垄断，保护专利权、商标及版权，以及防止欺诈行为所必需的措施，在实施的措施不得构成武断的或不合理的差别待遇，或构成对国际贸易的变相限制的情况下，成员方可以背离这一义务，而不承担相应的责任。这一例外规定旨在通过限制贸易以保护知识产权。这与 TRIPS 协议是一脉相承的。《关税与贸易总协定》的这些规定显示，根据著作权制度所实施的限制文化产品贸易措施和旨在知识产权保护而采取的贸易限制措施是两回事，前者是基于私有财产权性质的贸易限制，后者则是国家对国际贸易秩序进行管理意义上的限制。

思考题

（1）学习和研究国际文化贸易有哪些意义？

（2）国际文化贸易发展体现了哪些特点？

（3）国际文化贸易有哪些分类？

（4）国际文化贸易与国际服务贸易的区别与联系。

（5）国际文化贸易与国际知识产权贸易的区别与联系。

第二章
国际文化贸易理论

本章导读

关于国际贸易理论在文化贸易领域中的适用性问题，目前学术界主要存在三种观点：一部分学者认为国际贸易理论不适用于文化贸易，是因为生产要素不能在国家间自由流动，传统要素禀赋不足以解释国际文化贸易；另一部分学者则持完全相反的观点，认为国际贸易理论完全适合于分析文化贸易。“作为一种简单的思想，比较优势论是普遍有效的。”当然，更多的学者在肯定国际贸易理论对文化贸易研究的积极作用的同时，主张在具体理论分析上应该对传统贸易理论做出一定的修正。

主要内容

（1）国际文化贸易的含义。

（2）国际文化贸易的内容。

（3）国际文化贸易的特点。

（4）国际文化贸易的宏观指标体系。

（5）国际文化贸易的微观指标体系。

（6）国际文化贸易的偏好相似理论。

（7）国际文化贸易的引力模型。

学习目标

理解国际文化贸易的含义、内容及特点，了解国际文化贸易统计的范围、宏观指标体系和微观指标体系，掌握并运用国际文化贸易的偏好相似理论和引力模型。

第一节　国际文化贸易概念

一、国际文化贸易的含义

所谓国际文化贸易，是指世界各国（地区）之间所进行的文化产品（或文化服务）的交易活动。国际文化贸易活动分为进口和出口两部分，凡是通过向国外提供文化产品或服务而获取报酬的行为属于文化出口，凡是从国外接受文化产品或服务的交易行为属于文化进口。

文化产业作为一种概念，形成的时间并不长，但属于现代文化产业范畴的某些行业早已出现，如字画、书籍、表演艺术等。相应地，关于文化产品的贸易，包括国际间的文化贸易也早就出现了，但当时的交易品种极为有限，数量也不多。此后在相当长的一段时间里，情况没有发生大的改观。工业革命发生后，随着经济的发展与社会的转型，文化产品的供给越来越丰富，文化产品的跨国交易也越来越多。从 20 世纪初以来，尤其是近几十年来，技术进步的速度日益加快，文化产业的规模迅速壮大，国际文化贸易随之快速繁荣起来。可以说，现代文化产业的大发展推动了国际文化贸易的繁荣，而国际文化贸易的繁荣反过来有助于文化产业的进一步发展，二者的互动清楚地反映在文化产业价值链[①]中。

---

① “文化产业价值链”是由安迪·普拉特最先提出的概念。普拉特认为，文化产业的实质是通过产业化运作，将抽象的文化转化为具有经济价值的产品，转化过程中的各个环节涵盖：生产性投入或基础设施支持；内容创意与制造；再生产、服务供应及分销。

从图 2-1 可以看出，文化产业价值链的三个环节相互影响：文化产业生产性投入的加大将导致文化产出的扩大，文化产出的扩大使国际文化贸易（属图 2-1 中的第③个环节）更加繁荣，而国际文化贸易的繁荣将刺激生产性文化投入的继续扩大，进而生产更多的文化产品。简言之，文化产业的增长将促进文化贸易的发展，文化贸易的发展也将导致文化产业的进一步增长，在一国内部如此，在国际范围内亦如此，各国的产业实践也证明了这一点。

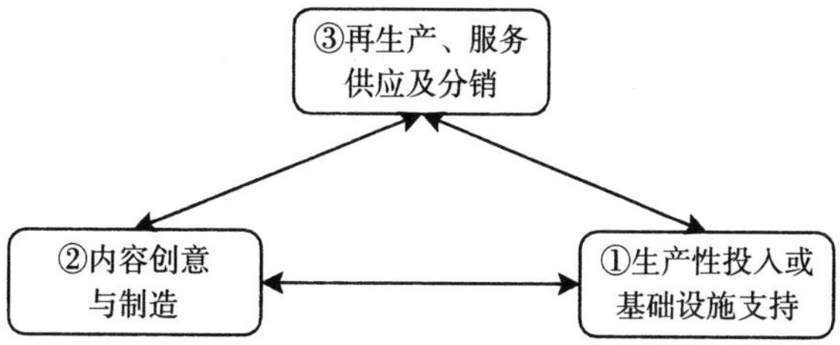

图 2-1　文化产业价值链

文化产业发展对国际文化贸易发展的决定作用毋庸置疑。根据马克思主义的政治经济学理论，在生产、分配、交换、消费的四个环节中，生产是决定性的，它支配着随后的分配、交换及消费，而分配、交换及消费则反作用于生产。以此类推，文化产业的发展状况决定了文化贸易的繁荣程度，而文化贸易也会对文化产业产生影响。

文化贸易可以帮助实现文化生产的最终目的，收回成本，实现盈利，为下一阶段的再生产提供生产性投入和基础设施支持。另外，由于文化消费具有较高的主观性和不确定性，对文化生产来说，如何及时准确地把握消费动向至关重要，通过文化贸易，生产者可以及时得到市场信息，使生产、流通、消费实现良性循环。随着全球化的日渐深入，不同国家/地区的联系越来越紧密——无论经济联系还是文化交流，闭关锁国将越来越难以生存。国际文化贸易对文化产业的反作用在文化产业大国那儿表现得尤为明显，美国的电影产业就是一个明显的例子。

文化贸易是国际贸易的重要组成部分。联合国教科文组织在其 2005 年出版的《文化产品和文化服务的国际流动（1994~2003）》中指出，文化贸易是指传递文化内容（这些文化内容以产品或服务的形式呈现出来）的有形和无形商品的出口和进口。文化贸易的交易标的同时涉及文化产品和文化服务。

从统计的角度看，目前还没有专门为文化领域建立的国际分类系统。随着世界经济、技术、文化和社会的进步与发展，为了能给文化生产、流通和使用等各项活动的国际对比和借鉴提供共同的参照点，联合国教科文组织在其 1986 年第一版的基础上，修订出版了《2009 年联合国教科文组织文化统计框架》。这是一套整合了许多现行相关国际分类系统和标准[①]的文化分类工具，它将包括了所有与文化相关的经济活动（如文化生产和服务）和社会活动（如文化活动与实践）的文化领域划分为以下几类：文化和自然遗产（包含实体或虚拟博物馆、考古和历史遗迹、文化景观和自然遗产），表演和庆祝活动（包含所有形式的现场文化活动，如表演艺术、音乐、节日、展览会和庙会等），视觉艺术和手工艺（包括美术、摄影和手工艺等），书籍和报刊（包括书籍、报纸和杂志等各种形式的出版物，以及实体或虚拟图书馆和图书博览会），音像和交互媒体（包括电台和电视广播、电影和视频、互联网在线播放以及电子和网络游戏等），以及设计和创意服务（包括时装设计、平面造型设计、室内设计、园林设计以及建筑服务和广告服务）。除了建筑服务和广告服务属于创意服务，与文化的相关性相对较低外，以上其他领域都属于文化范畴，它们代表了最为核心的文化领域。

二、国际文化贸易的内容

（一）文化产品的国际贸易

《2009 年联合国教科文组织文化统计框架》中对文化产品和文化服务的国际贸易进行了考察。其中，文化产品流动的数据是利用世界海关组织提供的海关统计数据，并借助 2007 年版的商品名称及编码协调制度（HS）整编而成。

协调制度对文化产品进行分类的依据是其可见的物理特性，而不是依据国家特有的内容成分、文化价值或其他类似的标准。它只能统计有形产品出入国境申报时的数据，有的文化领域很难用海关提供的数据来测量。例如，协调制度的代码无法区分一件工艺品是工业化生产的还是手工生产的。电影业的数据尤其值得

① 这些分类系统包括：国际标准产业分类（ISIC）中有关文化生产活动的分类；产品总分类（CPC）中有关文化产品和服务的分类；国际标准职业分类（ISCO）中有关文化职业的分类；商品名称及编码协调制度（HS）中有关文化产品国际流动的分类；以及联合国试行国际时间利用活动统计（ICATUS）中有关文化参与的分类。

注意，因为它向海关报告的价值通常指原片，而不包括版权的价值。所以，以上数据还需要利用知识产权流动数据加以补充。①

表 2-1 为 2007 年协调制度（HS）代码定义的文化产品国际贸易内容。

表 2-1 2007 年协调制度（HS）代码定义的文化产品国际贸易内容

领域	HS 2007	描述
A. 文化和自然遗产		
古董	970500	具有动物学、植物学、矿物学、解剖学、历史学、人种学或钱币学意义的收藏品
	970600	超过一百年的古董
B. 表演和庆祝活动		
乐器	830610	钟、锣等
	920110	直立式钢琴
	920120	平台式钢琴
	920190	羽管键琴以及其他键盘弦乐器（钢琴除外）
	920210	其他用琴弓演奏的弦乐器（如小提琴、竖琴）
	920290	吉他、竖琴以及其他弦乐器（键盘乐器和用琴弓演奏的乐器除外）
	920510	铜管乐器（如单簧管、风笛）
	920590	管乐器（铜管乐器除外）
	920600	打击乐器（如鼓、木琴、铙钹、响板、沙球）
	920710	除手风琴之外的键盘乐器
	920790	手风琴和无键盘的乐器，该类乐器必须依靠电能发声或放大声音
	920810	音乐盒
	920890	游乐场风琴、街头电子风琴、机械鸟鸣器、锯琴以及其他乐器；各种诱鸟乐器；哨子、号角以及其他用嘴吹的指示乐器
录制媒介	852321	磁卡
	852329	用于录音或其他用途的磁性媒介
	852351	固态且不易丢失数据的存储设备
	852359	用于录音或其他用途的半导体媒介
	852380	用于录音或其他用途的唱片和其他媒介，无论其是否已经录制（包括生产唱片的母版和母带）
	490400	印刷或手写的乐谱（无论是受约束的还是有插图的）
C. 视觉艺术和手工艺		
绘画	970110	完全手绘的油画、素描和蜡笔画，而不是 4906 所属的内容，也不是手工喷绘或装饰的作品、拼贴画和类似的饰板
	970190	拼贴画和类似的饰板
	491191	图片、设计和照片

① 联合国教科文组织统计研究所. 2009 年联合国教科文组织文化统计框架［M］. 北京：社会科学出版社，2011.

续表

领域	HS 2007	描述
C. 视觉艺术和手工艺		
其他视觉艺术	970200	原版的雕刻、印刷和石印品
	970300	任何材料制成的原版雕像和塑像
	392640	小雕像以及其他塑料装饰品
	442010	木质小雕像以及其他塑料装饰品
	442090	木质镶嵌细工和镶嵌木；装首饰、餐具或类似物件的木盒；木质家具
	691310	小雕像和其他装饰性陶瓷制品
	691390	小雕像和其他装饰性陶器（瓷器除外）
	701890	玻璃制品（包括小雕像）
	830621	由贱金属铸成、但镀有贵金属的小雕像以及其他装饰品
	830629	由贱金属铸成、未镀贵金属的小雕像以及其他装饰品（艺术品、收藏品和古董除外）
	960110	已加工过的象牙和象牙制品
	960190	兽骨、龟甲、兽角、鹿角、珊瑚、珠母层和其他动物雕刻材料以及这些材料制成的物品（包括铸造品）
手工艺	580500	哥白林、佛兰德斯、欧巴松、博韦等品牌商生产的手织挂毯和针织挂毯
	580610	窄幅机织物：起毛织物（包括毛巾织物和类似织物）和绳绒线织物
	580620	窄幅机织物：其他织物（所含纱线或橡胶线的重量超过5%）
	580631	窄幅机织物：其他棉织品
	580632	窄幅机织物：其他人造纤维织物
	580639	窄幅机织物：用其他纺织材料制成的织物
	580640	有经纱而无纬纱、经贴合而成的织物（经线贴合带织物）
	580810	织物镶边；无刺绣的织物装饰；非针织或钩织物
	580890	其他织物镶边；无刺绣的织物装饰；非针织或钩织物
	580900	金属线织物和5605类产品中镀有金属的织物，它们在服装上用作装饰或类似目的
	581010	条纹或图案刺绣织物，其底坯不可见
	581091	条纹或图案刺绣织物：其他棉质刺绣
	581092	条纹或图案刺绣织物：其他人造纤维刺绣
	581099	条纹或图案刺绣织物：其他纺织材料刺绣
	581100	絮棉的纺织品
	600240	宽度不超过30厘米的针织物或钩织物（所含纱线的重量超过5%，不含橡胶线）
	600290	其他宽度不超过30厘米的针织物或钩织物（所含纱线或橡胶线的重量超过5%）
	600310	宽度不超过30厘米的羊毛或动物细毛针织物或钩织物
	600320	宽度不超过30厘米的棉质针织物或钩织物
	600330	宽度不超过30厘米的合成纤维针织物或钩织物
	600340	宽度不超过30厘米的人造纤维针织物或钩织物
	600390	其他宽度不超过30厘米的针织物或钩织物
	600410	宽度超过30厘米的针织物或钩织物（所含纱线的重量超过5%，不含橡胶线）
	600490	其他宽度超过30厘米的针织物或钩织物（所含纱线或橡胶线的重量超过5%）

续表

领域	HS 2007	描述
C. 视觉艺术和手工艺		
首饰	711311	银制首饰（无论镀有其他贵金属与否）
	711319	由其他贵金属铸造的首饰（无论镀有贵金属与否）
	711320	由贱金属铸造、镀贵金属的首饰
	711411	金匠或银匠打造的银器（无论镀有其他贵金属与否）
	711419	金匠或银匠打造的其他贵金属首饰（无论镀有贵金属与否）
	711420	金匠或银匠打造的镀有贵金属的贱金属首饰
	711610	天然或人工养殖的珍珠制的首饰
	711620	珍稀或半珍稀的宝石制品（天然的、合成的或按原样修复的）
摄影	370510	已曝光或冲洗的感光片和胶卷（而非用于胶印的电影胶片）
	370590	已曝光或冲洗的感光片和胶卷（不用于胶印）
D. 书籍和报刊		
书籍	490110	印刷版读物、手册、小册子以及类似的印刷品（无论是单页的还是折叠的）
	490191	辞典和百科全书等系列出版物
	490199	印刷版书籍、手册及类似印刷品
报纸	490210	报纸、杂志和期刊（无论是否带有插图或广告，每周出版四次）
	490290	其他报纸、杂志和期刊
其他印刷品	490300	儿童图画或彩色书籍
	490591	装订成书的地图、水路图或类似的各种图表
	490510	全球地图、水路图或类似的各种图表
	490599	其他各种地图、水路图或类似的图表
	490900	印刷版或带有插图的明信片；印刷版的贺卡
	491000	各种印刷版的日历（包括日历座）
E. 音像和交互媒体		
电影和视频	370610	已曝光和冲洗的电影胶片（无论其是否有音轨或只有宽于 35 毫米的音轨）
	370690	已曝光和冲洗的电影胶片（无论其是否有音轨或只有宽度小于 35 毫米的音轨）
	950410	电视游戏
F. 设计和创意服务		
建筑和设计	490600	用于建筑、工程、工业、商业、地形学用途及类似用途的原版手绘图；手写文本；上述图文的影音版和复印件

（二）文化服务的国际贸易

根据联合国第 86 号出版物《国际服务贸易统计手册》中关于扩大的国际收支服务分类（EBOPS）对服务贸易的分类，仅可查询到 2000-2012 年的特许使用费和许可费，音像及相关服务，广告、市场调研和民意调查服务三类文化服务时序数列，其中特许使用费和许可费中包含文化服务的版权及相关服务数据，[①] 而数据库中版权及相关服务数据缺失，由于版权及相关服务是文化服务贸易的主要分类，为避免疏漏，本书用特许使用费和许可费数据作为版权及相关服务数据。

表 2–2 为 EBOPS 代码定义的文化服务国际贸易内容。

表 2–2 EBOPS 代码定义的文化服务国际贸易内容

领域	代码	描述
特许使用费和许可费	266	包括特许专营费和为使用注册商标支付的特许使用费的国际收支
音像及相关服务	288	包括与制作影片或录像带上的电影实况有关联的服务和相关收费，或与磁带上的广播和电视节目及音乐录制品有关联的服务和相关收费
广告、市场调研和民意调查服务	278	包括广告机构的广告设计制作和销售传媒安排，买卖广告版面，博览会提供的展览服务，在国外推销产品的市场调研和电话推销，以及就各种问题进行民意调查

三、国际文化贸易的特点

（一）国际文化贸易格局的不平衡性

吉布森等认为，文化经济内在地具有“地理维度”，即当代文化生产形式在城乡之间有着巨大的差别。在就业、投资、产业集结等方面，大都市占据主导地位。例如，1998 年，悉尼在文化产业方面提供的就业机会占到整个澳大利亚的 30%以上，而悉尼文化产业的产值占到整个澳大利亚的 32.2%。[②]

文化经济的这种“地理维度”，或者说在地域分布上的不平衡性，不仅存在于澳大利亚，几乎在世界上的每个国家都是如此。在美国，50%以上的文化产业从业人员集中在人口 100 万以上的都市里，更确切地说，主要集中在两个中心——纽约和洛杉矶。从就业方面看，伦敦占整个英国文化产业从业人员的 26.9%。[③] 瑞典的文化产业从业人员（占全国职位总数的 9%）大多集中在斯德哥尔摩。[④] 在日本，东京的文化产业的从业人员占日本文化产业就业总数的 16%。

① 版权及相关服务主要包括使用专利权、版权和工业加工方法和设计以及根据许可协议使用创作的原作或原型的国际收支。

② Chris Gibson，Peter Murphy，Robert Freestone. Employment and Socio-Spatial Relations in Australia's Cultural Economy [J]. Australian Geographer，2002，33 (2).

③ Pratt A.C. The Cultural Industries Production System：A Case Study of Employment Change in Britain [J]. Environment a planning A，1997，29 (11).

④ Power D. "Cultural Industries" in Sweden：An Assessment of Their Place in the Swedish Economy [J]. Economic Geography，2009，78 (2).

从文化贸易方面来看，联合国教科文组织的调查报告显示，世界文化贸易主要发生在少数发达国家之间。1998 年，亚太经济合作组织（APEC）和欧盟（EU）国家的文化进口额占全年世界总量的 91%，出口额占世界总量的 94%。1990 年，日本、美国、德国和英国是最大的出口国，占当年全部出口额的 55%。进口也高度集中于美国、德国、英国和法国，占当年全部进口额的 47%。2002 年，拉丁美洲和加勒比地区在全部文化产品贸易中仅占 3%，比 1992 年增加了一个百分点，但仍远远落后于世界其他地区，而大洋洲和非洲在这方面没有任何进展，两地的份额加起来还不到 1%。

在电影生产方面，当前全世界上映的电影大约有 85%是好莱坞制造的。1993 年，世界大影视公司有 36%在美国，36%在欧盟，26%在日本。1997 年，就有超过 50%的大公司集中到了美国。发展中国家在文化商品贸易中所占的份额更是越来越少。整个非洲大陆平均每年只生产 42 部自己的电影，其市场上 95%的电影都是进口的。

从原因来讲，文化经济这种布局上的不平衡性与基础经济的发展水平有关，文化产业的发展程度受到恩格尔定律的影响和制约。恩格尔定律是 19 世纪德国统计学家恩格尔根据统计资料，对消费结构的变化得出的一个规律。其内容是：一个家庭收入越少，家庭收入中（或总支出中）用来购买食物的支出所占的比例就越大，随着家庭收入的增加，家庭收入中（或总支出中）用来购买食物的支出则会下降。推而广之，一个国家越穷，每个国民的平均收入中（或平均支出中）用于购买食物的支出所占比例就越大，随着国家富裕程度的提高，这一比例呈下降趋势。

文化产业作为一种“朝阳产业”，同时也是一种高端产业。文化产业的发展、文化消费市场的形成，都需要一定的经济发展水平作为基础。根据马斯洛的需求层次理论，人们在满足了基本的生存、安全等需求之后，就会转而寻求更为高层次的精神需求的满足。因此，在世界发达国家和地区，无论文化产品的生产能力还是文化市场需求，都远远高于经济欠发达国家和地区，其在国际文化贸易中所占的比例也就比较大。

（二）文化贸易多是产业内贸易

国际文化贸易大多是产业内贸易。产业内贸易是一个国家或地区在一段时间内，同一产业部门产品既进口又出口的现象，随着跨国公司的大量出现，跨国公司的投资行为对国际贸易的影响越来越大，极大地促进了产业内贸易的发展。

产业内贸易的发生有多种可能性和诱因，产品的差异性是产业内国际贸易的基础。所谓差异产品，是指相似但不完全相同，也不能完全替代的产品。差异产品一般分为三类：水平差异产品、垂直差异产品和技术差异产品。当不同国家的消费者对彼此的同类产品的不同品种产生相互需求时，就可能出现水平差异产品的产业内贸易；一般而言，收入高的消费者偏好高档产品，而收入低的消费者只能偏好中低档产品，为了满足不同层次的消费，就可能出现高收入国家进口中低档产品和低收入国家进口高档产品的垂直差异产品的产业内贸易；还有就是先进工业国技术水平高，不断推出新产品，而后进国家则主要生产标准化的技术含量不高的产品，因而处于不同生命周期阶段的同类产品会发生技术差异产品的产业内贸易。以文化贸易中的典型商品——电影来讲，我国每年都要从好莱坞引进一定数量的美国大片，以满足国内电影发烧友的需求；与此同时，我国的国产电影也通过版权出售等方式走出国门、走向世界。

另外，我们也可以从生产的角度来理解产业内贸易的发生。一国大规模生产的商品一般在本国具有比较优势，也具有很旺盛的需求量，这个国家在该类商品上就很容易形成规模经济，从而使得产品的成本降低，在国际上形成较强的竞争力。在需求的带动下，该产业在走向国际的过程中就极易出现产业内贸易。

（三）文化贸易存在保护与反保护之争

贸易自出现以来，就存在着自由贸易和保护贸易两种不同的政策主张。自由贸易指的是国家取消各种限制，促进商品的自由进出口，使市场保持自由竞争。而保护贸易是与自由贸易相对的一个概念，指的是为了维护自身的利益，国家设置各种不利于产品进出口的限制，以保护本国的产品和服务。文化商品本身涉及意识形态的问题，这种冲突就越发激烈。

无论是自由贸易还是保护贸易，根本上都是为了维护本国的利益，尽管一些发达国家，尤其是美国，在世界上鼓吹“自由贸易”的好处，大力推行自由贸易，但目前来看纯粹的自由贸易还不存在。美国在全球推行文化霸权主义，美国流行文化试图通过各种手段将全球文化市场置于其控制之下。美国的强势地位给世界其他国家的文化产生了威胁，文化保护的呼声不断高涨。面对美国的文化扩张，世界各国为了保护本国的文化免受美国文化的侵蚀，纷纷制定一系列政策反对美国的“文化帝国主义”行动。在欧洲，文化保护的呼声尤其高昂，以法国为代表，法国的精英们担心好莱坞电影是美国施放给法国的一个特洛伊木马，随之而来的是从服装到音乐的美国生活方式，法国电影甚至法国文化将受到侵蚀，针对这一状况，法国对国内电影院的票房收入征收11%的税收，用以补贴国产电影的生产，另外，对录像带的出租和出售也征收特别税，用以扶持和保护本国的音像事业。

美国反对各国文化保护主义的武器是提倡自由贸易，而美国自己却一直没有停止贸易保护的步伐。早在20世纪80年代，美国面临对日本的贸易逆差，逼迫日元升值，并施加压力开放日本市场。世纪之交，中国对外贸易蓬勃发展，对美国贸易顺差不断增长，美国又将矛头指向中国，中国是其全球文化霸权主义计划中至关重要的一环，由于在意识形态上的差异性和文化贸易至关重要的后续影响力，美国通过施压试图进一步打开中国的文化市场，在种种措施未果的情况下又制造各种文化贸易争端，使中美文化贸易的摩擦不断升级。所以，由此可以看出，文化贸易的自由和保护之争还将继续下去，这是文化贸易发展过程中必然要经历的路程。

（四）文化产品在国际贸易过程中会形成“文化折扣”

1988年，加拿大学者Hoskins和Mirus提出了“文化折扣”的概念。所谓文化折扣，是指在国际文化贸易中，根植于某一文化环境中，受当地欢迎和喜爱的特定文化节目移植到其他地区时，由于文化环境不同，观众无法认同节目中所呈现的风格、价值观、信仰、历史以及社会制度等，它的吸引力会大大降低。[①] 人们在接触陌生的文化产品时，对其所反映的风格、价值观等并不熟悉，还没有建立起对外国文化产品的个人消费资本，由于周围大家都不了解这种陌生的文化产品，社会消费资本也有待于发展。例如，中国的国粹京剧，在中国很受欢迎，但是到了西方国家，由于文化折扣的存在，该种艺术形式很难流行起来。同时，文化折扣也有高低之分，文化折扣高的产品，很难引起其他文化环境中人们的兴

① Hoskins, C&R. Mirus. Reasons for the US Dominance of the International Trade in Television Programs [J]. Media, Culture and Soeiety, 1988, 10 (4).

趣，如日本的歌舞伎是日本的传统文化，在日本很流行，但是其他国家的人们很难接受该种文化；文化折扣低的产品，则易于为人们所接受，如日本的动漫。

对于文化产品来说，各种文化越接近，文化折扣就越小，从而文化贸易也就越密切。这种文化的接近性既与地理因素有关，也与语言因素有关，是地理距离、共同语言以及以往文化贸易历史等因素的综合函数。例如，韩国电视剧在亚洲热播，这是由于亚洲各国地理距离比较接近，文化折扣小，因此韩国电视剧在亚洲很受欢迎，韩国电视剧已经成为韩国文化的代表之一。

第二节　国际文化贸易统计

一、国际文化贸易的统计范围

（一）统计原则

国际文化贸易统计应遵循的原则[①]如下：

1. 贸易原则

国际文化贸易统计仅统计有偿的文化产品与文化服务的交易，不统计无偿的文化产品与文化服务的交易。

2. 文化产业原则

国际文化贸易统计仅统计与文化产品和文化服务有关的贸易。

3. 国别原则

国际文化贸易统计仅统计本国（地区）与其他国家（地区）之间所发生的交易，而不统计本国（地区）居民和机构单位之间在国内（地区）所发生的交易。

（二）统计核算的范围

国际文化贸易的内容比较广泛，而且还在发展之中。因此，国际文化贸易的统计范围和分类相当混乱。不同的部门和不同的学者对国际文化贸易的界定都存

① 梁昭. 文化贸易统计［M］. 北京：中国统计出版社，2013.

在差异，不同国家对于国际文化贸易统计范围的差异就更大，也更混乱。

从国际文化贸易的定义出发，充分参考我国文化创意产业的分类，同时为了便于核算统计，并在此基础上尽可能进行国际比较，本书与我国文化创意产业的分类保持一致，对我国的国际文化贸易采用如图 2–2 所示的分类方法。

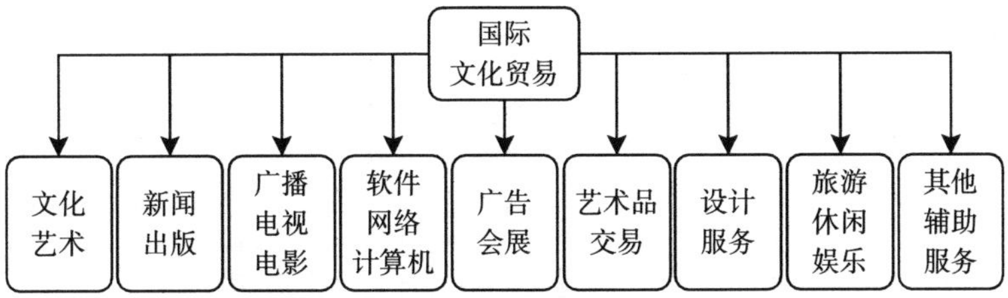

图 2–2 国际文化贸易的分类

（三）文化贸易统计指标体系

由于社会经济现象的复杂多样性，各种现象之间相互联系，只用个别统计指标来反映是不够的，需要采用指标体系来进行描述。统计指标体系就是各种相互联系的统计指标所构成的一个有机整体，用来说明所研究的社会经济现象各个方面相互依存和相互制约的关系。统计指标体系因各种现象本身联系的多样性和统计研究目的的不同而分为不同的类别。

统计指标体系也可以指若干个统计指标之间的联系，表现为一个方程关系，例如，工资总额 = 平均工资 × 职工人数，商品销售额 = 商品销售量 × 商品销售价格，等等。

二、文化贸易宏观指标体系

文化贸易宏观指标体系如图 2–3 所示。

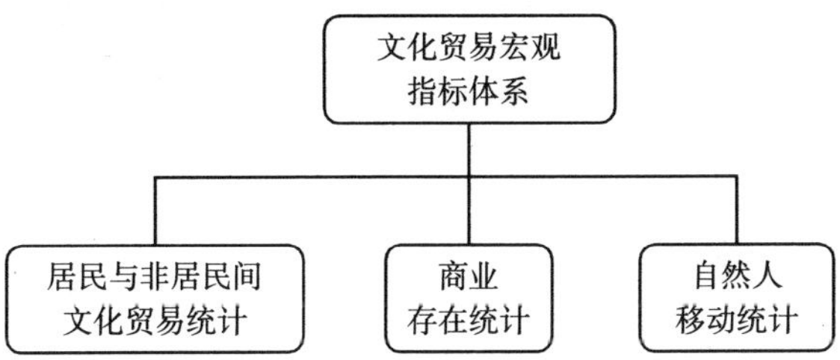

图 2–3 文化贸易宏观指标体系

（一）居民与非居民间文化贸易统计

中国居民与非居民间文化贸易进出口规模，按国际收支口径统计，不含政府服务。其统计指标如表 2-3 所示。

表 2-3　居民与非居民间文化贸易统计指标

序号	指标名称	指标功能
1	文化贸易进出口总额	表明一国文化产业对外贸易方面的总规模
2	文化贸易进口总额	一定时期内一国从国外进口的文化产品的全部价值
3	文化贸易出口总额	一定时期内一国从国外出口的文化产品的全部价值
4	文化贸易差额	一国在一定时期内出口总额与进口总额之间的差额，差额的正负反映进出口文化贸易是否平衡
5	主要文化产品的进口额	从国外进口的主要文化产品的价值
6	主要文化产品的出口额	向国外出口的主要文化产品的价值
7	主要文化产品进出口总额	一国主要文化产品对外贸易方面的总规模
8	主要文化产品进出口在文化贸易中的比重	表明主要文化产品对整个文化贸易的影响程度
9	文化贸易开放度（或文化贸易依存度）	指一国在某一年的文化贸易总额与该国国内生产总值之比，它可以反映出文化贸易对 GDP 的贡献率
10	文化贸易竞争优势指数	指一国文化产业或文化产品的净出口与进出口总额之比

（二）商业存在统计

商业存在统计指标如表 2-4 所示。

表 2-4　商业存在统计指标

分类	指标名称	指标功能
中国境内商业存在情况	外商投资的文化企业总数	在中国境内设立的，由中国投资者和外国投资者共同投资或者仅由外国投资者投资的文化类型企业
中国境内商业存在情况	文化产业实际使用外资金额	指报告期收到文化产业的用于固定资产建造和购置的国外资金（包括设备、材料、技术在内），包括对外借款（外国政府贷款、国际金融组织贷款、出口信贷、外国商业银行贷款、对外发行债券和股票）、外商直接投资及外商其他投资
境外中国商业存在情况	文化产业对外直接投资	文化企业以跨国经营的方式所形成的国际间资本移动，一般认为对外直接投资是一国投资者为取得国外企业经营管理上的有效控制权而输出资本、技术和管理等无形资产的经济行为

（三）自然人移动统计

自然人移动统计指标如表 2-5 所示。

表 2–5 自然人移动统计指标

序号	指标名称	指标功能
1	全年派出从事文化服务的劳务人员（包括对外工程承包、对外劳务合作和对外咨询设计三项中的劳务提供者）	指劳务出口国向劳务进口国提供从事文化工作的劳动力总人数，以谋取经济利益、获得外汇收入为目标
2	对外文化服务合作和对外设计咨询营业额	对外文化服务合作和对外咨询所获得的外汇收入水平
3	个人跨境文化服务收入总额	居民个人在本国以外从事文化服务工作获得的外汇收入水平

三、文化贸易微观指标体系

文化贸易微观指标体系如图 2–4 所示。

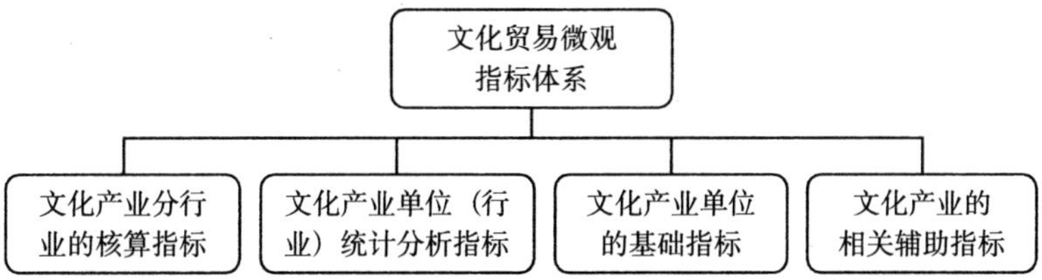

图 2–4 文化贸易微观指标体系

（一）文化产业分行业的核算指标

文化产业涉及诸多行业，为测算文化产业的增加值，考核其在国民经济中的地位和贡献，必须建立以文化产业分行业增加值的总量和构成为主的核算指标，目的是满足文化产业增加值的汇总需要，分析文化产业增加值的行业构成，比较各行业的发展总体状况。具体的核算指标如表 2–6 所示。

表 2–6 文化产业分行业的核算指标

序号	指标名称	指标功能
1	总产出	总体发展规模和水平的价值量指标
2	中间消耗	核算产业活动过程中消耗的物质产品和劳务的价值之和
3	增加值	文化产业活动的最终成果
4	劳动者报酬	劳动者个人参与增加值创造而获得的原始收入
5	固定资产当年折旧额	全部固定资产在本期生产中的资产转移价值
6	生产税净额	按规定上缴给国家的各种税金之和
7	营业利润	行业参与增加值创造而应得的原始收入份额
8	年平均从业人员数	文化产业各行业年初与年末从业人员的平均数
9	固定资产年平均占用额	文化产业各行业固定资产年初与年末占用余额的平均数
10	事业单位经费自给率	衡量文化事业单位经费自给的程度，反映其市场程度

（二）文化产业单位（行业）统计分析指标

文化产业单位（行业）统计分析指标的建立是为各产业单位（行业）提供一个分析、比较的统计标准，力图从产业活动的生存、发展和效益（社会和经济）的角度去分析我国文化产业单位（行业）的发展情形。设置时按经营条件、效益状况、资产运营、偿债能力、发展前景五个方面进行。具体指标设置如表 2-7 所示。

表 2-7　文化产业单位（行业）统计分析指标

序号	方面	统计指标	指标功能
1	经营条件	年末从业人员数	反映文化产业单位进行活动所具有的现有条件、环境
2		年末资产总额	
3		年末固定资产净值	
4		经费收支结余数	
5		所有者权益	
6	效益状况	净资产收益率	反映文化产业经营活动成果的状况
7		总资产收益率	
8		资产保值增值率	
9		销售利润率	
10		成本费用利用率	
11	资产运营	总资产周转率	反映文化产业单位经营活动资产运行的状况和效率
12		流动资产周转率	
13		存货周转率	
14		应收账款周转率	
15		不良资产周转率	
16		资产损失率	
17	偿债能力	资产负债率	反映文化产业单位近期或长期偿还到期债务的能力
18		已获利息倍数	
19		流动比率	
20		速动比率	
21		现金流动负债比率	
22	发展前景	销售增长率	反映文化产业单位可持续经营的潜力
23		资本积累率	
24		总资产增长率	
25		固定资产成新率	
26		三年利润平均增长率	
27		三年平均资产增长率	

（三）文化产业单位的基础指标

文化产业单位的基础指标是为满足文化产业行业的核算、统计和分析的需要而提供基础数据的指标。由于现行各文化产业单位执行的会计制度不同，设置时分三类指标，Ⅰ类（执行工业企业会计制度）、Ⅱ类（执行商业企业会计制度）、Ⅲ类（执行行政事业会计制度）。具体指标设置如表 2-8 所示。

表 2-8 文化产业单位的基础指标

序号	行业/类别	统计指标
1	执行工业企业会计制度的Ⅰ类行业	资产（固定资产、流动资产和无形资产及递延资产）
2		负债（流动负债和长期负债）
3		所有者权益（实收资本）
4		产品销售收入（成本、费用、税金及附加、利润）
5		管理费用
6		利息支出
7		营业利润
8		利润总额
9		本年应缴增值税
10		本年应付工资总额（应付福利费总额）
11		本年提取的折旧额
12		全部从业人员年末人数
1	执行商业企业会计制度的Ⅱ类行业	资产（固定资产、流动资产和无形资产及递延资产）
2		负债（流动负债和长期负债）
3		所有者权益（实收资本）
4		营业收入（成本、费用、税金及附加、利润）
5		管理费用
6		财务费用
7		营业利润
8		利润总额
9		本年应缴增值税
10		本年应付工资总额（应付福利费总额）
11		本年提取的折旧额
12		全部从业人员年末人数
1	执行行政事业会计制度的Ⅲ类行业	资产（固定资产、流动资产和无形资产及递延资产）
2		负债
3		净资产（事业基金、固定基金、专用基金、经营结余）
4		收入合计（财政补助收入、上级补助收入、事业收入、经营收入）
5		支出合计（事业支出、经营支出、基本建设支出）

续表

序号	行业/类别	统计指标
6	执行行政事业会计制度的Ⅲ类行业	成本费用
7		销售税金
8		基本、补助、其他工资
9		职工福利和社会保障费用
10		设备购置费
11		公务、业务、修缮费
12		全部从业人员年末人数

(四) 文化产业的相关辅助指标

为了能够全面、系统地反映我国文化产业的整体状况，便于分析对比、国际比较，并为预测和决策提供较为翔实的相关基础资料，还需设置文化产业的相关辅助指标，如表 2–9 所示。

表 2–9　文化产业的相关辅助指标

序号	涉及领域	统计指标
1	农村住户调查	各地区农村家庭劳动力文化程度（按人均收入分组）
2		农村居民拥有的主要耐用消费品（收音机、黑白电视机、彩色电视机、收录机、照相机、录像机）
3		农村居民文教娱乐用品及服务支出额以及占总生活消费支出的比重
4	城市住户调查	各地区城镇家庭劳动力文化程度（按人均收入分组）
5		城镇居民拥有的主要耐用消费品（电话、BB 机、收音机、黑白电视机、彩色电视机、组合音响、收录机、照相机、录像机、游戏机、家庭电脑、钢琴和其他中高档乐器）等分组指标
6		城镇居民文教娱乐耐用消费品、文化娱乐服务费支出额以及占总生活消费支出的比重
7	宏观经济和社会发展	国内生产总值及增长率
8		第三产业增加值及增长率
9		财政收入
10		财政支出
11		国家预算拨款文化事业费支出额
12		成人识字率
13		在校学生数（普通高等学校、中等学校和小学）
14	国际对比	由于中外文化产业的内涵、行业构成有所差异，故具体分析问题时再设置统计指标

第三节 国际文化贸易基本理论

一、国际文化贸易的偏好相似理论

（一）偏好相似理论

偏好相似理论是由瑞典著名经济学家林德提出的，他将需求导入国际贸易理论，分析需求在国际贸易中的重要地位。他认为，要素禀赋对于初级产品的贸易是极其重要的，但对于工业品的贸易，要素禀赋并不重要，重要的是国内需求状况。国际间工业品贸易的发生，往往是先在国内市场建立起生产规模和国际竞争能力，而后再拓展国外市场。因为厂商对国内市场比较熟悉，只有当发展到一定程度，国内市场有限时才开拓国外市场。因此，国内需求才是出口贸易的基础。同时，如果两国经济发展程度愈相近，人均收入愈接近，需求结构、需求偏好愈相似，则相互需求就愈大，贸易可能性也就愈大。

偏好相似理论的意义在于它部分地解释了为什么现实中大量贸易发生在要素禀赋相似的发达国家之间和同一部门内。传统比较利益理论认为，各国要素禀赋差异越大，其开展国际贸易的可能性就越大；而偏好相似理论则从需求角度论证，各国经济发展水平越接近，它们之间的贸易规模则越有扩大的可能性。这是对比较利益理论的补充，也对实际的国际贸易现象做出了比较令人信服的解释，对国际贸易理论的发展起到了巨大的推动作用。

通过林德的理论我们知道，需求偏好与需求结构越接近，进行制成品贸易的可能性越高。发达国家间产业结构相似，收入水平相近、消费结构大体相同，它们之间的分工大多是部门内产品分工，对对方的产品形成了广泛的相互需求。又由于较高的人均收入水平会使消费者的需求变得更加多样化，呈现出对异质产品的强烈需求，所以产业内贸易发展倾向更强烈。

按照赫克歇尔—俄林原理，国际贸易的基础是比较成本的差异，而比较成本的差异来自各国生产要素禀赋的相对比例不同和生产不同产品所需要素的比例不同。因此，生产要素禀赋的差异越大，发生贸易的机会越大，可能的贸易量越大，大量的国际贸易应是工业发达、资本存量丰富的国家和土地或劳动丰裕的非工业国家之间以工业品交换初级产品的贸易。但现实是，第二次世界大战后，国际贸易主要是发达工业国家之间的工业品与工业品的交换。针对这一矛盾，瑞典经济学家林德提出了偏好相似理论，主要内容如下：

（1）一国的新产品首先必须满足本国的需求，然后再出口到国外，满足外国的需求。林德对制成品断言，可出口产品的范围是由国内需求决定的。一种产品在国内被消费（或投资），对于这种产品成为潜在的出口产品是一个必要但不充分的条件。在这里，国内需求必须是一国需求的“代表”，即一国首先应该专业化于国内大多数人所需求的产品的生产。如在美国，这些产品是指那些迎合中产阶级和中上层社会需求的产品；而在中东国家，尽管有些人拥有林肯牌等名贵小轿车，但这种车并不包括在具有代表性的产品中。这一观点暗含着这样一个结论，即一国企业家将生产他们最了解的、代表国内需求的产品，对发明创造的开发利用被首先用来迎合国内市场需求。当本地的市场潜力不足，企业家们意识到可以从国外获利时，他们开始出口产品到那些与本国需求结构相似的国家。因此，两国的需求结构（需求偏好）越相似，两国开展贸易的可能性就越大。

（2）决定一个国家需求结构的是该国的人均收入水平。不同收入水平的国家，其需求结构是不同的。因此，两国人均收入水平和收入分配方式越相近，两国的需求结构越相似，相互需求就越大，贸易量也就越多，越会成为特别牢固的贸易伙伴。

为什么“一国的新产品首先必须满足本国的需求，然后再出口到国外，满足外国的需求”？该理论的解释如下：

（1）出口是市场扩大的结果。根据林德的理论，出口是在一条典型的市场扩展小路的尽头，而不是这条小路的开端。因为企业家对国外市场不可能像对国内市场那样熟悉，不可能想到一个国内不存在的需求。一个企业生产规模日益扩大后，感到本地市场狭小，开始扩大销售范围，才会想到出口赚取国外利润。当然，如果获得国外的需求信息很容易，满足需求的发明不需依靠创造性的努力，很少或完全不需要开发工作，那么，这条“典型的小路”可能会改变。

（2）产品发明来自国内市场需求。一项发明很可能是解决发明者本身所处环境中遇到的切身问题而产生的。一国本身的需求才是技术革新和发明创造的推动力。如果所要解决的问题不是发明者所处环境的一部分，那么，发现和解决这个问题都是困难的。

（3）出口的工业品必须先有一个国内市场，才能获得相对优势。在国内市场上，消费者与生产者之间的关键性信息容易沟通。当某种产品进入开发与改进阶段时，这种信息实际上对任何产品的推出都是必要的。企业家不大可能想到去满足一个国内不存在的需求；即使看到了国外的需求，也很难想象出满足这种需求的合适产品；即使设想出基本合适的产品，但不花费高昂的代价，也不可能生产出适合于本国企业家所不熟悉的外国市场情况的产品。因为要使一种新产品最终适合市场需要，在生产者和消费者之间必须反复地交流信息，如果消费者和市场在国外，那么取得信息的成本将是高昂的。

如何用偏好相似理论解释以下贸易格局：就消费品而言，为什么中国的主要贸易伙伴是美国、欧盟、日本和中国香港地区，而不是发展中国家？林德的回答是，在一国内不平均的收入分配会扩大两国之间进出口物资的范围，增加两国之间需求的一致程度，因为贫穷国家的高收入者和富有国家的较低收入者可能需求同一产品，如富康、捷达等中低档小轿车在中国和发达国家都有一定程度的需求。

（二）国际文化贸易中偏好相似理论的适用性

偏好相似理论是林德于 1961 年在其著作《论贸易和转变》中提出的，最初用于解释发达国家间存在大量贸易往来的现象。由于古典国际贸易理论和现代国际贸易理论都是基于要素禀赋差异来解释国际贸易发生的原因，而这对于要素禀赋相近的国家和产品的贸易无法给予很好的解释，因此基于需求偏好不同的偏好相似理论从传统贸易理论中拓展出来，形成新的国际贸易理论。偏好相似理论基于参加贸易的各国在需求上有重叠的部分，这部分重叠来源于各国居民收入水平的不同，无论在经济发达的欧美资本主义国家，还是在经济比较落后的发展中国家和欠发达国家，都有对不同档次文化产品的需求，而这部分重叠需求就是贸易参与国参与国际分工并进行贸易的基础。

如图 2-5 所示，假定世界上有三个国家，分别为 A、B、C 三国，这三国均对三类文化产品有需求，分别为高端文化产品、低端文化产品和介于二者之间的其他文化产品，在图 2-5 中，矩形Ⅰ为 A 国的需求可能性边界，矩形Ⅱ为 B 国的需求可能性边界，矩形Ⅲ为C国的需求可能性边界，在三国共同的需求可能性边界中，有一部分是互相重叠的，即为图中黑实线围成的小矩形Ⅳ，矩形Ⅳ即为三国间进行国际分工并进行文化产品贸易的来源。

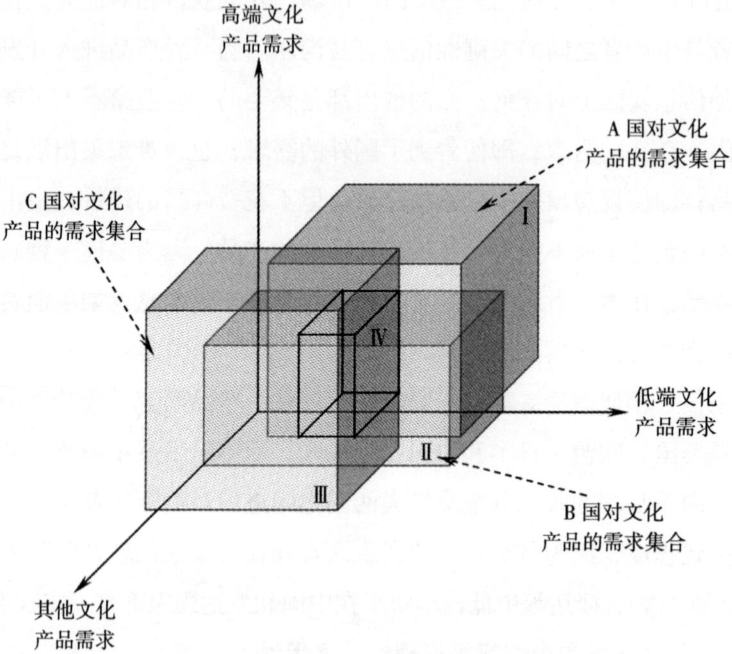

图 2-5　偏好相似理论对文化贸易的分析

偏好相似理论之所以适用于分析文化贸易以及文化产业“走出去”，其原因主要在于：

第一，文化产品需求结构的梯度分布。结合我国文化贸易的发展现状，目前，在文化产业领域与我国有着较为广泛贸易往来的国家主要集中在美国、欧洲、日本以及韩国等发达经济国家与地区。在我国，居民文化消费日益多元化，从最受欢迎的上网、看电视、看电影，到阅读报纸杂志、参观博物馆和展览馆、旅行、听广播，再到看文艺演出、艺术品收藏，不同消费群体体现出了对不同文化产品和服务的需求。从文化消费支出结构来看，年龄越大对文化消费的支出越高，受教育程度越高文化消费支出越高，收入越高文化消费支出越高，这样的消费结构决定了我国居民对文化产品的需求存在梯度分布，既有对高端文化产品和服务的需求，也有对低端文化产品和服务的需求。同样，在任何一个国家或地区，都存在不同层次的消费需求，一个国家的生产和供给能力难以满足全部消费需求，因此需要通过对外贸易实现需求与供给的平衡，使参与贸易的各国在贸易中获利。这一点符合偏好相似理论的第一个前提假设，即参与贸易的各国（地区）消费者的需求结构不同。

第二，参与文化贸易的各国存在对文化产品和服务需求的重叠。如图 2–5 所示，参与贸易的各国间有需求上的重叠是偏好相似理论得以成立的基础，以 2011 年我国与主要贸易伙伴间的部分文化贸易数据为例[①]，如表 2–10 所示，其中第 49 章、第 95 章、第 97 章是指按照海关统计标准所采用的国际通用《商品名称及编码协调制度》中与文化产业相关的产品。其中，第 49 章包括“书籍、报纸、印刷图画及其他印刷品，手稿、打字稿及设计图纸”；第 95 章包括“玩具、游戏品、运动用品及其零件、附件”；第 97 章包括“艺术品、收藏品及古物”。这三类产品可以用来代表不同消费层次的消费品。从表 2–10 中可以看出，我国与主要贸易伙伴间在不同档次的文化产品上均有贸易往来，互有出口和进口。这说明在不同档次的文化产品消费中，中国居民消费偏好与主要贸易伙伴国家居民消费偏好存在重叠需求部分。这一点符合偏好相似理论的第二个前提假设，即参与贸易的各国（地区）需求重叠。

表 2–10　2011 年我国与主要贸易伙伴部分文化产业对外贸易额

单位：千美元

国别/地区	第 49 章		第 95 章		第 97 章	
	出口额	进口额	出口额	进口额	出口额	进口额
美国	897664	322666	12327892	61063	100952	7193
日本	114360	322623	2870105	176246	126646	701
韩国	25774	17379	609786	174070	571	603
欧盟	724185	321068	9053274	86365	70624	13080
德国	98977	133625	2901030	17294	10661	1221
英国	317340	121495	1953091	2490	9068	2651
法国	81836	10623	767997	4559	7966	5388
意大利	26386	10536	509021	12494	3397	1176
荷兰	80419	17188	1032930	4723	21786	219
俄罗斯	75405	10759	581371	175	25930	64
西班牙	37414	1046	419246	770	6175	146

资料来源：根据《中国对外文化贸易年度报告 2012》中数据整理。

① 侯湘华，叶朗. 中国对外文化贸易年度报告 [M]. 北京：北京大学出版社，2012.

在满足以上两个假设的基础上，可认为偏好相似理论是适用于文化贸易和文化产业“走出去”分析的国际贸易理论，但这里还要考虑国际贸易产生的两个基本前提，即存在可交换的剩余产品和剩余服务，贸易是在不同国家或地区之间进行的。一方面，在满足本国消费的基础上，存在可用于交换的剩余产品和剩余服务。随着科学技术的发展和生产力的提高，在国际分工的链条中，各国都会生产并向其他国家或地区出口本国在生产中具有比较优势的产品，这在文化产业“走出去”和文化贸易中仍然存在。以新闻出版产业为例，2012 年我国图书出版量为 79.25 亿册，其中国内零售 61.55 亿册，收入 617.13 亿元；图书出口 1325.69 万册，出口额 4250.09 万美元；并且全国新华书店系统、出版社自办发行单位仍有累计库存 56.00 亿册。大量的库存图书说明本国消费在一定程度上得到了满足，并存在较多的剩余，这些剔除国内消费后的剩余图书就是我国对外图书贸易的基本条件之一。扩展到文化贸易领域，仍然满足国际贸易这一基本前提。另一方面，贸易或者称其为商品和服务的流动是在国家（地区）间进行的。这一点无须赘述，文化产业“走出去”，就是通过文化贸易带动文化产业的发展，让文化产品和服务走出国门、走向世界。通过文化“走出去”，使世界各国各地区逐渐了解中国文化，将中国的文化传向世界，提升我国在国际竞争中的软实力，实现国民经济的长足发展。

二、国际文化贸易的引力模型与服务生产率滞后理论

（一）国际文化贸易的引力模型

引力模型在国际贸易的经验性研究中是一个很有效的模型，诺贝尔经济学奖获得者丁伯根在 1962 年首次使用这种方法分析国际贸易，后来经过经济学家的不断完善和实践，证明其是一个非常有效的经验分析模型。实践证明，引力模型用于分析国际文化贸易同样有效。引力模型的基本公式为：

$$T_{ij} = A \times \frac{GDP_i \times GDP_j}{D_{ij}} \times L_{ij} C_{ij}$$

其中，i 和 j 代表两个国家，T_{ij} 表示国家 i 和国家 j 之间的贸易指数，A 是一个常数，GDP_i 和 GDP_j 表示两个国家的 GDP 指数，D_{ij} 表示两个国家的地理距离指数，L_{ij} 和 C_{ij} 表示两国语言和其他关系因素的趋同指数（是否有共同的边界

等)。德国康士坦茨湖大学经济系的 Günther G. Schulze 教授运用这一模型，对全球 49 个最大的贸易国家的文化艺术贸易进行了统计分析，发现 T_{ij} 对 GDPexport、GDPimport、D_{ij}、L_{ij} 和 C_{ij} 的弹性指数分别为 1.037、1.073、-1.053、1.477[①]、-0.018。T_{ij} 对 GDP 的弹性系数大于 1，表明当 GDP 增长时，双方文化艺术贸易增长的幅度更大；两个国家的距离越远，双方文化艺术贸易下降的幅度越大；语言的同一性越强，双方文化艺术贸易的增加幅度越大；其他关系因素 C_{ij} 是-0.018，则表明两国的边界和文化等距离越大，则文化艺术贸易增长呈负相关。

引力模型证明，语言和文化习俗相近、地理位置比较靠近的国家以及收入越高的国家，双方从事文化贸易的比例会越大。

(二) 服务业生产率滞后理论

美国著名的经济学家 W.鲍莫尔 (William Baumol) 提出了一个服务业生产率滞后的两部门模型 (Baumol Model)，[②] 本节结合国际文化服务贸易对此进行分析。

鲍莫尔的不平衡增长模型假设社会存在两类经济部门：一是技术进步迅速和劳动生产率增长快的部门，主要是制造业；二是技术进步缓慢和劳动生产率停滞的部门，主要是服务业。模型首先确定了四个基本的前提条件：

(*a*) 经济系统中的劳动力供应总量不变。

(*b*) 用不变价格衡量的两部门的产出份额长期不变。

(*c*) 假设在一个封闭的经济体系中，没有国际贸易。

(*d*) 尽管劳动生产率有巨大差异，但由于劳动力的流动性，两部门的货币工资的增长率保持一致。

另外，模型假设劳动力是经济系统中唯一的投入生产要素，设 Y_{NP} 和 Y_P 分别为部门 NP 和部门 P 的产出，两部门产出的生产函数式为：

$$Y_{NP} = a \times L_{NPt} \quad (a)$$

① Günther G. Schulze. International Trade in Art [J]. Journal of Cultural Economics, 1987 (23).

② Walliam J. Baumol. Macroeconomics of Unbalanced Growth: The Anatomy of Urban Crisis [J]. American Economic Review, 2010, 57 (3).

$$Y_P = b \times L_{pt} e^{rt} \tag{b}$$

上面两个函数中，部门 P 的劳动生产率的增长率恒定为 r，部门 NP 的劳动生产率的增长率为零（即劳动生产率不变），a 和 b 是恒定的参数，时间参数为 t，L_{NP} 为部门 NP 的劳动力投入，L_P 为部门 P 的劳动力投入。鲍莫尔模型假设由于劳动力的流动性，部门 NP 的工资水平会自动与部门 P 看齐，两部门的货币工资的增长保持一致，即：

$$W_t = W \times e^{rt} \tag{c}$$

这里 W 是一个恒量。

两部门的货币工资的增长保持一致，但由于部门 NP 的劳动生产率的增长率为零，部门 P 的劳动生产率的增长率恒定为 r，因此部门 NP 的产品价格和成本相对于部门 P 会越来越高，即：

$$C_{NP} = \frac{W_t \times L_{NPt}}{Y_{NPt}} = \frac{W \times e^{rt}}{a} \tag{d}$$

$$C_P = \frac{W_t \times L_{Pt}}{Y_{Pt}} = \frac{W}{b} \tag{e}$$

C_{NP} 是部门 NP 的单位产出所耗费的劳动成本，C_P 是部门 P 的单位产出所耗费的劳动成本。从函数（d）看，部门 NP 的单位产出所耗费的劳动成本有无限上升的趋势，从函数（e）看，部门 P 的单位劳动成本则保持不变。将函数（d）和函数（e）做一推导，可以得出：

$$\frac{C_{NP}}{C_P} = \frac{W_{NP}}{W_P} \times \frac{be^{rt}}{a} \tag{f}$$

由函数（f）可以看出，部门 NP 相对于部门 P，其相对成本有无限上升的趋势。由于部门 NP 主要是服务业，因此在经济增长的过程中，服务业对制造业的相对成本会越来越高，即服务业会越来越昂贵。但服务业又是需求的收入弹性很大的产业，收入的增长越高，对服务业的需求越大，而反过来需求的价格弹性较低，即需求对涨价不敏感，价格和成本上涨不会导致服务业需求太多的下降。高收入的国家对服务业的需求会远远超过低收入的国家。随着经济的发展、收入的提高，服务业的成本与价格会不断上涨，对服务业的需求也会不断上升。这一原理对文化教育服务业同样适用。

接下来我们再看服务业的就业增长。上面我们假设用不变价格衡量的两部门的产出份额长期不变，即：

$$\frac{Y_{NP}}{Y_P}=\frac{a\times L_{NPt}}{b\times L_{Pt}\times e^{rt}}\times K \tag{g}$$

由于两部门的产出份额长期不变，故 K 是一个恒量，劳动力总量为 L，则 $L=L_{NP}+L_P$，劳动力总量 L 保持不变，设函数（g）中的参数 a=参数 b，于是有下式的推导：

$$L_{NP}=(L-L_{NP})\times Ke^{rt}=\frac{LKe^{rt}}{1+Ke^{rt}} \tag{h}$$

及

$$L_P=L-L_{NP}=\frac{L}{1+Ke^{rt}} \tag{i}$$

从函数（h）和函数（i）来看，随着部门 P 的劳动生产率以 r 的速度稳步增长，部门 P 的就业人数将会无限地减少，部门 NP 的就业人数将会无限地增加。由于劳动力总量保持 L 不变，部门 NP 的就业人数比例将会不断上升。从上面的模型分析可知，随着制造业部门的劳动生产率以 r 的速度稳步增长，越来越多的劳动力将会转移到服务行业，随之而来的是收入的不断提高和劳动力成本的不断上升。因此，文化教育服务业的重要性是不言而喻的。最后，我们设定两部门的实际产出比例保持不变，分别为 B_{NP} 和 B_P。由于部门 P 的相对价格不断下降，部门 NP 的相对价格不断上升。因此，名义的产出方面，一定是部门 NP 不断上升，部门 P 不断下降。如果 B_{NP} 和 B_P 加权平均的产出指数用 I 来表示，则：

$$I=B_PY_P+B_{NP}Y_{NP}=b\times B_PL_Pe^{rt}+a\times B_{NP}L_{NP} \tag{j}$$

将函数（h）和函数（i）代入函数（j），得到：

$$I=\frac{L(K\times aB_{NP}+b\times B_P)\times e^{rt}}{1+Ke^{rt}}=\frac{Re^{rt}}{1+Ke^{rt}} \tag{k}$$

上面的 $R=L\ (K\times aB_{NP}+b\times Bp)$，R 为常数，对函数（k）的两端以时间 t 求导数，可得：

$$\frac{\frac{dI}{dt}}{I}=\frac{r}{1+Ke^{rt}} \tag{l}$$

从函数（l）可以看出，随着部门 P 的劳动生产率以 r 的速度增长，部门 P 的相对价格不断下降，部门 NP 的相对价格不断上升，部门 NP 的名义产出比例不断上升，部门 P 的名义产出比例不断下降，最后导致了整个社会总产出的增长率 (dI/dt) / I 不断降低，并逐渐趋近于零。也就是说，当部门 NP 的名义产出比例不断上升时，整个社会经济的劳动生产率和总产出增长率会逐渐陷于停滞不前。

总结以上鲍莫尔模型的推导，我们可以得出下列结论：

(*a*) 经济增长过程中，服务业存在成本和价格上升的压力，但这种通货膨胀压力会被制造业的价格下降所抵消，服务业变得更昂贵。

(*b*) 经济增长过程中，服务业在总劳动力中的就业比例和在总产出中的名义产出比例都会上升，即所谓的后工业化过程。经济越发达，经济中服务业的比例越高。

(*c*) 由于服务业的劳动生产率增长缓慢，服务业比例上升导致了总的经济增长率的下降和停滞，也导致了总的劳动生产率的下降。

(*d*) 提高总的经济增长率可以通过增加劳动力的投入总量来实现，但如果社会的人口增长停滞，那么唯一的手段是加快技术创新，并把这种创新引入服务业，从而提高服务业的生产率。

运用鲍莫尔模型分析文化教育服务业，可以知道，随着我国经济工业化的成熟，文化教育服务业这一类的服务产业将变得越来越重要，吸收的就业人口将越来越多，但与之相伴的则是经济增长潜力的耗尽和经济增长率的下滑。要进一步提高经济增长率，除了更多地投入劳动力之外，必须千方百计地挖掘创新的潜力，引入新技术，想办法提高服务业的劳动生产率。另外，随着经济和收入的增长，整个社会对服务业的需求，尤其是对文化教育及娱乐服务的需求也会快速增长，社会必将进入高成本的时代，经济向后工业化社会的转型是必然的，我国的产业结构必须适应这一转变。因此，加快发展服务产业，尤其是文化教育及娱乐服务产业，是今后产业结构调整的重要方向。创造更多更好的文化产品，满足人们对文化娱乐服务业日益增长的需要是当务之急。

当前，我国的国际文化贸易和教育贸易都存在着巨大的贸易逆差，这种情况反映了我国文化娱乐和教育服务业的发展是严重滞后的，不能满足人们快速增长的需求。因此，我国的文化娱乐和教育服务业必须加快改革，加快发展，方能适应今后经济发展的需要。尽管我国目前从整体上仍处于工业化、城市化的阶段，但在北京、上海、深圳、广州等发达城市，已经开始向后工业化社会转变。对于这些城市而言，大力发展文化娱乐和教育服务业，是调整产业结构的重要方向，也是减少目前我国巨额文化贸易逆差的必然要求。

改革开放以来，我国的国际贸易取得了巨大的成就，现在已是世界第二大贸易国，但我国文化娱乐业的发展相对滞后，生产的文化产品远远无法满足人们日益增长的需要。目前，我国每年都存在巨额的国际文化贸易逆差。

“我国文化贸易的进出口存在严重逆差，前几年的粗略估算显示，进口和出口的比例大约是 10∶1。目前这个差距可能会更大。”文化部副部长丁伟表示，导致文化贸易逆差的原因首先是观念滞后。在传统观念中，文化就是文化，做生意就是做生意，中国人很少会想到去卖文化，这与世界上很多国家有不小的差距，如美国的文化产品已经遍布全球。“第二个原因是我国现在还没有能够吸引人的、占领国际市场的文化产品，尤其是被人们广为接受的品牌性产品。我国有五千年的优秀传统文化，但是这种文化资源怎么转化成对外文化贸易的产品？这里面还有很大的距离。”第三个原因是我们缺乏一些能够在国际文化贸易市场上、网络之中进行创造、生产、推销的企业或中介机构。第四是政府在支持、推动文化产品或文化企业走向世界的过程中，在法律、政策的鼓励措施和环境营造方面还有待提高。

据介绍，我国有关政府部门正在积极思考和制定相关办法、条例及法律。文化部下发了关于促进商业演出展览、文化产品出口的通知，与商务部、海关总署联合下发了关于促进国产音像制品出口的通知。近年来，我国在对外文化贸易方面也取得了一些进展，中国的音像制品，尤其是录像制品已越来越多地进入北美、欧洲市场，演出（如杂技《天鹅湖》等）的海外收入每场已达 2 万~3 万美元，基本上接近世界演出市场的中等水平。丁伟强调，目前国际文化市场上主要讲述的还是西方的故事。作为东方的古老文明，我国的文化产品有着巨大的市场潜力，相信在政府和企业的共同努力下，我国的对外文化贸易一定会得到迅速发展。

思考题

(1) 国际文化贸易的含义。

(2) 国际文化贸易的内容包括哪些方面?

(3) 国际文化贸易有哪些特点?

(4) 国际文化贸易的宏观指标体系包括哪些?

(5) 国际文化贸易的微观指标体系包括哪些?

(6) 简述国际文化贸易的偏好相似理论。

(7) 简述国际文化贸易的引力模型。

第三章

国际文化贸易政策

本章导读

文化贸易作为近年来国际贸易领域发展速度最快的部门之一，已经成为全球经济的一个重要组成部分。鉴于文化贸易所特有的经济和文化双重属性，文化贸易政策成为各国政府关注的重点。近十年来，中国文化贸易的发展非常迅速，文化贸易进出口规模不断扩大，年均增长速度超过全球平均水平。但同时，中国文化贸易结构的发展却非常不平衡。中国已经成为世界文化产品出口第一大国，总类文化产品贸易保持绝对顺差；可是在真正体现文化内容和价值且具有高附加值的文化服务和内容文化产品领域，却缺乏国际竞争力，贸易差额持续负值。中国文化服务和内容文化产品出口占世界份额的比例不足百分之一。在此背景下，拥有丰裕历史文化资源的中国应该选择怎样的文化贸易政策，从而在维护国家利益的同时，能够平衡文化贸易自由化与文化多样性的关系，增强我国文化产品和文化服务的整体竞争力，扩大中华文化的国际影响力。

主要内容

(1) 鼓励出口的文化贸易政策。

(2) 限制进口的文化贸易政策。

(3) 文化贸易中关税对经济的效应。

(4) 文化贸易中补贴对经济的效应。

学习目标

理解国际文化贸易的鼓励出口措施和限制进口措施；分析国际文化贸易关税对经济的效应，以及国际文化贸易补贴对经济的效应。

新中国成立至今的60多年来，伴随着我国社会主义经济建设和改革开放的发展与深入，我国社会主义文化建设也日益繁荣，中国文化贸易政策经历了一个从无到有、从文化进口限制为主到文化出口鼓励为主、从侧重对外文化交流到强调对外文化贸易的历史演进过程。从国际经验来看，文化贸易是实现一个国家或地区文化影响力的重要方式。随着文化的商品属性在我国政府宏观政策层面得到认可，文化产业从在概念上被正式确认，到上升为国家战略性产业，再到被确立为国家支柱产业，其对我国经济和文化发展的重要性日趋显著。加入世界贸易组织进一步推动了我国文化产业国际化发展的进程，中国文化产品和服务直接参与到激烈的国际文化竞争中，文化贸易成为我国对外贸易发展的一个重要领域。围绕国家推动文化贸易发展的战略目标，对文化产品和服务出口的鼓励和扶持成为现阶段我国文化贸易政策的重心；同时，为了维护本国文化产业安全和文化安全，政府也对国外文化产品和服务的进口采取了一定的限制措施。

一国贸易政策包括限制进口政策和鼓励出口政策两个方面。① 我国现行文化贸易政策体系主要由鼓励出口的文化贸易政策和限制进口的文化贸易政策两部分组成。

第一节　鼓励出口的文化贸易政策

2002年11月，中共第十六次全国代表大会报告提出要“积极发展文化事业和文化产业”，“文化产业”陈述首次进入国家宏观政策层面，这也成为我国文化

① 小岛清. 对外贸易论［M］. 周宝廉译. 天津：南开大学出版社，1987.

贸易政策发展的一个重要分水岭。中国文化贸易政策的主要基调从规制文化产品和服务进口逐渐转向支持和鼓励本国文化产品和服务出口。扩大文化产品和服务出口，提高文化产品和服务的国际市场份额是鼓励出口文化贸易政策的主要目标。在具体政策措施上，现行我国鼓励出口的文化贸易政策主要由出口奖励和补贴、税收支持、金融支持、服务保障支持以及体制改革支持等内容组成。

一、出口奖励和补贴

通过设立专项资金和基金对文化产品和服务出口进行出口绩效奖励、贷款贴息和项目补贴，是中央和地方各级财政以财政资金支持文化贸易出口的主要方式。2005 年 4 月，财政部和文化部设立国产音像制品出口专项资金，专门用于支持或奖励国产音像制品的出口。2006 年 11 月，国务院办公厅转发财政部等部门《关于鼓励和支持文化产品和服务出口的若干政策》的通知明确指出，要加大中央和省级宣传文化发展专项资金和文化“走出去”专项资金对文化产品和服务出口的支持，对境外文化市场推广绩效突出的文化企业进行奖励，资助电影、图书和音像制品的翻译与出口工作，并对参加境外文化商业性演出的相关费用给予补贴。同时，利用中央外贸发展基金以及从援外资金中安排专门预算，支持和推动文化产品和服务出口。利用中小企业国际市场开拓资金支持文化企业的境外文化市场开拓活动。2014 年 3 月，国务院《关于加快发展对外文化贸易的意见》进一步提出，在财税支持方面，要加大文化产业发展专项资金在文化服务出口、境外投资、市场开拓以及人才培养等方面的支持力度。对于影视、音像和动漫等国家重点扶持的内容文化行业，均设有专门的财政资金，例如，国家电影事业发展专项资金、国产音像制品出口专项资金以及国产动漫产品出口奖励和补贴专项资金等，用以资助和扶持国家文化产品和服务出口重点项目，奖励在文化产品和服务出口工作中取得突出业绩或做出重要贡献的单位和个人，促进我国文化产业的国际化发展。

同时，政府还通过确定国家文化出口重点企业和重点项目，明确出口奖励和补贴的重点对象，提高财政资金的使用效率。这是壮大我国对外文化贸易主体，以项目带动对外文化贸易发展的重要措施。2005 年 1 月，文化部开展国家文化产品出口示范基地认定工作，重点扶持打造一批在国际文化市场上有较强竞争力的文化企事业单位（主要从事演出、艺术品、音像、动漫和网络文化）。经认定的国家文化产品出口示范基地，按有关规定享受各项扶持政策。2007 年 4 月，商务部等六部门联合制定了《文化产品和服务出口指导目录》，对新闻出版类、广播影视类、文化艺术类和其他综合类出口文化产品和服务的重点生产企业与重点项目的认定标准进行规定，指导国家文化出口重点企业和重点项目的筛选。根据该《指导目录》，文化部于 2007 年和 2008 年连续两年分别对 9 家优秀出口文化企业和近 40 个优秀演出、展览类出口文化产品和服务项目进行了 5 万~15 万元不等的资金奖励。并且，从 2007 年开始，政府每两年更新发布一次《国家文化出口重点企业目录》和《国家文化出口重点项目目录》，不断扩大对具有民族特色的文化艺术、展览、电影、电视剧、动画片、网络游戏、出版物、民族音乐舞蹈和杂技等产品和服务出口的支持力度和范围。迄今为止，共支持重点文化出口企业 1208 家、重点文化出口项目 572 个。2010 年 2 月，商务部等十部门联合下发《关于进一步推进国家文化出口重点企业和项目目录相关工作的指导意见》，从财政资金支持、税收优惠、金融支持、出口便利化、国际营销网络建设、境外投资、技术创新、文化贸易中介组织建立和完善、信息平台建设、表彰奖励机制以及组织等各方面加大对文化出口重点企业和重点项目的支持力度，进一步扶优扶强，促进我国文化出口。

此外，政府也对具体分类文化行业进行有针对性的项目扶持和奖励。例如，2004 年 12 月，文化部制定了《国家商业演出展览文化产品出口指导目录》，政府对列入指导目录的项目从政策（文化部后援支持）和资金（国际旅费资助）上为商业演出展览文化产品出口提供强有力的支持。2007 年 6 月，文化部印发《国产音像制品出口奖励暂行办法》，对申报国产音像制品出口专项资金奖励的优秀国产音像制品出口企业和节目的基本标准进行了规定，并规范了评审程序。2009 年 7 月，新闻出版总署在《关于促进我国音像业健康有序发展的若干意见》中提出，要每年奖励 100 部“走出去”音像制品和 20 家在“走出去”方面有突出贡献的音像企业。2009 年 10 月，新闻出版总署启动经典中国国际出版工程，对国家重点鼓励出口的优秀图书（如《中国学术名著系列》和《名家名译系列》等）的翻译和出版化项目管理方式进行资助。该工程资助资金仅 2011 年一年就超过 1000 万元。2010 年，文化部实施动漫游戏产业“走出去”扶持项目，对经过筛选的 34 家动漫企业和游戏企业的产品译制和海外推广等“走出去”项目进行支持，共投入扶持资金 1400 万元。

二、税收支持

针对文化贸易的税收优惠政策主要包括降低税率和税收减免，具体涉及文化产品和服务进出口环节税、增值税、营业税和企业所得税。2005 年 3 月，财政部、海关总署和国家税务总局联合下发《关于文化体制改革试点中支持文化产业发展若干税收政策问题的通知》，其中规定免征政府鼓励的新办文化企业三年企业所得税；文化产品出口享受出口退（免）税政策；对企业在境外提供文化劳务取得的境外收入不征收营业税，免征企业所得税；对重点文化产品生产所需要进口的自用设备、配套件和备件等，免征进口关税和进口环节增值税；从事数字广播影视、数据库、电子出版物等研发、生产、传播的高新技术文化企业，可享受国家高新技术企业税收优惠政策。财政部、海关总署和国家税务总局分别于 2009 年 3 月和 2014 年 11 月相继联合发布《关于支持文化企业发展若干税收政策问题的通知》和《关于继续实施支持文化企业发展若干税收政策问题的通知》。其中主要强调经相关主管部门批准，对从事电影制片、发行、放映的电影企业取得的销售电影拷贝收入、转让电影版权收入以及电影发行收入免征增值税；对出口图书、报纸、期刊、音像制品、电子出版物、电影和电视完成片予以增值税出口退税优惠；对从事文化产业支撑技术等领域的高新技术文化企业，减按 15%的税率征收企业所得税；文化企业开发新技术、新产品、新工艺产生的研究开发费用，允许在计算应纳税所得额时加以扣除。2014 年 3 月，国务院《关于加快发展对外文化贸易的意见》提出对国家重点鼓励的文化产品出口和文化服务出口分别实行增值税零税率和营业税免税；逐步将文化服务行业纳入“营业税改征增值税改革”试点范围，对纳入增值税征收范围的文化服务出口实行增值税零税率或免税；对在国务院批准的服务外包示范城市从事服务外包业务的技术先进型文化服务企业，减按 15%的税率征收企业所得税，并且企业职工教育经费可享受不超过工资薪金总额 8%的部分税前扣除。

三、金融支持

对文化贸易的金融支持主要是解决文化出口企业面临的融资和风险问题。在资金支持和融资服务方面，2009年3月，文化部与中国进出口银行签订《关于扶持培育文化出口重点企业、重点项目的合作协议》，中国进出口银行在协议签订后的五年合作期内，向文化企业提供不低于200亿元人民币或等值外汇信贷资金，扶持政府鼓励发展的文化出口重点企业和重点项目，开发具有国际先进艺术水平、自主知识产权、原创品牌和民族特色的高科技文化产品和服务。同年4月，商务部等四部门和中国进出口银行联合发布《关于金融支持文化出口的指导意见》，为满足文化企业多元化融资需求，进出口银行向国家重点文化企业和项目提供包括文化产品和服务出口信贷、境外投资贷款、进口信贷等信贷类业务产品以及结算、贸易融资、对外担保、财务顾问等中间业务产品在内的便捷全面的融资服务。2010年3月，中央宣传部等九部门联合发布《关于金融支持文化产业振兴和发展繁荣的指导意见》，从信贷投放、授信模式、融资规模、保险服务、配套机制和效果检测等方面对金融支持文化产业发展、促进文化产品和服务出口以及便利文化企业跨境投资提出指导意见。同月，文化部与中国工商银行签订《支持文化产业发展战略合作协议》，择优支持文化企业及其产业项目的发展，尤其是国家重点文化出口企业和项目。同年5月，"文化部文化产业投融资公共服务平台"正式上线，推动建立政府引导下的文化企业投融资服务机制；同时开通"文化企业信贷申报评审系统"，首批进入该系统，与文化部建立部行合作机制的银行机构包括中国进出口银行、国家开发银行、中国银行、中国工商银行和北京银行等。同年8月，国家广电总局与中国进出口银行签订《关于扶持培育广播影视出口重点企业、重点项目的合作协议》，中国进出口银行在五年合作期内，向广播影视重点企业和项目提供不低于200亿元人民币或等值外汇融资支持，扶持培育广播影视出口重点企业和重点项目。2014年3月，国务院《关于加快发展对外文化贸易的意见》鼓励金融机构探索适合对外文化贸易特点的信贷产品和贷款模式；支持国家文化出口重点企业通过发行企业债券、公司债券、非金融企业债务融资工具等方式融资；要求推进文化贸易投资的外汇管理便利化。同月，文化部、中国人民银行和财政部联合下发《关于深入推进文化金融合作的意见》，鼓励金融机构建立专门服务文化产业的专营机构、特色支行和文化金融专业服务团队，开发推广适合对外文化贸易特点的金融产品及服务。

在信用担保和风险承保方面，《关于金融支持文化出口的指导意见》要求进出口银行除了对文化企业进行实物资产抵押担保以外，应积极探索股权、股票、债券、知识产权质押等多种担保方式，提高文化企业的融资担保能力。《关于鼓励和支持文化产品和服务出口的若干政策》的通知，鼓励从事出口信用保险业务的保险机构积极开发相关险种，充分利用出口信用保险扩大文化产品和服务的出口。2010 年 12 月，文化部下发的《关于保险业支持文化产业发展有关工作的通知》指出，中国出口信用保险公司应积极支持国家重点扶持的文化出口企业和项目，加快出口信用保险和海外投资保险服务创新，推动文化产业出口和海外投资业务的信用保险承保。《关于加快发展对外文化贸易的意见》鼓励融资性担保机构和其他各类信用中介机构开发符合文化企业特点的信用评级和信用评价方法，通过直接担保、再担保、联合担保、担保与保险相结合等方式为文化企业提供融资担保服务；鼓励保险机构在风险可控的前提下，对国家文化出口重点企业和项目提供承保政策灵活、投保手续优化的出口信用保险服务。

四、服务保障支持

文化贸易出口的服务保障支持为我国文化产品和服务出口创造了良好的市场环境和竞争环境。政府对文化出口企业的服务保障支持，主要体现在平台搭建与海外推广、通关便利、中介服务和知识产权保护等内容上。国际文化会展是文化产品和服务开展国际交流和贸易的一个十分重要的展示平台和营销推广渠道。《国家“十二五”文化改革发展规划纲要》强调要以中国国际文化产业博览会为中心建设国际文化产品交易平台，重点扶持中国国际广播影视博览会、中国国际动漫节、中国国际图书博览会、上海国际电影节，形成同时面向国际和国内的文化交易平台体系。中国（深圳）国际文化产业博览交易会和中国北京国际文化创意产业博览会是国家级、国际化的综合性国际文化产品和服务交易平台，为中国文化企业的展示和推介提供了窗口和平台；中国国际广播影视博览会、中国国际动漫节、上海国际电影节和中国国际图书博览会等行业内大型展会或节庆活动，也在加快中国文化产业与国际接轨的速度以及促进中国文化产业“走出去”的过程中发挥了重要作用。政府支持并鼓励文化企业参加国家重点支持的文化展会，通过这些国际性文化博览与交易平台推动文化出口。2011 年 10 月，文化部在上海自贸区正式设立全国第一个国家级对外文化贸易基地，这是上海自贸区内唯一的专业文化贸易公共服务平台，希望成为中国文化产品进出口集散中心，推动更多中华优秀文化产品和服务走向世界。

政府同时支持本国优秀文化企业积极参加境外演艺交易会、艺术博览会、图书展、影视展、音像展、艺术节、双年展、动漫游戏节等国际大型展会和文化活动，进一步扩大我国文化企业的国际影响力。例如，2010 年 6 月，在文化部的支持下，中国动漫集团有限公司组织 14 家中国优秀动漫企业参加 2010 年法国安纳西国际动画电影节，共达成 8 个中外合作项目，协议总金额 4.35 亿元人民币，所签协议涉及动画和游戏制作、发行、技术研发、产业投资和教育培训等各领域。2011 年 6 月，中国动漫集团再次组织国内优秀动漫企业参加了在美国拉斯维加斯举办的 2011 国际品牌授权博览会。2011 年，新闻出版总署共组织实施了经典中国国际出版工程等重大新闻出版"走出去"工程，组织开展了埃及书展中国主宾国等六项重大活动，组织参加 40 余个国际书展，接待 50 余起外事高访团组，为中国出版企业"走出去"搭建平台。2014 年 3 月，国务院《关于加快发展对外文化贸易的意见》进一步明确了完善文化贸易服务保障的重要性，强调为文化产品和服务出口提供行政审批简化、通关服务便利和知识产权保护的支持，要求加强对外文化贸易的公共信息服务和建立健全文化行业中介组织，帮助文化企业开拓海外文化市场。

五、体制改革支持

我国文化体制改革的核心内容是推进国有经营性文化事业单位的转企改制，建立现代企业制度，完善法人治理结构。这为文化出口企业提供了体制保障。包括出版、发行、影视、演艺、新闻网站及非时政类报刊等行业的绝大多数国有经营性文化单位，都要逐步转制为企业，培育和重塑新型文化市场主体，激发企业活力和潜力，更好地参与国际文化竞争。

2003 年 12 月，国务院办公厅印发《文化体制改革试点中支持文化产业发展的规定（试行)》和《文化体制改革试点中经营性文化事业单位转制为企业的规定

(试行)》，进一步明确改革试点的相关配套政策，包括财政税收、投资和融资、资产处置、工商管理、价格、授权经营、收入分配、社会保障、人员分流安置、法人登记十个方面，其中财政税收和社会保障是重点。2004 年 1 月，由北京青年报社控股组建的北京儿童艺术剧院股份有限公司挂牌，这是国有文艺院团股份制改造的首次成功探索。同年 3 月，国务院分别批复文化部和新闻出版总署，同意中国对外演出中心和中国对外艺术展览中心转企改制组建中国对外文化集团公司，同意中国出版集团转企改制为中国出版集团公司。这是中央所属文化单位深化改革的重要举措。同年 4 月，文化部出台《关于鼓励、支持和引导非公有制经济发展文化产业的意见》，支持非公有制经济参与国有文化单位的重组改造，推动国有文化单位的产权结构调整。2005 年 4 月，国务院下发《非公有资本进入文化产业的若干决定》，进一步明确鼓励和支持非公有资本进入的具体文化领域，并强调鼓励和支持非公有资本从事文化产品和文化服务出口业务。2009 年 8 月，中宣部和文化部共同颁布了《关于深化国有文艺演出院团体制改革的若干意见》，指出国有文艺演出院团体制改革的中心环节是以多种形式探索转企改制，积极培育新型市场主体；该《意见》同时明确提出了国有文艺演出院团转企改制的路径和时间表。2011 年 5 月，中宣部和文化部再次联合下发《关于加快国有文艺院团体制改革的通知》，要求全国除新疆和西藏地区以外的所有国有文艺院团（除少数被确定保留事业单位性质的院团）都要转制为企业，同时加大对国有文艺院团转制的政策扶持力度，确保在 2012 年上半年全面完成国有文艺院团体制改革任务。2013 年 6 月，文化部等九部委联合发布《关于支持转企改制国有文艺院团改革发展的指导意见》，进一步落实和强化对转制院团的政策扶持。

截至 2012 年底，全国国有经营性文化事业单位的转企改制工作已经基本完成，其中包括出版社 580 家、新华书店 3000 家、电影制作发行放映单位 850 家、电视剧制作机构 57 家、党报党刊发行单位 38 家、国有文艺院团（不含保留事业体制院团）2092 家、非时政类报刊出版单位 3271 家，以及中央和地方承担改革任务的重点新闻网站。全国共有 6900 多家国有经营性文化事业单位被注销，29 万多个事业编制被核销。在转企改制的同时，国家支持和鼓励外向型文化企业尤其是实力雄厚的文化集团积极实施“走出去”战略，实现国际化发展。

第二节 关税措施

尽管我国现行文化贸易政策以鼓励出口为主，但基于文化产品和服务的意识形态属性以及外部效应，我国政府对国外文化产品和服务（尤其是内容文化产品和服务）的输入内容和数量、中外文化合作以及外商投资等方面都有严格的规定，对于核心文化产品和服务的对外开放采取逐步放开的策略，以维护国家文化和社会安全，并保护弱势文化产业。限制进口的文化贸易政策工具包括关税和非关税壁垒。由于关税壁垒主要针对以物质形态存在的商品，因此进口关税主要对文化产品进口起到限制作用。而对于文化服务以及内容文化产品的进口限制措施主要采取的是非关税壁垒。

一、关税措施概述

在关税措施方面，随着经济全球化的不断融合，关税削减是贸易自由化的重要方向，也是世界贸易组织谈判的关键议题。按照中国加入世界贸易组织的降税承诺，目前我国关税总水平已低于10%，而发达国家的平均关税已经降至3%以下，关税壁垒作为主要贸易保护手段的重要性已大大减低。在文化产品贸易领域，我国除了对进口乐器（如钢琴、弦乐器、管乐器、打击乐器和键盘乐器等）、首饰、珠宝、金银器、象牙和兽骨制品等奢侈文化产品征收20%左右的高关税外，对纺织类手工艺品、手绘绘画、原版雕像和塑像、小雕像及其他装饰品（玻璃制品、象牙和兽骨制品以及贱金属铸成的艺术品和收藏品除外）等征收的进口关税在10%左右；对于录制媒介［包括未录制的用于录音或其他用途的磁性媒介、半导体媒介和其他媒介（包括生产唱片的母版和母带）］、已曝光或冲洗的感光片和胶卷（不用于胶印）、教学专用的已曝光和冲洗的电影胶片、其他感光板和胶卷、印刷版书籍和读物、辞典和百科全书等系列出版物、报纸杂志、木质小雕像及其他装饰品、古董等文化产品均实施零进口关税。并且，为了促进我国文化产业的发展，我国政府对国家鼓励的重点文化产业项目所需要的自用设备和配套件、备件等免征进口关税和进口增值税。随着世界经济一体化的逐步深入以及贸易自由化的趋势逐步明显，世界范围的关税削减还将进一步深入，文化产品也不例外。同时，信息技术的飞速发展为内容文化产品和服务的世界传播与流通创造了优越的技术条件，关税对于核心文化产业的保护作用将更加微弱。因此，对于内容文化产品和服务的贸易保护越来越多地被诉诸非关税壁垒。

二、关税措施的经济效应

关税是指一个国家的海关对运进或运出其边境的货物所征收的税种。按照不同的分类标准，关税可分为进口关税和出口关税、从量税和从价税。其中的进口关税常被用来增加进口商的成本，削弱其商品的竞争能力，以达到保护本国相同或类似产业的目的。在国际文化贸易实践中，主张保护本国文化产业的国家可以对外国的书刊、电影拷贝征税，也可以对预录了外国歌曲或影视节目的磁带、CD、VCD、DVD 征收进口关税，还可对文化产业外围领域的乐器、文具等产品征税。进口关税在抑制外国文化产品竞争力的同时，会扭曲文化市场机制的作用，降低文化资源配置的效率，对实施关税的国家不利，有时难免招致外方的贸易报复，从而弱化本国关税壁垒的保护作用，图 3-1 对此进行了分析。

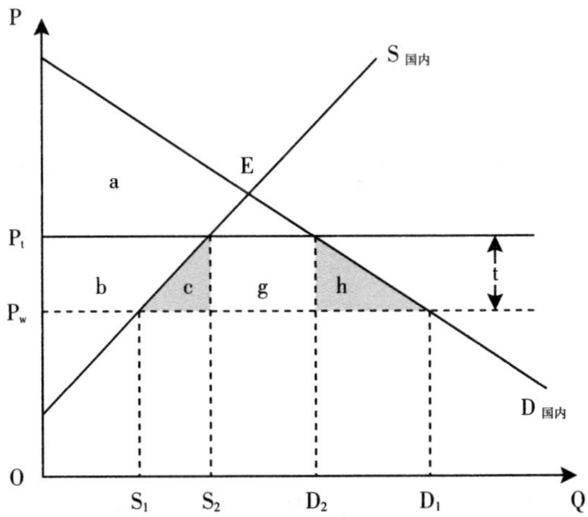

图 3-1 进口关税的经济效应分析

在图 3-1 中，我们假设某文化产品 X 的进口国是一个经济意义上的小国，即该国是 X 产品国际市场上的价格接受者，其进口量对国际价格 P_w 没有影响。

图 3-1 显示，X 产品的国内均衡价格高于国际市场价格 P_w，由于该国能在国际市场上购买到任何数量的 X 产品，最终，其国内价格应该等于国际市场价格。如果该国为抑制 X 的进口而征收 t 元的进口从价关税，则该国 X 产品的国内价格将变为 $P_t = P_w + t$，征税以前，该国 X 产品的进口量为 S_1D_1，征税以后减少到 S_2D_2，进口关税越高，对外国产品进口的抑制效应就越大。

进口关税固然起到了阻止外国产品进入本国市场的目的，但本国民众需为此承受额外的经济福利损失，我们仍以图 3-1 为例加以说明。当本国征收进口关税，导致 X 产品的国内市场价格由 P_w 上升到时 P_t 时，本国的消费者不得不花费更多的开支购买 X 产品，消费者剩余减少了 a+c+g+h，而随着价格的上涨，生产者剩余则增加了 b，政府通过征税获得了 g 的收入。当我们将生产、消费及政府税收综合起来考虑时，进口关税所带来的净福利效应=Δ 消费者剩余+Δ 生产者剩余+Δ 政府财政收入=-（b+c+g+h）+b+g=-（c+h），这表明进口关税的征收给进口国带来了绝对损失，即图中的阴影部分。其中，c 代表了本国在较高的边际成本上进行生产所导致的效率损失，h 代表了价格上涨后消费者减少 X 产品的消费、转而购买其他替代品所带来的满足程度的降低。

关税壁垒涉及经济与文化政策上的两难选择：关税壁垒固然可以保护本国文化免受外来冲击，但却不得不牺牲本国的经济福利。自关贸总协定产生以来，国际社会一直致力于消除关税壁垒，实现全球范围内的自由贸易，并为此制定了相关的国际贸易规则，大幅度降低了关税，传统关税壁垒的保护作用日渐削弱。对外国的文化产品征税会引起外国的文化出口减少，文化贸易条件恶化，导致对方的贸易报复，从而抵消本国关税的壁垒作用。而且，关税壁垒对本国弱势文化产业的保护有可能导致本国的文化产业不思进取，反而不利于它们在竞争中成长壮大。

第三节　非关税措施

在乌拉圭回合谈判过程中，各成员方对于文化产品的态度有很大的差异，其主要原因是文化的冲突与文化的竞争。最具代表性的是美国与法国针锋相对的主张。在实践中，美国的文化产业政策追求的是普遍主义、自由贸易和文化扩张；而法国与加拿大的文化产业政策所追求的是保护与扶持。因此，后者把文化产品与其他可贸易的产品视作不同的对象，为实现保护或促进本国文化的目的，各主权国家的政府可以通过一些措施在任何情形下对来自国外的文化产品施加贸易壁垒；就前者而言，其把文化产品视为一般的商品，并且认为主权国家为保护本国文化或促进本国文化而对外国的文化产品采取限制措施，这是贸易保护主义者的一种借口，目的在于保护本地企业免受国外同类企业的竞争，而且这些措施并不能在促进或保护本国文化方面起到任何作用。

在理解文化政策措施与贸易保护主义之间的关系时，我们首先考虑的是这些为保护或促进本国文化而采取的措施是否与世界贸易组织框架下的相关规则相符；其次，如果这些措施符合世界贸易组织规则，那么各缔约方是否可以自由地采取任何措施加以限制。

关于文化政策，联合国教科文组织在 1967 年召开的 24 国文化圆桌会议上下了一个定义："文化政策应该是指一个社会为了满足某些文化需要，通过在给定的时期内最优化地利用可以取得的物质资源和人力资源来制定有意识的、特定的措施，以及采取干预的或不干预的行动的总和。"① 另外，联合国教科文组织在 2005 年的《保护和促进文化表现形式多样性公约》中对文化政策措施进行了明确的界定：文化政策措施是指"地方、国家、区域或国际层面上针对文化本身或为了对个人、群体或社会的文化表现形式产生直接影响的各项政策和措施，包括与创作、生产、传播、销售和享有文化活动、产品与服务相关的政策和措施。"②

有学者认为，"文化政策是国际组织和政府机构在一定时期为实现文化发展特定目标，通过政策成本与政策效果的比较，对与文化发展相关的社会公私行为所做出的有选择性的约束和指引。根据文化发展的现实状况和对未来发展的预期，以文化政策的形式做出有针对性的制度安排是当今社会充分运用国家权力和

---

① UNESCO. Cultural Policy: A Preliminary Study, Paris, 1996: 10. http://unesdoc.org/images/0000/000011/001173 eo.pdf.

② Convention on the Protection and Promotion of the Diversity of Cultural Expressions, Article 4 (6).

政府资源促进文化发展的普遍选择”。[①]

大多数主权国家的电影、电视、广播等与文化产品相关的产业的管理政策，主要以政府扶持和保护为主，采取国家财政拨款等方式，并辅以立法和行政手段。就一般性的文化政策措施而言，国家通常都会采取本土内容最低限度的配额要求。

在1960年加拿大就制定了有关“加拿大的内容要求”的法规，规定任何电视台都必须达到平均每月播出55%的加拿大节目播出量的规定，不久又增加到60%。[②]加拿大在《广播法》中明确提出，加拿大的每一个广播机构在节目制作和播出时应最大限度地采用加拿大本土的资源。对于音乐节目，要求每天6点到12点播出的节目中，加拿大的流行音乐节目至少要达到35%，对于电视节目，“加拿大内容”的节目比例要达到50%，国营电视台在任何时间都必须至少播出60%的“加拿大内容”的电视节目。[③]法国每家电视台播放作品的比例是至少60%的欧洲作品和至少40%的法语原文表达作品，[④]但各家电视台可以与高级视听委员会签订协议，把欧洲作品的百分比从60%降低到50%，但是电视台必须扩大其对法语原文表达作品的制片投资资金。

各国对于电影产业的扶持，通常是通过优惠的税收措施来实现的。提供非常优惠的税收是有前提的，这其中就涉及对电影进行相应的国籍鉴定。在英国，对于制作成本在2000万英镑以下的英国电影，电影公司至少可以获得在英国花费成本20%的税收优惠；成本高于2000万英镑的英国电影，电影公司至少可以获得在英国花费成本16%的税收优惠。[⑤]

除了上述这些措施之外，许多国家也会为本土的视听产业提供相应的补贴，以欧盟为例，在2001年之前，欧盟为视听产业大约提供了1120万欧元的资助。其中，法国是提供补贴最大的国家，其所占的比例高达欧盟提供补贴数额的近

---

① 刘华. 文化政策视阈下我国知识产权文化发展研究［J］. 华中师范大学学报（社科版），2009（2）.

② 周俊. 加拿大广播电视政策的保护［J］. 中国记者，2001（2）.

③ TPRB. Trade Policy Review，Canada：Report by the Secretariat［EB/OL］. WT/TPR/S/78，15 November，2000.

④ Ivan Bernier. Cultural Goods and Services in International Trade Law［M］. in Dennis Browne（ed.），The Culture/Trade Quandary：Canada's Policy Options，1998：109.

⑤ 毕佳，龙志超. 英国文化产业［M］. 北京：外语教学与研究出版社，2007.

40%。提供补贴并不是欧盟国家的专利，在其他国家同样也存在类似的行为，世界贸易组织秘书处曾在1998年的报告中指出，至少有17个世界贸易组织的成员对其视听产业提供相应的补贴，其中就包括加拿大和澳大利亚等国家。[①]

文化产品具有特殊性，如果文化产品仅仅是提供娱乐或帮助消费者打发时间，那么很难看出政府为什么一定要介入进来，并且以一种会对自由贸易产生限制的方式来支持它们。但是假如说文化产品在某种程度上超出了娱乐这个概念，那么政府介入将是毫无疑问的。原因可以总结为两点：首先，视听产品为公众提供了信息，并且这些信息对公众观点的形成起到了一个非常重要的作用；同时，这些信息也有相应的教育功能，《文化多样性宣言》第8条从一个相对来说不是那么功利化的角度做出了如下的描述："文化产品和服务作为身份、价值及内涵的标志，不能被当作仅仅是日常消费品或生活消费品。"在世界贸易组织框架下，一些国家，如巴西强调了视听服务在文化价值和思想的传播上所起的作用，[②]澳大利亚也已经建议这些服务在澳大利亚多元文化社会中反映一个民族和文化身份的含义。即使是美国，其也已经承认视听部门可能具有特定的文化特征。[③]其次，文化产品对文化的保护或促进。联合国教科文组织就与文化方面相关的事项在国际层面上起着主导的作用，其创设的目标在于通过世界人民的文化联系提高国际和平以及人类的共同福利。

对原产于任何其他缔约方的关于教育、科学或涉及文化性质的电影和录音制品，《贝鲁特协定》为缔约方政府提供了免除关税、数量限制以及进口许可证要求。《佛罗伦萨协定》的缔约国承诺，除其他事项外，不对书籍、出版物和文件，或者是关于教育、科学或文化属性的视频和音频材料（包括电影和录音制品），适用关税和其他费用。受制于某些例外，《内罗毕协定》的缔约方同意把这一义务扩展到特定的其他事物上。这些联合国教科文组织的承诺看起来更像包含在世界

---

① Working Party on GATS Rules of WTO. Subsidies for Services Sectors: Information Contained in WTO Trade Policy Reviews—Background Note by the Secretariat [EB/OL]. S/WPGR/W/25, 26, January, 1998.

② Council for Trade in Services of WTO. Communication from the Brazil-Audiovisual and Related Services [EB/OL]. S/CSS/W/99, 9, July, 2001.

③ Council for Trade in Services of WTO. Communication from the United States-Audiovisual and Related Services [EB/OL]. S/CSS/W/21, 18, December, 2000.

贸易组织协定中的贸易自由化承诺。

联合国教科文组织的这些文件没有说明文化政策措施不能对贸易产生限制，或者为文化利益的目的不能采取歧视性文化政策措施，因为主张文化产品的无限制流动更容易破坏文化的多样性。但是联合国教科文组织的这些法律文件表明，文化政策措施可能有限制贸易的副作用，而且贸易限制本身不需要也不应该成为它们的目标。在世界贸易组织的框架下，很少有国家就视听产品等文化产品做出承诺，反而强调保留适用国内文化政策措施的权利。具体措施主要包括以下内容：

一、补贴措施

对文化产品提供补贴，各国政府通常采用直接转移资金或放弃应收的财政资金的方式；补贴在保护和促进本土文化的各项措施中占有重要的地位。例如，欧盟各成员方通过在本国国内采取补贴措施，对本国文化产品的出口竞争力加以保护和促进，如德国电影产业受到联邦文化和媒体事务专员的支持，每年各种电影节和发展计划可以获得总额超过 1.3 亿欧元的资金。2007 年一种名为“鼓励和巩固德国电影生产”的新的支持模式开始实施，根据这种模式，电影制片人花在德国本土电影制作上的费用可以得到 15%~20%的补偿。①

除欧盟以外，加拿大是对视听产业提供补贴最多的国家，每一年加拿大政府都为公共广播服务提供 10 亿加拿大元以上的补贴。在 1996~1997 年，有 3000 万加拿大元以上的加拿大电影基金投入到了电影的生产和创作之中；除此之外，加拿大每年有 2 亿加拿大元的电视基金对国内电视电影的生产创作提供支持，对于从事图书杂志出版、电影音像、录音录像和多媒体制作等的行业提供优惠利息的贷款。图 3-2 阐释的是出口补贴的利益损失。

假设在自由贸易条件下，某国某文化产品面对的国际价格是 P_w，国内价格也是 P_w，则该国将出口 q_2q_3 的文化产品。如果该国家为了鼓励文化产品的出口，对出口的每单位文化产品补贴 f 元，则该产品的出口量将扩大为 q_1q_4，国内价格一定会上涨到 $P_t=P_w+f$，否则，该产品将会全部用于出口，而不是供应国内市

---

① 李庆本，吴慧勇. 欧盟各国文化产业政策咨询报告［M］. 郑州：大象出版社，2008.

场。国内价格的提高使生产者剩余增加了 P_wJTP_t，使消费者剩余减少了 P_wBKP_t，国家的补贴支出为 CKTE，因此补贴导致的净福利损失为双三角形△CBK 和△TEJ。

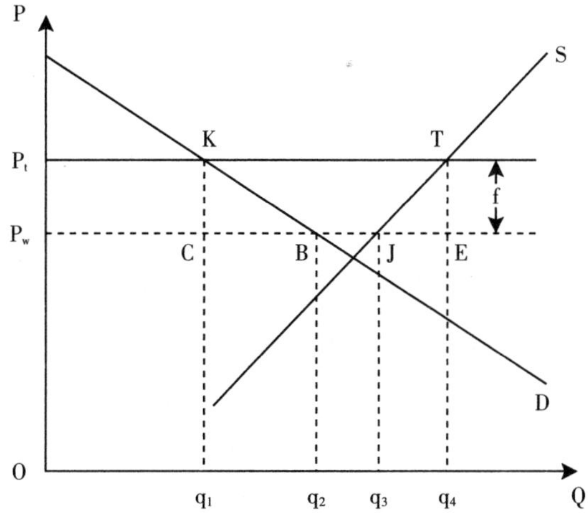

图 3-2 出口补贴的经济效应分析

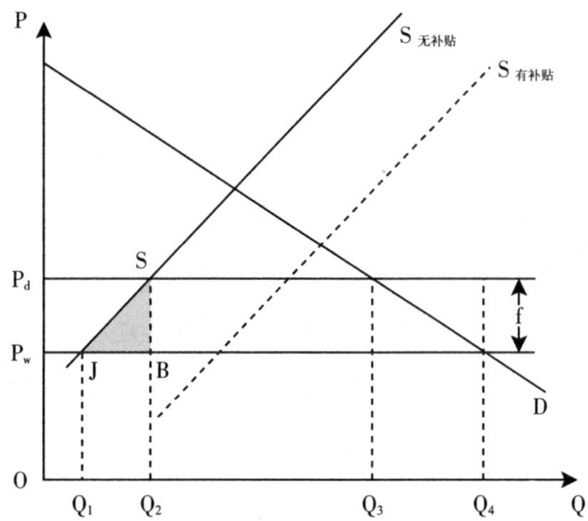

图 3-3 进口替代补贴的经济效应分析

进口替代补贴是指对生产本国产品以替代进口产品的企业所发放的补贴。在图 3-3 中，假设某文化产品的世界价格是 P_w，面对此国际价格，某国文化产品的供给量为 OQ_1，而需求量高达 OQ_4，为满足民众的需求，该国需要进口 Q_1Q_2 的数量。如果政府为本国每单位的产出补贴 f 元，则产品的供给曲线将由 $S_{无补贴}$ 移动到 $S_{有补贴}$，移动幅度将等于补贴量。其结果是：针对单位产品，生产者实际

得到的价格是 P_d，消费者面对的价格仍为 P_w，$P_d>P_w$，高价格诱使企业将产量扩大至 OQ_2，从而进口量减少为 Q_2Q_3，由于消费价格未变，所以消费者剩余没有下降。但厂家得到的价格上升了，使生产者剩余增加了 P_wJSP_d，考虑到政府为执行补贴政策付出了 P_wBSP_d 的成本，进口替代补贴带来的净福利损失仅仅是三角形 JSB，小于关税、配额及出口补贴的福利损失。因此，进口替代补贴是一种代价较低、更为可取的文化贸易壁垒。

二、许可要求

广播和电视节目的转播权通常要事前获得许可证，许可要求可以作为限制电视或广播节目市场准入的措施之一。加拿大通过特许权投放对外国视听产品进入到国内广播和电视市场进行了控制。加拿大对投资广播业的外商所有权予以限制——持许可证的公司所有权不得超过 20%，控股公司的所有权不得超过 33.3%。加拿大广播电视及电信委员会（CRTC）在《加拿大广播法》中的许可规定曾导致了加拿大与美国之间的冲突，这一冲突后来在世界贸易组织之外得到了解决。1994 年，加拿大广播电视及电信委员会对一些加拿大付费与专门性服务节目提供了许可，并且加拿大新国家广播网（NCN）公司也获得了一项播送节目的专项许可。但是已在加拿大市场连续存续超过 10 年时间的美国专门频道——美国乡村音乐频道（CMT）却被加拿大政府排除在合格服务提供商的名单之外。在开始阶段，美国贸易代表依据《美国贸易法》第 301 条的规定，在联邦法院提起针对该决议的诉讼，但当加拿大新国家广播网以允许美国乡村音乐频道控股 20%的方式与美国乡村音乐频道合并后，美国就撤销了该项诉讼。[①]

三、内容要求

法国要求电视网络播放的电影中至少有 60%必须是欧洲制作的，其中不少于 40%的为法语内容；加密模拟信号地面电视网络必须将其产值的 3.2%用于原创法语电影的制作；对于非加密电视频道，电视台每年必须支出不少于其产值的 20%用于购买欧洲和法语电影作品的播放权；私人广播电台节目中必须有不少于

① 马冉. 加拿大的文化产业政策措施评析 [J]. 辽宁行政学院学报，2009（11）.

40%的内容是法语歌曲。[①]

加拿大对文化产业进行保护最重要的措施之一是“加拿大的内容要求”，这一“内容要求”也是加拿大文化政策中最受争议的一部分，因为“内容要求”可以理解为一种配额管理措施，并主要针对广播电视领域。对于这项规定的执行，最大的困难在于如何界定“加拿大内容”和如何确定“加拿大内容”的含量。根据加拿大广播电视及电信委员会（CRTC）所做出的界定，“加拿大内容”就是加拿大艺术家创作的、关于加拿大故事的文化产品。该委员会对“加拿大内容”的广播和电视两个方面进行了具体的规定，确定了认定“加拿大音乐”和“加拿大电视节目”的必备要素。加拿大所有广播电台在每周播放的流行音乐节目中，必须保证 35%的加拿大流行音乐。对于电视节目的播放时间，私营电视台每天从早晨 6 点到午夜必须保证 60%的加拿大节目；在黄金时段，必须保证 50%的加拿大节目。对于公共电视台，必须保证每天从早晨 6 点到午夜播放 60%的加拿大节目。[②]

四、税收措施

通过税收立法来控制广告的流动，而广告是某些文化产业，特别是广播电视和期刊业的生命线，加拿大支持文化产业的税收措施主要体现在《所得税法案》中。1977 年，加拿大国会通过了 Bill C-58，对 1958 年的《所得税法案》进行了修订，规定在加拿大人拥有 75%股份的期刊和拥有 80%股份的电视台做广告，可以享受税收减免待遇，该项措施使加拿大电视台有了相对充足的资本进行电视节目的制作。税收措施也使加拿大期刊得到了较为充足的广告收入来源。

德国对艺术和文化的间接支付通过减税的方式进行，在增值税方面，一些文化产品应缴纳的增值税税率为 7%而非标准的 16%。在特殊情况下，公共文化活动和非营利性活动免收增值税。法国针对文学和艺术创作，文物保护，文化、电影、音像和唱片的发展和传播，新闻，出版这五个领域采取了税收优惠措施，包括所得税的减免、增值税标准降低、专业税的减免、财产税和登记费的减免等；

① 李庆本，吴慧勇. 欧盟各国文化产业政策咨询报告 [M]. 郑州：大象出版社，2008.

② 张玉国. 国家利益与文化政策 [M]. 广州：广东人民出版社，2005.

针对图书的增值税税率为5.5%，这一税率也适用于剧院、电影院、马戏团、音乐会、各种娱乐表演的门票。

五、所有权规定

有些国家或地区在文化产业领域限制外国投资。特别是对新闻广播公司、无线和有线电视运营商更是如此。美国在此方面有一系列的措施，例如，单个电视运营商在广电市场上的份额不得超过45%。在报纸和新闻广播或者有线电视运营中的合资比例也有严格的限制，这样可以保证广电行业里的多样性和充分竞争。同样，法国、奥地利、澳大利亚、加拿大、英国等国家的法律中都规定了类似的措施。例如，按照奥地利1997年6月通过的《电缆与卫星广播法案》第5条第1款规定，通过电缆或卫星传送节目的广播运营商必须是奥地利公民，即自然人或法人。法国对外资在广播公司的持股份额最高规定为49%。[①]

1985年通过的《加拿大投资法案》对外资公司在加拿大文化产业领域的投资进行了严格限制：不仅需要经过政府有关部门的审批，而且对加拿大文化企业的兼并收购列举了约束条件，如果外国人要投资于某些特殊的行业，或接管现存的企业，则该项投资不仅要申报，而且要依据《加拿大投资法案》条例接受审核。

思考题

（1）鼓励出口的文化贸易政策有哪些？

（2）限制进口的文化贸易政策有哪些？

（3）画图说明文化贸易中关税对经济的效应。

（4）画图说明文化贸易中补贴对经济的效应。

① 张骞. 国际文化产品贸易公法研究［D］. 苏州大学博士学位论文，2010.

第四章
世界贸易组织与国际文化贸易

本章导读

人类在自身发展的历史长河中创造出了璀璨的文化史，它是人类物质文化与精神文明的共同结晶。第二次世界大战后60年的世界经济发展中，国际多边贸易体制发挥了重要作用，促进了自由贸易，有助于解决文化与贸易之间潜在的冲突。1994年世界贸易组织（WTO）正式成立，乌拉圭回合达成的《WTO协定》、《SPS协定》、《TBT协定》等有关协定与GATT1994一起成为目前在国际贸易领域调整文化贸易的主要法律制度。但是由于文化与贸易问题的复杂性与多元性，通过现行WTO法律制度解决文化与贸易问题呈现出一定的困难。同时，虽然WTO争端解决机制（DSB）未处理与文化直接相关的案例，但是它对与环境有关的贸易争端案件表现出来的司法能动主义和贸易至上的保守主义的反复无常，使得人们对于通过多边贸易体制本身解决文化与贸易问题的前景产生怀疑。而这也是联合国教科文组织《保护和促进文化表现形式多样性公约》产生的原因之一，因此，我们必须对WTO法律制度下与文化有关的各种规则的效力和适用性进行认真研究，探究WTO文化贸易法律制度的具体含义，揭示多边贸易体制下文化与贸易的辩证关系，澄清其在争端解决中的适用模式，为完善和构建WTO法律体制下完整和有效的文化贸易法律制度、解决多边贸易体制下的文化与贸易问题提供有益的参考和方法建议。

主要内容

(1) 世界贸易组织规则中与国际文化贸易相关的规则。

(2) 中国在世界贸易组织协议中对文化贸易的承诺。

(3) 自身例外条款的范围。

(4) 在自身例外条款中，有关电影片的特殊规定。

学习目标

理解世界贸易组织规则中与国际文化贸易相关的规则；掌握中国在世界贸易组织协议中对文化贸易的承诺，掌握文化贸易自身例外条款的范围；掌握在自身例外条款中，有关电影片的特殊规定。

第一节　世界贸易组织基本知识

世界贸易组织（World Trade Organization，WTO）于1995年1月1日成立，其前身是关税与贸易总协定（General Agreement on Tariff and Trade，GATT）。世界贸易组织是一个独立于联合国的永久性国际组织，具有法人地位，在调解成员争端方面具有很高的权威性。与国际货币基金组织（International Monetary Fund，IMF）、世界银行（World Bank Group，WBG）一起被称为世界经济发展的三大支柱。1999年11月15日，中国和美国签署关于中国加入世界贸易组织的双边协议。2001年11月10日，中国被批准加入世界贸易组织。2001年12月11日，中国正式成为其第143个成员。

一、世界贸易组织的含义

WTO秘书处认为：“WTO就是在全球或接近全球的层面上处理国与国之间贸易规则的国际组织。但它的含义不仅如此，从不同的角度看待WTO，可以有不同的答案。它是一个促进贸易自由化的组织，也是政府间谈判贸易协议的场所，还是政府解决贸易争端的地方，以及多边贸易体制的管理机构。”正因如此，有人将 WTO 比喻成桌子，大家围桌而坐，商讨关心的贸易问题。

（一）WTO 是一个谈判场所

从 WTO 的前身关贸总协定（GATT）发展的历史看，和平解决贸易争端应该是多边贸易体制建立的根本原因之一，而和平解决争端的第一步就是谈判。因此，从本质上来说，WTO 是供成员政府解决相互面临的贸易问题的场所，而且 WTO 本身产生于谈判，WTO 所做的任何事也都是谈判的结果，其大量现有工作都来源于 GATT 乌拉圭回合及之前的谈判。同时，WTO 也是始于 2001 年的“多哈回合议程”新一轮谈判的东道主。

自从国际贸易产生以来，参与其中的国家或地区都或多或少地采取保护措施，尽管它们并不十分了解自己所采取政策的理论根据，但是它们的初衷都是为了提升自己的贸易竞争力。换言之，它们都意识到，国家（或产品）的竞争力并不像自由贸易主义者所认为的那样由自然禀赋决定，而是可以从后天的努力中获得。但是就效率而言，在比较优势或竞争优势一定时，自由贸易能够带来更多的贸易利益。因此，WTO 是一个致力于促进贸易自由化的组织。但在某些情况下，WTO 的规则也允许维持贸易壁垒，例如，保护消费者或阻止疾病的传播，或是给发展中国家提供的例外。国际贸易发展到今天，新贸易保护措施层出不穷，而当各国遭遇并希望降低贸易壁垒时，谈判就能够促进贸易自由化，带来更多的贸易利益。自成立以来，作为谈判场所的 WTO，在解决贸易自由化与贸易保护的冲突中扮演了极其重要的角色。

（二）WTO 是一系列规则

WTO 的核心是 WTO 协议，这些协议是全球大多数贸易国家通过谈判签署的。这些文件为国际商务活动提供了基本的法律规则，本质上来说它们是契约，约束各国政府将其贸易政策限制在议定的范围内。WTO 协议的目标是帮助产品制造商、服务提供者、进出口商进行商务活动，同时也允许政府达到其社会和环境目标。

GATT 的八次多边贸易谈判形成了大量的法律文本和贸易协议，其中，历史最长的乌拉圭回合谈判达成的多边贸易协议就包括《建立 WTO 协议》，而 WTO

也是依据该协议成立的，同时日常的工作本身就围绕着多边贸易协议的履行和磋商。WTO 所掌管的贸易协议都是各成员政府经过谈判达成的，也是经过各成员立法机构签署认定的，因此具备国际法地位。WTO 的协议既然是磋商而得的，也就是说这些协议大多数是经过各方的讨价还价，相互约束贸易规则和贸易政策形成的，因此，我们说 WTO 的协议约束各成员政府的贸易政策在其承诺水平上。

WTO 所管理的贸易体制为多边贸易体制，它的首要目的是在不产生不良影响的情况下尽可能促进贸易自由化。一方面，这意味着消除贸易壁垒不具备可预见性；另一方面，它也意味着保证个人、公司和政府了解世界上的贸易规则，并使其相信政策不会突然发生变化。

（三）WTO 帮助解决争端

在任何产品、产业或国家的价值链中，销售环节是整个价值链实现的关键。在经济一体化、企业全球化的今天，贸易关系带来更多的利益冲突，尤其是各成员对贸易与就业、贸易与国内产业的发展等问题的认识不一，更带来了经济利益冲突，甚至是政治利益的冲突。为此，需要第三方介入，对贸易争端进行调解和裁决认定，这就是 WTO 贸易争端解决机制的功能。

WTO 协议是法律文本，而且由于文化的差异，各成员的理解也不完全相同，因此经常需要解释，这也包括那些在 WTO 体制下经过艰苦谈判而签订的协议在内。解决分歧的最和谐方法是通过建立在议定的法律基础上的中立程序，即多边贸易争端解决机制。这也就是《WTO 协议》中包含争端解决机制的目的之一。

世界贸易组织和关税与贸易总协定的联系和区别

1995 年，当世界贸易组织开始运作时，运行了 47 年的“关税与贸易总协定”也结束了其推动国际贸易自由化的使命。那么，世界贸易组织与关贸总协定究竟是什么关系呢?

一方面，世界贸易组织和关税与贸易总协定有着内在的历史继承性。世界贸易组织继承了关税与贸易总协定的合理内核，包括其宗旨、职能、基本原则及规则等。作为货物贸易的主要协定，原来的“关税与贸易总协定”是世界贸易组织三大协议之一《1994 年关税与贸易总协定》的重要组成部分，仍然是规范各成员间货物贸易关系的准则。

另一方面，世贸组织与关贸总协定又有很大的区别，主要表现在以下三个方面：

（1）机构性质。关税与贸易总协定以“临时适用”的多边贸易协议形式存在，不具有法人地位，而世界贸易组织则是一个具有法人地位的国际组织。

（2）管辖范围。关税与贸易总协定只处理货物贸易问题；世界贸易组织不仅要处理货物贸易问题，还要处理服务贸易和与贸易有关的知识产权问题，其协调与监管的范围远大于关税与贸易总协定。世界贸易组织和国际货币基金组织、世界银行成为维护世界经济运行的三大支柱。

（3）争端解决。关税与贸易总协定的争端解决机制遵循协商一致的原则，对争端解决没有规定时间表；世界贸易组织的争端解决机制采用反向协商一致的原则，裁决具有自动执行的效力，同时明确了争端解决和裁决实施的时间表。因此，世界贸易组织争端裁决的实施更容易得到保证，争端解决机制的效率更高。

资料来源：石广生. 中国加入世界贸易组织知识读本（一）：世界贸易组织基本知识［M］. 北京：人民出版社，2001：15-16.

二、世界贸易组织的产生

GATT 和 WTO 的兴起可以追溯到 20 世纪二三十年代各国所制定的贸易政策，在那个年代，由于第一次世界大战的灾难影响，限制性的贸易壁垒越筑越高，在 1930 年美国颁布《斯穆特—哈雷关税法》（Smoot-Hawley Tariff Act）之时，这种壁垒已达到了极致。根据这一法律，美国的平均关税从 38%上升至 52% 。毫不奇怪，许多美国的贸易伙伴对此做出了迅速反应，在随后的几个月中，关税在加拿大、古巴、法国、墨西哥、意大利、 西班牙、澳大利亚和新西兰等国迅速攀升，包括英国在内的其他国家的联合报复行动也在随后很短的时期爆发。最后，报复性关税成为最普遍的方式，主要大国的后斯穆特—哈雷关税率（Post-Smoot-Hawley Tariff Rates）一般也都在 50%的水平上。

据赫德克（Hudec）所说，“一心想避免 1920~1930 年的灾难性错误的出现，这使得战后国际贸易政策的一些初步设想应运而生”。而后，摆在各国政府面前的任务是如何在贸易政策领域建立更加合作的关系。

实际上在20世纪二三十年代，已经有许多多边性的尝试来逆转贸易保护水平提高的趋势，并建立合作的贸易政策关系，1927年召开的世界经济会议(World Economic Conference)就是一个有代表性的案例。但是，正如国际联盟(League of Nation)的商务政策报告中描述的那样，两次世界大战之间的那段时期是一个非常矛盾的时期：虽然各国政府在经常举行的国际会议中都声称它们打算实施“更加自由和平等的贸易”政策，但是，贸易壁垒设立之快、贸易歧视程度之大也是史无前例的。造成这一时期贸易合作失败的原因是复杂的、多种多样的。这一时期有一个很重要的特点，即在理论上各国政府虽然能够认识到合作的贸易政策给它们带来的潜在收益，然而，在实践中，它们又处在一种互不信任的紧张气氛中，因此，它们对建立在其他国家会做出宽容和互惠反应的假设上的自由贸易犹豫不决。国际联盟的报告对这一问题是这样描述的：

> ……贸易始终被认为是冲突的一种形式——“商战”，就像是一种损人利己的游戏，而不被认为是能使所有参与者都能获得利益的合作行为。所有的参与者都能获利在当时只是一种假设前提，这种前提在理论上人人都接受，但是在实践中却几乎所有的人都不接受，而两次战争期间的会议又都将它们的议案建立在这一假设前提的基础上。议案一次次地被提出，而在实践中又一次次地被否决，其原因是，政府如果不运用它的议价能力的话就只能实现次优状况，这在当时似乎是一个非常明显的事情。……

正如这些失败所表明的那样，各国政府认识到通过合作有可能产生共同的利益，但是从各自自身角度出发，这一般并不能保证合作行为的自发出现。值得注意的是，两次战争期间所倡导的议案并没有提供一套规则使得政府能够进行协商，并在协商中明确各自的责任和义务，且强制履行这些责任和义务。在缺乏这种制度时，尽管愿望很好，但是政府间最初的多边努力却不能解决最根本的囚徒困境问题，显然，政府相信它们的贸易政策之间相互作用的关系与囚徒困境具有同样的特征。

在两次世界大战间歇的整个时期中，美国国务卿卡戴尔·豪尔（Cordell Hull）率先走出通向更为合作的贸易政策关系的重要一步，他重视双边贸易政策协调，并在他的努力下促成了1934年美国《互惠贸易协定法》（Reciprocal Trade Agreements Act）的出台。豪尔主张美国减让进口关税，以此作为“让步”来换取国外贸易伙伴相应地减让进口关税。在豪尔的方法中也包括多边性的因素：通过双边协商达成的美国关税减让也会毫无歧视地扩展到所有享有美国认定的有普惠制地位的贸易伙伴。

诺德斯（Rhodes）认为，《互惠贸易协定法》是重要的，因为它标志着第一次将互惠原则和非歧视原则结合到一起作为美国贸易政策的基本要素。进一步说明这一变化的深层原因也很有意思。根据随斯穆特—哈雷关税而出现的灾难性的经济状况，豪尔认为国际贸易的发展是全球经济复苏和繁荣的关键，从美国国内经济的层面上来讲，同样应该认识到美国出口增加绝不可能与进口的减少相伴随，出于对这些经济关系的理解，豪尔主张美国应该率先与其贸易伙伴进行互惠关税减让的谈判。同时，人们还应该认识到互惠关税自由化政策还有一个颇具吸引力的政治副产品：出口部门对国外关税减让的支持可以作为政治砝码来平息来自国内进口竞争部门的抱怨。而非歧视原则能在加速这种自由化进程和扩大其影响范围上起到积极作用，实际上，通过这一原则的运用，双边互惠关税减让能够被“多边化”。

到20世纪40年代为止，美国在《互惠贸易协定法》的框架下所达成的双边贸易协定，使美国经济进入了一个相当成功的发展时期，并且也认识到了互惠的关税减让能够使双方的利益都得到提高。因此，美国在《互惠贸易协定法》的基本因素的基础上寻求建立多边机构。1946年，开始了关于建立国际贸易组织（International Trade Organization，ITO）的谈判。ITO将规定进行协商的规则和强制实施这些规则的方法。关税将通过互惠互利的协议来降低，而非歧视原则会将这种关税的降低扩展到所有成员国。1947年各国达成了一项临时性协定，这项协定就是众所周知的GATT，它直接来源于ITO的原则。尽管GATT是作为一项临时性协定出现的，但由于ITO最终也没有得到美国国会的批准，所以后来的多边协议都是在GATT的框架中进行的。

正如GATT的绪言指出的那样，缔约国的目标包括“提高生活水平，确保充分就业、有效需求和实际收入的明显、稳定的提高，进一步充分利用世界资源，扩大生产和商品的交换”。GATT 的绪言进一步指出，参与国对“旨在实质性地降低关税及其他贸易壁垒、消除对国际贸易活动的歧视性待遇的互惠、互利协定”的信赖将对实现这些目标起到积极作用。值得注意的是，“自由贸易”从来没有被作为 GATT 的目标提及，而只是强调互惠的关税减让通过非歧视方式扩展，以使得参与国彼此都能够从收入的提高中获利。对“互惠”和“非歧视”的重视在 GATT 的历史中被维持了 50余年。

从 1947 年 GATT 创立以来已经经历了八个回合的贸易协商，前几个回合谈判的主要焦点在于货物贸易的进口关税的减让，到 20 世纪 80 年代中期以前，绝大部分货物的进口关税已经明显下降，但是一些重要问题仍然存在。首先，仍然有一些商品如农产品和纺织品的自由化进程十分缓慢；其次，一些“新的”贸易政策问题——特惠贸易协定、劳工和环境标准、竞争政策、农产品出口补贴以及服务、投资和知识产权等问题——在 GATT 中并没有得到很好的解决，而这些问题在全球经济中的重要性越来越明显；最后，GATT 只是一个临时性的协定，这一协定“在几乎没有任何可对其机构行为和程序进行管制的组织存在的情况下艰难地前行了近 50 年”。因此，一些参与国的政府又重新开始探讨它们最初提出的 ITO 设想并把它发展成为国际性的官方组织。

这些问题（当然还有其他一些问题）成了乌拉圭回合谈判的主题，乌拉圭回合谈判从 1986 年一直持续到 1994 年，这是充满着争议又给人以期望的一轮回合谈判，在这一回合中，缔约国政府在农产品和纺织品的自由化方面取得了某些成功，并且对一些新的问题，包括上面所提及的一些问题，也进行了艰难的探索。乌拉圭回合的另一个成果是在 1995 年建立了世界贸易组织，这一组织包含了根据 GATT 谈判程序所达成的协定和谈判所应该遵循的原则。然而，它仍不失为一个成熟的国际性机构，因为它有一个明确的国际性章程，在这个章程中，不同的委员会、理事会和其他下属机构之间分工明确、职责清晰。我们在下面将会进一步谈到，与 WTO 相关的一个重要创新之处是形成了一个统一的争端解决机制。

表 4–1 为 GATT 的八轮谈判。

表 4–1 GATT 的八轮谈判

轮次	谈判时间	谈判地点及名称	参加方个数	谈判主要议题	谈判主要成果
一	1947 年 4~10 月	瑞士日内瓦日内瓦回合	23	关税减让	就 123 项双边关税减让达成协议，使进口值约 54%的商品的平均关税降低 35%，影响近 100 亿美元的世界贸易额；关贸总协定也随着谈判的成功和临时适用协定的签订而临时生效
二	1949 年 4~10 月	法国安纳西安纳西回合	29	关税减让	共达成 147 项双边关税减让协议，增加关税减让商品 5000 项，使占应税进口值 56%的商品平均降低关税 35%
三	1950 年 10 月至 1951 年 4 月	英国托奎托奎回合	32	关税减让	达成 150 项关税减让协议，增加关税减让商品 8700 项，使占应税进口值 11.7%的商品平均降低关税 26%
四	1956 年 1~5 月	瑞士日内瓦日内瓦回合	33	关税减让	达成 3000 项商品的关税减让，涉及 25 亿美元的贸易额的关税减让，使占应税进口值 16%的商品平均降低关税 15%
五	1960 年 9 月至 1961 年 7 月	瑞士日内瓦狄龙回合	39	关税减让	达成涉及 49 亿美元贸易额、约 4400 项商品的关税减让，使占应税进口值 20%的商品平均降低关税 20%
六	1964 年 5 月至 1967 年 6 月	瑞士日内瓦肯尼迪回合	74	关税减让反倾销	使分别列入各国税则的 60000 项商品实现关税减让，工业品进口关税税率下降了 35%，影响了 400 亿美元的商品贸易额；制定了第一个反倾销协议；为发展中国家新增了贸易与发展部分；开创了波兰作为“中央计划经济国家”参加关贸总协定多边谈判的先例
七	1973 年 9 月至 1979 年 4 月	瑞士日内瓦东京回合	99	关税减让非关税壁垒框架协议	涉及 3000 多亿美元的贸易额的关税减让，平均关税下降 35%；达成多项非关税壁垒协议；通过了给予发展中国家优惠待遇的“授权条款”
八	1986 年 9 月至 1993 年 12 月	瑞士日内瓦乌拉圭回合	103	关税减让非关税壁垒服务贸易投资措施知识产权	平均降税 1/3，近 20 个产品部类实行了零关税；农产品的非关税措施全部关税化，并进行约束和减让，纺织品的歧视性配额限制在 10 年内取消；非关税壁垒受到严格规范；达成了《服务贸易总协定》和《与贸易有关的知识产权协定》；达成了建立世界贸易组织的协议

资料来源：世界贸易组织秘书处。

三、世界贸易组织的基本原则

因为 WTO 协议都是法律文本，而且覆盖了农业、纺织品和服装、银行、电信、政府采购、产业标准和产品安全、食品卫生检疫规则、知识产权等各个领域，内容冗长而复杂，工商管理人员并不需要完全掌握这些法律文件，但需要了解贯穿所有这些文件的简单基本原则，因为这些原则就是现行多边贸易体制的基础。WTO 秘书处在《贸易走向未来》一书中写道："WTO 首要的目标是促进贸易流动的稳定、自由、公平和可预期性。"由此可知 WTO 所秉承的基本原则包括以下五个。[①]

（一）非歧视待遇原则

非歧视原则又称无差别待遇原则，即缔约双方在实施某种优惠和限制措施时，不要对缔约对方实施歧视待遇。在 WTO 中，非歧视原则体现在最惠国待遇和国民待遇条款中。

1. 最惠国待遇

所谓最惠国待遇，是指缔约一方现在和将来给予任何其他第三方的任何优惠、特权都必须自动、无条件地给予缔约另一方。WTO 协议规定，成员间不能歧视性地对待它们的贸易伙伴。WTO 某成员一旦授予某个（些）国家的一项特殊优惠（如给予某种产品更低的关税），就必须给予所有其他成员。换言之，就是优惠一个国家，就必须优惠全部国家。

最惠国待遇最早出现在双边协议中，本意是给予协议国最优惠的待遇，意味着歧视性待遇，后经过 GATT 的采用而转化。当绝大多数国家享受最惠国待遇时，"最优惠的"也就成了基本的待遇，而且成为 GATT/WTO 非歧视待遇的要求原则之一。

最惠国待遇原则在 GATT 1994 第 1 条、《服务贸易总协定》（GATS）第 2 条、《与贸易有关的知识产权协定》（TRIPS）第 4 条中都有规定。尽管各协议的规定有些区别，但是足见该原则的重要性。

（1）最惠国待遇的适用领域。从货物贸易领域来看，最惠国待遇主要适用于以下几个方面：①进口关税；②对进出口本身征收的费用，包括进口附加税、出口税等；③与进出口相关的费用，如海关手续费、质量检验费、卫生检疫费等；④进出口国际支付及转账征收的费用；⑤征收上述税费的方法；⑥与进出口相关的各种规则和手续；⑦对进口货物直接或间接征收的税费，如销售税等；⑧有关进口产品在境内销售、购买、运输、分销等方面的法律、法规、规章和政策措施。

（2）最惠国待遇的例外。出于各种各样的原因，WTO 对最惠国待遇也规定

① 卜伟，叶蜀君，杜佳，刘似臣. 国际贸易与国际金融（第二版）[M]. 北京：清华大学出版社，2009.

了一些例外，也就是当成员出现某些特定情况时，允许成员援引例外规定而不遵守最惠国待遇原则。这些例外规定包括：①区域经济一体化例外；②授权条款与普惠制的例外；③历史特惠关税例外；④特定成员间互不适用方面的例外；⑤特殊情况下义务的豁免；⑥边境贸易的例外；⑦利益丧失或损害而中止义务；⑧游离于 WTO 之外的货物与服务；⑨一般例外与安全例外。

WTO 的所有这些例外规定都构成了实际的法律漏洞，或者说在非常时期准许放弃贸易自由化政策，而采用贸易保护政策。这也是当 WTO 的发展遇到困难时，区域经济一体化现象蓬勃发展的原因之一。

2. 国民待遇

WTO 规定，进口产品和本地生产的产品应该受到同等的待遇，至少应该在外国产品进入进口国市场之后给予同等待遇。对于外国和本土的服务、商标、版权和专利也应该享受同等的待遇。这就是“国民待遇”原则，它出现在 GATT 1994 第 3 条，GATS 第 17 条、TRIPS 第 3 条中。

（1）国民待遇原则的基本内容。具体而言，国民待遇原则包括以下内容：①不能直接或间接地对进口产品征收高于对境内相同产品征收的税费；②给予进口产品在境内销售、购买、运输、分销等方面的待遇，不得低于给予境内相同产品的待遇；③不得直接或间接地对产品的加工、使用规定数量限制，不得强制规定优先使用境内产品；④不得利用税费或者数量限制等方式，为境内产业提供保护。

（2）应用国民待遇原则应该注意的事项。对于国民待遇原则应该注意以下三个方面的内容：①适用对象涉及货物、服务和知识产权三个方面，但适用的范围具体规则有所差别。②只涉及其他成员方的货物、服务或服务提供者、知识产权所有者和持有者在进口国关境内所享有的待遇。也就是说，只有一成员的货物、服务或知识产权进入另一个成员境内时才能享受国民待遇，换言之，一成员对进口征收关税并不违反本原则。③成员方的货物、服务或服务提供者、知识产权所有者和持有者在进口国境内享有的待遇不应该低于进口成员方同类产品、服务及相关对象所享有的待遇。换言之，允许成员对进口实施超国民待遇，但不允许实施低国民待遇。

（3）国民待遇与最惠国待遇的区别。与最惠国待遇不同，国民待遇的实施必须是对等的，且不得损害对方国家的主权，并只限定在一定的范围内，包括：①对货物贸易，GATT 1994 第 3 条规定国民待遇是无条件的；②对服务贸易，GATS 第 17 条规定，对服务产品国民待遇仅适用于一成员做出具体承诺的部门，即不是无条件地给予国民待遇；③对于知识产权，TRIPS 第 3 条规定，每个成员给予其他成员的国民待遇不应该低于它给予本国公民的待遇，除非其他有关国际知识产权的公约另有规定。

（二）贸易自由化原则：通过谈判逐渐降低贸易壁垒

降低贸易壁垒、消除贸易扭曲是促进国际贸易自由流动的主要措施之一。贸易壁垒不仅包括关税措施，还包括一切存在贸易效应的非关税措施。随着时间的推移，大部分的非关税壁垒措施，如汇率政策、技术标准、环境保护、生态安全等都被纳入 WTO 的谈判范畴，有不少已经达成了多边协议。

尽管贸易自由化原则要求各成员进行各项贸易政策的调整，但整体而言对各成员还是利大于弊的。WTO 协议允许各成员通过渐进式自由化，逐步进行调整，而且发展中国家也有更长的过渡期来履行其做出的承诺。

总而言之，本原则要求各成员通过谈判逐渐降低贸易壁垒，开放市场，促进货物与服务的自由流动。对于各成员来说，就是削减关税，控制非关税壁垒措施的实施。但是，贸易自由化并不意味着完全的自由贸易，而是在某些情况下允许一定程度的保护。例如，当某成员因进口商品的倾销而受到损害时可以提起反倾销诉讼，征收反倾销税；在受到补贴产品的损害时可以寻求反补贴诉讼和反补贴措施，甚至即使没有受到不公平竞争而出现某些问题时，也允许寻求保障措施的保护。另外，WTO 一般要求取消数量限制，禁止出口补贴，但是在农产品、纺织品领域还存在不少例外。

（三）可预见性原则（透明度原则）

对于参与国际贸易业务的企业来说，进口国政府保证不提高贸易壁垒有时可能与降低贸易壁垒同样重要。这主要是因为，WTO 允许存在各种贸易救济措施，而且它的基本原则中也存在不少例外，并因此形成了诸多履行中的法律漏洞，所以说它并不是一个完全禁止贸易保护的组织。因此，如果 WTO 成员承诺不会无故地提高贸易壁垒，将有助于提供一个清晰的、透明的商务环境，并因此增加国际投资，促进就业，消费者也同样会拥有更多的选择。当然，各成员政府推动多边贸易体制的建立健全，这本身就是期望获得稳定而又可预见的商务环境。

在 WTO 中，当成员同意开放其货物或服务市场时，它们就受到了自己的承诺的约束。对于货物贸易来说，这些约束就是承诺关税税率的上限，也就是说，成员征收的关税税率不会高于自己的承诺水平，但允许降低。一旦成员要求提高约束的关税税率，它必须与其他成员协商之后，才有可能采取。乌拉圭回合谈判的成就之一就是扩展了受约束的贸易范围。在货物贸易领域，GATT 对一些敏感性商品一直没有达成协议，而经过乌拉圭回合谈判后签订的 WTO 协议中包括《农业协议》，对 100%的农产品贸易达成了关税约束。《纺织品与服装协议》则将纺织品与服装纳入了 WTO 管辖的范围。由于关税约束的存在，给贸易和投资者提高了市场保证的程度。

除关税约束之外，WTO 的多边贸易体制也通过其他方式改进自己的可预见性和稳定性。方法之一是减少使用配额和其他措施来设立进口数量限制。因为经济学分析显示，配额对一国经济的扭曲程度更高。另一种方法是使成员的贸易规则尽量清晰和公开，也就是保证透明度。许多 WTO 协议要求成员政府公开其政策，既可以在国内公开，也可以通知 WTO。WTO 贸易政策审议机制对成员贸易政策的常规监督也鼓励各成员政策的透明。

（四）鼓励公平竞争原则

准确地说，WTO 是一个致力于公正、公平和无扭曲竞争的贸易体制。例如，在货物贸易方面，允许在国际收支恶化的情况下不履行承诺的义务；在一国出现倾销损害、他国补贴的损害时允许征收进口附加税；尤其是允许在特定条件下采取保障措施。尽管保障措施与反倾销和反补贴措施同属贸易救济措施，但前者与后者最大的区别在于：保障措施是针对正常贸易行为采取的措施。在服务贸易领域，各成员开放市场的依据是自己的承诺表。换言之，成员可以对没有列入承诺表中的行业采取保护措施。在知识产权方面，由于知识产权有别于一般的货物和服务，其价值保存的前提就是采取一定的手段进行保护，以维持知识产权方面的公平竞争，所以相关协议的主要目的是加强全球范围内对知识产权的保护，而不是降低保护。因此，在某些教科书中，“允许正当保护”也作为 WTO 的一项基本原则。

非歧视原则，包括最惠国待遇和国民待遇原则设立的目的之一就是寻求公平的贸易条件。倾销和补贴问题在某些情况下是不公平竞争行为，应该受到谴责。但是这些问题非常复杂，如何判定一项倾销或补贴是否该受到制裁，如何制裁，税率如何确定，这些问题在各国都有不同的规定。WTO 的《反倾销协议》、《补贴和反补贴协议》都是针对存在不公平竞争行为时进口国遭受损害的情况达成的成员共识。

其他许多 WTO 协议中也都有支持公平竞争的内容，例如，农业、知识产权、服务方面的协议。《政府采购协议》将竞争规则拓展到地方政府机构和公用事业单位的采购之上。

（五）鼓励发展和经济改革原则

WTO 鼓励发展，而发展中国家在履行协议内容时需要更大的弹性。同时，WTO 协议一般都继承了 GATT 对发展中国家提供特殊援助和贸易优惠的条款。

WTO 成员中有 3/4 是发展中国家和转型国家。在乌拉圭回合的七年半谈判中，这些国家中有近 60 个执行了贸易自由化计划。同时，发展中国家和转型国家比以往更积极地参与乌拉圭回合谈判，在多哈回合谈判中也是如此。

在乌拉圭回合后期，发展中国家准备接受发达国家提出的绝大多数义务。但是，协议也确实给予它们一段过渡时间来进行调整，以适应其不熟悉甚至是困难的 WTO 条款，尤其对那些最不发达的国家而言。

考虑到发展中国家成员的具体利益和要求，WTO 确立了对发展中国家成员的特殊待遇原则。这包括允许发展中国家成员的市场保护程度高于发达国家成员；通过“授权条款”规定各成员可以给予发展中国家成员差别及更加优惠的待遇，而不必将这种待遇延伸到其他成员；GSP 制度的存在为发展中国家的工业制成品出口提供了单方面的优惠待遇；在知识产权协议的实施方面，发展中国家有更长的时间安排；在争端解决机制方面，也要求 WTO 秘书处对发展中国家提供技术援助和法律援助。

四、与文化贸易相关的世界贸易组织规则

世界贸易组织是一种法律体系和政策系统，世界贸易组织所形成的诸多协定及协议广泛涉及文化产业的各个领域，在世界贸易组织协定中，关于货物贸易协定、服务贸易协定和与贸易有关的知识产权协定的规则实际上包括了文化产品贸

易和文化服务贸易以及与此相关的知识产权规则，特别是在服务贸易和知识产权保护的基本规则中包含了有关文化产业的规则条款。因此，世界贸易组织的基本原则也就自然地成为各成员国政府制定和执行国内文化贸易政策的考虑因素，这就必然要给这些国家的文化管理制度和文化产业政策支持系统带来制度、法律和政策性影响。①

世界贸易组织规则中与文化贸易相联系的主要有《货物贸易多边协定》、《服务贸易总协定》和 《与贸易有关的知识产权协定》。其中，《服务贸易总协定》和《与贸易有关的知识产权协定》与文化贸易的联系更为密切。

（一）关于国际文化货物贸易

国际货物贸易涉及文化产品贸易，主要涉及文化硬件产品的贸易，如通信设备，各种音像设备，电视用卫星地面设备，制造纸制品的机器，铸字、排字或纸板用的机器、器具及设备，各种印刷机器，未曝光的摄影感光影片及平面软片，用纸、纸板，纸制文具，运动用品，各种办公室用机器，各种电话机、有线载波通信设备及有线数字通信设备，传声器、扬声器、音频扩大器，转盘、唱机、盒式磁带放声机及其他声音重放设备，无线电话、电报、无线电广播、电视发送设备及接收设备、电视摄像机，电视接收装置，照相机、望远镜，电影摄影机、放映机，影像投影器，感光复印设备及热敏复印设备，照相洗印用装置及设备，复式光学显微镜，各种测量仪器，绘图、画线或数学计算仪器及器具，专供示范（教学或展览）而无其他用途的仪器、装备及模型，各种乐器及乐器零件，各种玩具，各种游戏用品，体育活动、体操、竞技及其他运动用品及设备，各种铅笔及颜色笔等。

关于文化软件产品的贸易，国际文化货物贸易涉及甚少，因其涉及的是文化产品的内容。其中主要涉及的有：已曝光、已冲洗的电影胶片，明信片、邮票，商业广告品，已灌（录）音或录制其他信息的唱片、磁带及其他媒体，油画、粉画及其他手绘画，拼贴画及类似装饰板，书籍、小册子、散页印刷品及类似印刷品，报纸、杂志，儿童图画书、绘画或涂色书，乐谱原稿或印本，各种印刷的地图、水道图及类似图表，手绘的建筑、工程、工业、商业、地形或类似用途的设

① 潘嘉玮. 加入世界贸易组织后中国文化产业政策与立法研究［M］. 北京：人民出版社，2006.

计图纸原稿、手稿或复制品等。

（二）关于国际文化服务贸易

在《服务贸易总协定》中定义的服务贸易分为四种：过境交付、消费者流动、商业存在、提供人员流动。即：①从一成员国境内向任何其他成员国境内提供的服务；②在一成员国境内向任何其他成员国消费者提供的服务；③一成员国的服务提供者在任何其他成员国境内通过商业存在提供的服务；④一成员国的服务提供者在任何其他成员国境内通过自然人存在提供的服务。

国际服务贸易是比货物贸易复杂得多的贸易，它具有以下特点：第一，范围广泛，几乎涉及人类生活的所有领域。第二，服务生产与服务消费一般是同步进行并不可储存，是无形的贸易，但服务贸易往往通过一定的载体与货物贸易及投资相联系。第三，服务贸易形式多样，监管复杂，包括行为、人员及商业的过境服务，“而这些方式的进行不像货物贸易那样一定得通过海关监管并缴纳关税。海关贸易统计上一般对服务贸易并无记录，服务贸易一般记录在各国中央银行的国际收支统计上”。第四，国际服务贸易复杂多样的形式及无形的服务提供方式，使其涉及一国许多敏感问题，如国家主权、经济安全、政治制度、文化背景、宗教信仰、道德规范等，所以各国对于国际服务贸易的管制都比较严格。目前，一些国家正提出“文化例外”谈判，法国甚至在2003年向联合国教科文组织提交了一份报告，主张为了保持世界文化的多样性，将文化产品和服务作为“文化例外”，从世界贸易组织的管辖范围中划分出来，不在世界贸易组织的框架下进行谈判。世界贸易组织已经表示将在今后继续就文化产业的开放问题组织谈判。

文化产业主要属于服务业，《关税及贸易总协定》秘书处概括的服务贸易分为12大类下的155个项目。这12大类是：①商业性服务；②通信服务；③建筑及相关工程服务；④分销服务；⑤教育服务；⑥环境服务；⑦金融服务；⑧健康与社会服务；⑨旅游及与旅游相关的服务；⑩文化、娱乐及体育服务；⑪运输服务；⑫其他服务。

与文化产业直接相关的服务贸易主要有：第一类，商业性服务中的计算机及其相关服务项下的软件实施服务、数据处理服务；其他商业服务项下的广告服务，展览管理服务，摄影服务，印刷、出版服务等。第二类，通信服务中电信服务项下的增值电信服务；视听服务。第四类，分销服务。第五类，教育服务。第六类，环境服务。第八类，健康与社会服务。第九类，旅游及与旅游相关的服务。第十类，文化、娱乐及体育服务等。

（三）关于与文化贸易有关的知识产权保护

文化产业主要属于第三产业，而文化产品属于智力成果的范畴，因此，可以说文化贸易与知识产权的保护有密切的联系，是需要知识产权保护的货物贸易与服务贸易。《与贸易有关的知识产权协定》规定，在已有的知识产权国际公约中，该协定适用其中的《保护工业产权巴黎公约》、《伯尔尼保护文学和艺术作品公约》、《保护表演者、录音制品制作者与广播组织国际公约》、《集成电路知识产权条约》。因此，世界贸易组织全体成员均应视为上述四个公约的成员，履行公约义务，对各成员方的要求主要按照世界贸易组织规则建立保护知识产权的法律、法规和执法体系。

第二节　世界贸易组织与中国文化贸易承诺

一、WTO规则的文化含义

个人、非政府组织和一些国家都已经明确表示，它们对日益扩大的文化趋同和一个被麦当劳的汉堡包以及好莱坞的电影淹没的世界感到焦虑。没有人会反对这一点，即应当允许成员保存自己的“文化”，无论它们是否在该领域具有“比较优势”。但是，由于一些交易中的货物和服务兼有经济和文化的价值，一个成员可以对其进口采取贸易限制或歧视性的措施，或者是为了保存和推广当地的文化，或者是为了保护自己的生产者。某一种产品的文化价值，不仅可以体现在产品的性质上，或者由谁生产的，还可以体现在它是如何生产或消费的，或体现在它对本地特征发生影响的方式上。另外，想要保护广泛定义的地方文化，原本就会动摇贸易自由化的理念。即使是一枚钉子，微小而看似没有意义，一旦与成百万的其他钉子和成百万的带进外国影响、标准和材料的其他货物和服务结合起来，便可能具有了文化含义。这是贸易与文化问题的实质。

一种观点认为，“正像检疫法禁止进口带病的植物和动物，文化保护也试图使社群不受外国文化影响的传染”。这种表述在概念使用上颇吸引人，它有助于解释意识到的贸易自由化与文化政策之间的矛盾。但是，它掩盖了贸易与文化之间关系的另一面。正如许多不同的关于文化的国际文件所显示的，通过一定的隔离保存文化的原貌也许是重要的，但是同时，必须鼓励文化通过与其他文化的交流和互动得到发展和繁荣。因此，不同于进口的水果，如果带有国外疾病也许不受欢迎，但带有外国文化因素的进口物，恰恰由于它们的文化内容而可能是宝贵的。这使得贸易与文化问题的复杂性又增加了一层。

作为具有潜在广延性的文化释义的一个例子，《世界文化多样性宣言》前言将文化定义为“社会或一社会群体独有的一套精神、物质、智慧和情感方面的特征，除文学艺术之外，还包括生活方式、合居形式、价值体系、传统和信仰”。在经济学范畴，戴维·思罗斯比提出一个多方面近似和同样广延的定义。他指出“文化”一词在两个特定含义中的使用：“在广泛的人类学或社会学领域，指任何族群共有或同享的一套看法、信仰、风俗、习惯、价值和常规”；从更加功能的角度，“指人们从事的某些活动，以及那些活动的成果，而且必须与人类生活的智力、道德和艺术方面有关”。根据这些定义，文化可以既指艺术活动（无论传统或通俗，商业或非盈利）的具体成果文化，又指确定性更低的观念或“生活方式”。在这些广泛的文化定义内，几乎任何形式的国际贸易或贸易政策都可以被合理地解释为带有文化的层面或影响。

WTO 的文化含义，超出 SPS 协定和 GATT 1994，延及其他许多 WTO 协议。例如，《与贸易有关的知识产权的协定》（TRIPS 协定）讲到的知识产权中的一些便与文化有关。保存文化可能成为一个理由，用来保护“地理标识”，如 TRIPS 协定中提到的“香槟”。而文化在这里涵盖了如食品和葡萄酒的传统生产方法，以及特定地方和特定产品之间的历史和自然联系。TRIPS 协定已经保护地理标识，涉及最多的是葡萄酒和烈酒，虽然有关条款的一些方面仍然受到争议，而且成员还在继续就此问题进行谈判。一个问题是，地理标识是否带来一种合理有效的保护和推广文化的方式，或者如托莫·布劳德认为的，地理标识纯粹是“用来给某些产品、某些领域和某些地区以商业优势的法律工具”。

WTO 部长会议（WTO 最高决策机构，由 WTO 所有成员的代表组成）也指示 TRIPS 委员会（负责 TRIPS 协议的运作）审查“传统知识和民间文学的保护”，这些概念没有权威性的 WTO 定义，但是明显与文化问题有关。约翰娜·吉布森就将传统知识定义为“本土和传统文化产品的总和”。TRIPS 委员会的工作迄今大部分集中在传统知识而不是民间文学上，而成员倾向于采取国际行动保护这种知识，提出的一个原因就是文化。许多成员担心，不保护传统知识，会让私人机构利用和取得专利给有商业价值的客体，如栋树的遗传资源，以及与其利用有关的研究和开发，而且不经许可或不给通常的所有者以适当的补偿。这不仅会妨碍维持可能有文化内在的传统知识本身，还会妨碍维持亦可能带有宝贵文化元素的有关社群的生活方式。例如，WTO“非洲组”成员将“传统知识”定义为“包括任何种类的药物或疗法、农业、生物材料和多样性的利用和保存，以及带有经济、社会、文化、审美或其他价值的任何其他方面，凡与此有关的知识体系、发明和创造、信息以及当地或本土社群的习惯做法”。

> 非洲组还解释说，保护遗传资源和传统知识，特别是那些起源于发展中国家成员的，是解决贫困的一个重要手段。就保护文化权利和保存由生物多样性和传统知识构成的人类宝贵遗产而言，它亦是一个法律问题。

从这一简短讨论不难看出，一大批其他产品和贸易措施，通过法律、社会或政治传统的传导，可能怎样与文化准则挂钩。其中包括保护环境的措施，发挥宗教信仰的作用，或者对教育进行管理。没有单一的特征可以将与文化有关的产品和其他产品区分开。实际上，具有文化层面的产品“序列”，包括从电影到汽车和鞋，到水泥和石油产品。例如，美国保护自己钢铁业的措施，可以被说成是为保护其工业城镇的生活方式所必需的。以至于一些成员现在呼吁承认农业的“多功能性”，理由是农业可以推动社会或环境政策，或保存乡村景貌。沿这个思路，可以争论说，农业保护具有文化价值，所以值得给予特殊待遇。

二、中国在世界贸易组织协议中对文化贸易的承诺

2001 年 11 月 11 日，我国代表石广生在世界贸易组织《中华人民共和国加入

协定书》上签字，我国在《协定书》第一条承诺：

> 除本协议另有规定外，中国应履行世界贸易组织协定所附各多边贸易协定的、应在自该协定生效之日起开始的一段时间内履行的义务，如同中国在该协定生效之日已接受该协定。……中国可维持与《服务贸易总协定》(GATS) 第二条第一款规定不一致的措施，只要此措施已记录在本协定书所附《第二条豁免清单》中，并符合 GATS《关于第二条豁免的附件》中的条件。

以上承诺表明，我国从加入世界贸易组织起的一定期限内将逐步实现世界贸易组织协定所要求的贸易自由和市场准入的各项规定，并根据中国的国情在世界贸易组织的规则框架下做出一定的保留。

(一) 对于文化产品贸易的承诺

关于产品贸易主要是关税减让及非关税减让。关税减让涉及最惠国税率（含关税及关税配额），非关税减让主要涉及配额和配额关税。

我国在“入世”减让表中，对涉及文化产品贸易最惠国税率的承诺，主要是对以下文化产品（硬件）贸易具体承诺减税的实施期，包括：通信设备，各种音像设备，电视用卫星地面设备，制造纸制品的机器、铸字、排字或纸板用的机器、器具及设备，各种印刷机器，未曝光的摄影感光影片及平面软片，用纸、纸板，纸制文具，运动用品，各种办公室用机器，各种电话机、有线载波通信设备及有线数字通信设备，传声器、扬声器、音频扩大器，转盘、唱机、盒式磁带放声机及其他声音重放设备，无线电话、电报、无线电广播、电视发送设备及接收设备、电视摄像机，电视接收装置，照相机、望远镜，电影摄影机、放映机，影像投影器，感光复印设备及热敏复印设备，照相洗印用装置及设备，复式光学显微镜，各种测量仪器，绘图、画线或数学计算仪器及器具，专供示范（教学或展览）而无其他用途的仪器、装备及模型，各种乐器及乐器零件，各种玩具，各种游戏用品，体育活动、体操、竞技及其他运动用品及设备，各种铅笔及颜色笔等。其实施期分别为：加入时、2002 年、2003 年、2004 年、2005 年、2006 年。

关于取消许可证、进口配额的文化产品（硬件）主要有：激光唱机、各种装有声音重放装置的录音机、磁带录像机、磁带放像机、激光视盘放像机、其他视频信号录制或重放设备、盒式磁带录音机或放声机的走带部件、专用于或主要用于视频信号录制或重放设备的零件和附件、电视摄像机、家庭型摄录一体机、数字方式存储图像的照相机、静像视频摄像机及其他射频摄录机、各种不需外接电源的收放机、收录（放）组合机、需外界电源的收音机、无线寻呼机、彩色卫星电视接收机、其他彩色电视机、 彩色视频监视器、彩色视频投影机等，其实施期分别为：加入时、2002 年、2003 年、2004 年、2005 年。

关于文化产品（硬件）的配额，主要涉及以下产品：录音设备及其关键件（最初配额为 293 百万美元，年增长率 15%，以下略）、录音录像磁带复制设备、收录机及其机芯、彩色电视机及显像、照相机等。

对于取消单一许可证的文化产品（硬件）主要有：未曝光其他用途的感光硬片及软片、彩色摄影用未曝光彩色影片即平面软片、彩色摄影用未曝光无齿孔彩色胶卷、其他用未曝光无齿孔胶卷、各种未曝光彩色胶卷、感光纸和制版等。

在我国承诺的减让表中，涉及文化产品内容的文化软件产品贸易主要是：已曝光、已冲洗的电影胶片，明信片、邮票，商业广告品，已灌（录）音或录制其他信息的唱片、磁带及其他媒体，油画、粉画及其他手绘画，拼贴画及类似装饰板，书籍、小册子、散页印刷品及类似印刷品，报纸、杂志，儿童图画书、绘画或涂色书，乐谱原稿或印本，各种印刷的地图、水道图及类似图表，手绘的建筑、工程、工业、商业、地形或类似用途的设计图纸原稿、手稿或复制品等。

（二）对于文化服务贸易的承诺

关于服务贸易承诺，一方面是各成员方在《服务贸易总协定》中对于服务贸易一般原则的承诺；另一方面是在世界贸易组织服务贸易谈判中，一成员与其他成员就其愿意做出承诺的部门进行谈判，达成的承诺被载入该成员的具体承诺减让表。减让表中的承诺分为两个部分：水平承诺和具体承诺。水平承诺是涵盖所有部门的承诺；具体承诺是对具体部门的承诺。具体承诺分为三个部分：市场准入承诺、国民待遇承诺和其他承诺。对减让表中提到的部门，可以规定有关市场准入的条件和限制。减让表中没有提到某个特定部门，则推定不在该部门承担义务，若在减让表中提到某一部门，而且没有设定限制和资格要求等，则认定已经在该部门做出了关于提供完全的市场准入和国民待遇的承诺。

1. 一般性承诺

《服务贸易总协定》重申了《货物贸易多边协定》的基本原则，包括：最惠国待遇原则、透明度原则、发展中国家更多参与原则、非歧视性原则、在承担义务计划中的市场准入原则、在承担义务部门中的国民待遇原则、逐步自由化原则等。这些基本原则属于我国加入世界贸易组织的一般性承诺，这些承诺当然适用于文化服务贸易领域。《服务贸易总协定》对特定部门的一般性义务和具体承诺做了规定，同时还确定了谈判具体承诺的框架，在乌拉圭回合谈判中，各成员达成的“最初具体承诺”被载入各成员的减让表。经过双边或多边谈判而承担的义务，宗旨是逐步消除下列限制措施：对服务提供者的数量；对服务交易的总值或资产额；对服务业务总值或总产出量；为提供特定服务所必须雇用的人数；对法人形式的企业性质；对外资的份额。

2. 水平承诺

水平承诺是涵盖所有部门的承诺，我国在《服务贸易总协定》中所做的水平承诺主要是：对于过境交付、消费者流动没有限制。关于商业存在和提供人员流动，我国所做的水平承诺是：

（1）承诺外商在我国的投资方式及比例。在我国，外商投资包括外资企业（也称为外商独资企业）和合资企业，合资企业有两种类型，即股权式合资企业和契约式合资企业。股权式合资企业中的外资比例不得少于该合资企业注册资本的 25%。对于外资企业在我国设立分支机构不做承诺，除非在具体分部门承诺中另有标明。允许在我国设立外国企业的代表处，但代表处不得从事任何营利性活动，在部门具体承诺中的代表处除外。

（2）土地使用承诺。中华人民共和国的土地归国家所有。企业和个人使用土地必须遵守我国关于土地使用最长期限的限制。

（3）对因商业存在、从事商业活动及服务销售的入境人员入境、停留及居留的承诺。对于入境人员分三类情况给予首期三年停留、长期居留许可、入境 90 天承诺。

3. 具体承诺

我国在加入世界贸易组织的服务贸易减让表中，没有对文化、娱乐及体育服务部门做出承诺，因此应理解为只对该部门做出水平承诺。我国在文化服务贸易方面对世界贸易组织做出的具体承诺是：

(1) 在专业服务方面，承诺外国律师事务所只能在北京、上海、广州等 19 个城市以代表处的形式提供法律服务，代表处可从事营利性活动。一个外国律师事务所只能设立一个驻华代表处。上述地域限制与数量限制将在我国加入世界贸易组织后一年内取消。代表处不得雇用中国国家注册律师。外国代表处的业务范围在中国承诺的范围内。对建筑设计、集中工程服务及城市规划，要求与我国专业机构合作（除方案设计），承诺仅限于合资形式，外资可拥有多数股权，在我国加入世界贸易组织后五年内，允许设立外商独资企业。在计算机软件服务方面，承诺以合资企业形式进入我国市场，外资可拥有多数股权。

(2) 在广告服务方面，我国承诺加入世界贸易组织时，允许外国服务提供者仅限于以合资企业形式在我国设立广告企业，外资不超过 49%。中国加入世界贸易组织后两年内，将允许外资拥有多数股权。中国加入世界贸易组织后四年内，将允许设立外资独资子公司。摄影服务允许设立合资企业，允许外资控股。包装服务允许外国服务提供者在我国设立合资企业。中国加入世界贸易组织后一年内，允许外资拥有多数股权。中国加入世界贸易组织后三年内，允许设立外资独资公司。

(3) 在通信服务方面，允许外国通信服务提供者在上海、广州和北京设立合资增值电信企业，并在这些城市内提供服务，无数量限制。合资企业中的外资不得超过 30%。我国加入世界贸易组织后一年内，地域扩大至成都、重庆、大连、福州、杭州、南京、宁波、青岛、沈阳、深圳、厦门。

(4) 在音像制品、娱乐软件以及音像制品的租赁服务和分销服务方面，我国承诺在不损害我国审查音像制品内容权利的情况下，允许外国服务提供者与我国合资伙伴设立合作企业，从事除电影外的音像制品的分销（零售、批发、租赁），外资比例不超过 49%。

(5) 在电影院服务方面，允许外国服务提供者建设和/或改造电影院，外资比例不超过 49%。对于电影进口，在不损害我国电影市场和与我国电影管理法规保持一致性的情况下，允许每年以分账形式进口 20 部电影用于影院放映。

(6) 在书报刊的分销方面，我国承诺在加入世界贸易组织后一年内，允许外资企业从事书、报、刊的零售。外国服务提供者只可在五个经济特区（深圳、珠海、汕头、厦门、海南）和八个城市（北京、上海、天津、广州、大连、青岛、郑州、武汉）设立中外合资书报刊零售企业，在北京和上海合营零售企业的数量不允许超过四家；在其他地区，合营零售企业的数量不允许超过两家；允许北京合营零售企业中的两家在本市设立分店。中国加入世界贸易组织后两年内，允许外资对书报刊零售企业控股，并开放所有省会城市、重庆和宁波。中国加入世界贸易组织后三年内，允许外国服务提供者从事书报刊的批发业务，允许外资控股，取消所有数量和地域限制，取消所有股权或企业设立形式的限制。30家以上连锁形式的书报刊零售企业不允许外资控股。

（7）在增值电信服务（包括互联网ICP/ISP的相关业务）方面，我国承诺加入世界贸易组织时将允许外国服务提供者在上海、广州和北京设立合资增值电信企业，并在这些城市内提供服务，无数量限制，外资不得超过30%。中国加入世界贸易组织后一年内，除上海、广州和北京外，地域将扩大至包括成都在内的14个城市，外资不得超过49%。中国加入世界贸易组织后两年内，将取消地域限制，外资比例不得超过50%。

（8）在教育服务方面，承诺允许中外合作办学，外方可获得多数股权。外国个人服务提供者受我国学校和其他教育机构邀请或雇用，可入境提供教育服务。

（9）在环境服务方面，允许外国服务提供者仅限于合资企业形式从事环境服务，允许外资拥有多数股权。

（10）在旅游及与旅游相关的服务方面，承诺外国服务提供者可以以合资企业形式在中国建设、改造和经营饭店及餐馆设施，允许外资拥有多数股权。中国加入世界贸易组织后四年内，取消限制，将允许设立外资独资子公司。允许与在中国的合资饭店和餐馆签订合同的外国经理、专家，包括厨师和高级管理人员在我国提供服务。对符合承诺条件（条款A）的外国服务提供者可以自中国加入世界贸易组织时以合资旅行社和旅游经营者的形式驻中国政府指定的旅游度假村和北京、上海、广州和西安提供服务；中国加入世界贸易组织后六年内，将允许设立外资独资公司，取消地域限制。

条款A：在《中国加入世界贸易组织法律文件》附件9：《中华人民共和国服务贸易具体承诺减让表第2条最惠国豁免清单》中关于“旅游

及与旅游相关的服务”一栏中规定的条件为：

(*a*) 旅行社和旅游经营者主要从事旅游业务。

(*b*) 全球年收入超过4000万美元。合资旅行社/旅游经营者的注册资本不得少于400万元人民币。中国加入后三年内，注册资本不得少于250万元人民币。加入后三年内，将允许外资拥有多数股权。

旅行社/旅游经营者的业务范围在承诺范围内（条款B）。中国加入世界贸易组织后六年内，将取消对合资旅行社/旅游经营者设立分支机构的限制，且对于合资旅行社/旅游经营者的注册资本要求将与国内旅行社/旅游经营者的要求相同。

条款*B*:《中国加入世界贸易组织法律文件》附件9:《中华人民共和国服务贸易具体承诺减让表第2条最惠国豁免清单》中关于“旅游及与旅游相关的服务”一栏规定的业务范围是：

(*a*) 向外国旅游者提供可由在中国的交通和饭店经营者直接完成的旅行和饭店住宿服务。

(*b*) 向国内旅游者提供可由在中国的交通和饭店经营者直接完成的旅行和饭店住宿服务。

(*c*) 在中国境内为中外旅游者提供导游。

(*d*) 在中国境内的旅行支票兑现服务。

（三）关于文化市场准入问题

从我国加入世界贸易组织的承诺中可以看到，我国并没有在文化、娱乐及体育服务部门做出任何承诺，这是在世界贸易组织谈判中的一种特别情形。

在我国加入世界贸易组织的谈判中，对于服务贸易主要是市场准入方面的谈判。如上所述，作为服务贸易的四种方式，与货物贸易有很大的区别。一旦进入一成员方市场，即意味着必须给予其国民待遇，尽管允许有一个过渡时间。至于市场准入的地域范围、行业范围、进入的程度，则可以根据各国的情况分别做出选择，并在谈判中分别承诺或不承诺。所以，关于文化服务贸易，主要是文化市场准入的问题。而对于一国文化市场的开放，各国都抱着十分谨慎的态度。因为，文化市场的开放、文化产品的进入，将对一国国民的思想起着重要的宣传、教化、导引作用，从而将影响一国国民的思想行为，给一国的意识形态、国家安全、民族传统、本土文化、道德观念等带来极大的冲击。

作为市场准入的一个重要方面的国际服务贸易自由化问题，其分歧几乎都是在发达国家和发展中国家之间发生的。唯独文化产业的特殊性，使得在文化产品和服务的开放问题上，某些发达国家（如法国、加拿大、美国等）之间存在的分歧更大。美国作为文化产品和服务的最大生产国和输出国，为了让本国文化产品和服务进入别国文化市场，在获取经济利益的同时输出自己的文化和价值观，极力在世界贸易组织多边贸易体制框架下推动文化产品和服务的自由化；而以法国为代表的欧盟则扛起“保护世界文化多样性”的大旗，反对该贸易领域的自由化。因此，到目前为止，在世界贸易组织 146 个成员中，只有 21 个成员在文化产品和服务方面做出开放承诺，而且在这 21 个成员中，只有美国等国对文化产业的各个领域都做出开放承诺，其他成员则只对文化产业的部分领域做出开放承诺。这些承诺主要是影视音像制品和书报刊的分销以及影视拍摄服务，而在其他主要领域，如广播与电视节目服务、广播与电视传输服务方面，大多数成员仍持谨慎态度。从总体上说，文化产业的开放在国际上并不普遍，而且开放程度也较为有限。

在我国加入世界贸易组织的谈判中，文化贸易的市场准入问题一直是谈判的焦点问题之一。2000 年 11 月，在中美两国就我国加入世贸组织举行的最后阶段谈判中，中方在文化产品与服务市场准入上做出部分承诺。这些承诺主要涉及音像制品、电影、书报刊领域，包括：

> 自加入时起，在不损害中国审查音像制品内容的权力的情况下，允许外国服务提供者与中国合资伙伴设立合作企业，从事除电影外的音像制品的分销。
>
> 在不损害与中国关于电影管理的法规的一致性的情况下，自加入时起，中国将允许以分账形式进口电影用于影院放映，此类进口的数量应为每年 20 部。
>
> 自加入时起，将允许外国服务提供者建设和/或改造电影院，外资

不得超过 49%。

加入后一年内，允许外国服务提供者从事图书、报纸和杂志的零售。

加入后三年内，允许外国服务提供者从事图书、报纸和杂志的批发。

这些承诺写进了中国 2001 年 11 月 11 日正式加入世界贸易组织的文件中。应该说，我国在文化产业的开放方面保持了务实和谨慎态度，对照世界贸易组织的分类目录，不难发现，我国并没有完全按照有关划分类别来开放文化产业，而是根据国情将可以开放的领域单列出来做出承诺，开放的领域是有限的，开放的幅度是可控的。例如，虽然我国每年进口 20 部分账片，但有三个条件：一是要符合中国的电影管理法规，保留内容审查的权力；二是 20 部影片不是进口义务承诺，而是配额管理，最终的进口数量还要由我国电影发行公司基于商业利益加以考虑，并不是每年必须要进口 20 部影片；三是这 20 部影片并没有承诺都是美国影片，而是全球配额。再如，我国承诺允许外商从事图书、报纸和杂志的零售和批发业务，只是准许经营通过我国合法渠道进口和出版的书报刊，而不是对其所经营的品种和内容没有任何限制。

在我国加入世界贸易组织的谈判中，在文化的市场准入方面，中国政府只承诺在以下方面即符合相关条件的前提下对外商开放：在音像制品的分销方面（音像制品的批发、零售、出租），在遵守《音像制品管理条例》的有关规定前提下，并根据相关法规规定的程序，经我国政府批准，符合合资企业中外方的股份不能超过 49%，所经营的音像制品必须是中国政府审查批准的音像制品；在影院的改造和建设上，前提是必须遵守中国的《电影管理条例》，在中方拥有管理控制权的情况下，外方股份不超过 49%，允许外方参与经营管理。中方的这一承诺，再加上中国《娱乐场所管理条例》、《营业性演出管理条例》规定的对外资准入的条款，应该说，我国在文化市场准入方面还是有一定广度和深度的。

第三节 世界贸易组织规则中的文化贸易例外规定

“WTO 制定的规则要在各主权国家之间适用这一点，决定了它的法律框架必须为自由贸易原则确定若干例外，才能绕开极为敏感的‘主权权力’这个暗礁，得以顺畅地通行和运转。”[①]“贸易自由只是一个相对的概念，而不是一个绝对的概念，贸易自由化事实上是要使相对的贸易自由越来越接近绝对的贸易自由，而不是也不可能实现绝对的贸易自由。”[②]从 GATT 到 WTO 的产生，本来就是国际贸易关系中矛盾与斗争的产物，各成员国的经济、文化、政治情况不尽相同，因此其所追求的利益也不尽相同。这就导致各国政府在选择贸易政策、国内与贸易相关的法律制度方面也存在较大的差别。从 WTO 规则角度进行分析，WTO 规则一方面规定了一套促进国际贸易自由化的制度，另一方面在这些制度中又存在着许多的例外或限制。贸易自由化的规则是为了建立公平、开放和自由的贸易秩序，在此目的之下设定了一般的法律框架和应该遵循的规则；而例外或限制的目的在于允许各国政府在一定的条件下实施适度的贸易保护。根据现有的 WTO 规则，现有的例外大致包括以下几个方面：①最惠国待遇例外；②国民待遇例外；③数量限制一般取消例外；④非歧视待遇例外；⑤对发展中国家的例外；⑥一般例外；⑦安全例外。

“条约中的例外条款有两种表现形式：其一为自身例外，即在本条文中列明限定本条适用的前提条件；其二为一般例外，即在本条文之外另有单列条文来排除整个条约的适用，其目的在于寻求成员国管理国内事务与履行国际条约义务之间的平衡。一般而言，如果一成员国可以通过自身例外来证明某项措施的合法性，则无须再援引一般例外条款。”[③]

① 赵维田. 世贸组织（WTO）的法律制度［M］. 长春：吉林人民出版社，2000.

② 陶凯元. 国际服务贸易法律的多边化与中国对外服务贸易法制［M］. 北京：法律出版社，2000.

③ 彭岳. 贸易与道德：中美文化产品争端的法律分析［J］. 中国社会科学，2009（2）.

一、自身例外

“根据适用的范围，自身例外主要分为国别例外和统一例外。前者是指有关国家在加入 WTO 时所特别承诺的例外条款。后者指适用于所有成员国的例外条款。”① 根据这一界定，GATT 1994 第 3.2 条、第 3.8 条以及第 4 条就构成了统一例外条款。

GATT 1994 通过建立一个完整的关税减让体系来调整各缔约方之间的贸易关系。但是各缔约方可以自行制定国内法律和法规，这一行为就可能导致对进口贸易产生负面的影响，因为其有可能打破 GATT 所确立的关税平衡。因为，在坚持统一关税体系时，若一缔约方出于对进口货物实施差别待遇的目的，而制定了相应的国内税，这就使 WTO 所建立的保护自由贸易的规则变得毫无价值。这一差别性待遇看起来可能对于那些进口的产品特别不公，因为这些产品与那些享受保护的货物具有类似的物理性质，而 GATT 明确禁止成员方对进口的类似产品进行差别待遇而保护相似的本土产品（同类产品）。这一非歧视要求可以理解为 GATT 第 3 条的国民待遇原则。②

国民待遇原则的要求之一就是通过要求成员国对那些与本土产品类似的进口产品以相同的方式予以对待，从而达到公平的目的。据此原则来说，若缔约方是出于对文化产品的保护这一目的而适用保护性的贸易政策，这一例外就是正当的。缔约方可以制定保护贸易的政策以保护文化产品，如税收措施。③

从表面来看，GATT 的文本并没有就文化产品问题做出例外的规定，打算允许这个对于国民待遇原则的文化例外。但是根据专家小组和上诉机构对 GATT 第 3 条的解释，进口货物是否有资格享有国民待遇的保护，其不仅取决于本国产品文化价值的考虑，也取决于进口产品与本土产品在物理形态的相似程度。根据对第 3 条的这一解读，缔约方不能运用保护文化的借口来免除第 3 条的国民待遇义

① 彭岳. 贸易与道德：中美文化产品争端的法律分析［J］. 中国社会科学，2009（2）.

② Petros C.Mavroidis. The General Agreement on Tariffs and Trade：A Commentary［M］. Oxford University Press，2005.

③ Generally Michael Hahn. A Clash of Cultures? The UNESCO Diversity Convention and International Trade Law［J］. Journal of International Economic Law，2006，9（3）.

务。然而对第3条所做的字面解释不是唯一可能的解释，国民待遇原则还主要取决于进口产品是否与国内生产的货物相类似，第3条第2款引用了这些类似的国产货物作为同类“国产品”，而第4款引用了“源自本国的同类产品”。由于国民待遇原则授权对进口的产品给予保护，而这一保护取决于进口的产品与“源自本国的”产品或者是“同类国产品”的相似性。因此，缔约方可以运用“源自本国”产品或“同类国产品”的文化价值对来自进口国的产品加以区分，从而将进口文化产品从国民待遇原则中排除出去。

(一) 同类产品

在GATT 1994中，“同类产品”的含义，可能根据争议中条款，或者该条款的特定部分而不同。根据现有的规则体系，可以以讨论GATT 1994国民待遇条款之下的“同类产品”作为起点。GATT第Ⅲ：2条第一段说：

> 任何成员领土的产品进口到任何其他成员领土内，不得直接或间接地被课以超出直接或间接适用于其他同类本地产品的任何形式的内部税或其他内部收费。

上诉机构认为，此第一段中“同类产品”的含义相当严格。一种本地产品是否与某一种进口产品同类，将取决于：

> (*a*) 产品的效能、性质和质量。
>
> (*b*) 产品的最终用途。
>
> (*c*) 消费者的品位和习惯。
>
> (*d*) 产品在“协调后系统”中的关税分类。

将这些因素适用于文化产品，产品的文化重要性对产品的效能、性质和质量或最终用途可能有一些影响。例如，本国的虚构故事书和进口的虚构故事书，作为有形物有可能十分相近，并且都有可能被用于获得阅读的愉悦，但是，由于其文化性质，对于消费者它们可能代表不同的事物。一部以外文写的虚构故事书，可以被用于特定的教学目的（学习一种外语）。即使是一部从外语翻译成本地语言的虚构故事书，性质上也可能不同于一部最初以同种本地语言写的书。可是，以同种语言写的两部虚构故事书情况又怎样？文化差异越不具体，越难以证明这些文化产品为不同类。

伯尼尔认为，进口和本国的文化产业的产品，并不明显地为同类，因为它们“以自己的艺术和智力内容为特征，并由于这个原因不可能容易地将一种与另一种进行比较”。[①] 按照这个推论，对进口的虚构故事书征收比本国的虚构故事书更高的税，也许不违反第Ⅲ：2 条第一段，根据是它们并非同类产品。这里的假定是，进口的虚构故事书为外国的文化产品，而本国的虚构故事书为本地文化产品。另一种做法是，将文化政策更密切地与产品的文化性质联系在一起，对外国的虚构故事书（由外国人撰写的或出版的书）征收比本地的虚构故事书（由本国人撰写或出版的书）更高的税，无论这些书是进口的还是在本地生产的。同样，成员可以争论说，从文化的角度，外国的虚构故事书与本地的虚构故事书不同类，因此，差别征税不违反第Ⅲ：2 条第一段中的国民待遇义务，尽管外国图书比本地书更有可能是进口的。

专家组和上诉机构在几起争端（与文化产品无关）中的陈述显示，这个论点不大可能获胜，至少在歧视被设定得如此宽泛的情况下。“消费者的趣味和习惯因国家而异”，在确定同类产品时有参考作用。例如，上诉机构可以认为，消费者对本地文化产品的偏好，是由于长期实行保护主义措施而形成的。专家组和上诉机构还强调了消费者习惯的“易变”性和消费者反馈的“难免的不确定”性。简言之，“同类”产品不会仅仅因为一个国家内地方消费者传统上的差异而变成“不同类”的产品。

GATT 1994 中第二个主要的国民待遇条款是第Ⅲ：4 条，该条说：

> 任何成员领土的产品进口至任何其他成员的领土，被给予的待遇、优惠程度不得低于给本国起源的同类产品，此要求涉及影响产品的内部销售、提供销售、购买、运输、分销或使用的所有法律、条例和规定。

① Bernier. Cultural Goods and Services，121.

上诉机构裁决说，“第Ⅲ：4 条中‘同类’的范围，比第Ⅲ：2 条第一段中的‘同类’要宽”。所以，在第Ⅲ：4 条之下，本国和进口的文化产品也许比在第Ⅲ：2 条第一段之下更有可能被定为“同类产品”。此外，上诉机构裁决说，“在第Ⅲ：4 条之下判断‘同类性’，从根本上讲，是判断诸产品之间和当中竞争关系的性质和程度”。专注于本国和进口文化产品的竞争关系，还可能增加在第Ⅲ：4 条之下确定同类性的机会，因为即使文化产品在文化上有相当差异，它们也很可能彼此有激烈的竞争。

无论怎样，专家组在第Ⅲ：4 条之下确定产品的同类性时考虑的因素，与在第Ⅲ：2 条第一段之下考虑的那些因素相近：效能、性质、质量、最终用途、消费者趣味和习惯，以及关税分类。

上诉机构赞同这个一般的方法，并更具体地讲到，消费者的趣味和习惯这个因素，涉及“产品在何种程度上被消费者感觉为并当作是行使特定功能以满足特定愿望或要求的替代手段”。

（二）直接竞争或可替代的产品

GATT 1994 第Ⅲ：2 条第二段规定，“任何成员均不得以违反”第Ⅲ：1 条“规定之原则的方式对进口或本国的产品以另外方式适用内部税或其他内部收费”，这个总括性的第Ⅲ：1 条称：

> 成员承认，对产品的内部销售、提供销售、购买、运输、分销或使用有影响的内部税和其他内部收费、法律、条例和规定，以及要求产品以一定数量或比例混合、加工或使用的内部数额规定，不得适用于进口或本地产品以为本地的生产提供保护。

第Ⅲ：2 条增补解释说，只有在受到不同征税的进口和本地产品为“直接竞争或可替代”的情况下，符合第Ⅲ：2 条第一段的征税才会违反第Ⅲ：2 条第二段。“直接竞争或可替代”的范围比“同类产品”更宽，所以，在第Ⅲ：2 条第一段之下不属于“同类”的两种产品，在第二段之下仍然可能是直接竞争或可替代的。

“加拿大—期刊”案例

1996年，美国要求与加拿大进行磋商。起因是加拿大颁布第9958号关税令禁止外国出版的不同版本期刊的进口，即只要进口到加拿大的期刊中有5%以上的广告内容是针对加拿大市场的，就不允许进口；对不同版本的期刊征收货物税，并且对进口期刊实行与本地期刊不同的邮寄费率。

之后，有一家美国期刊离开加拿大市场回到美国，另有一家加拿大的杂志停止发行美国版。

美国认为加拿大的措施违反了WTO的国民待遇原则，向WTO争端解决机构DSB提出上诉并请求成立专家组；1997年2月21日，专家组做出报告；1997年4月29日，加拿大向上诉机构（AB）提出上诉；1997年6月30日，上诉庭举行了开庭审理并于当日做出了上诉报告；1997年7月30日，DSB通过了上诉机构报告和修改后的专家组报告。

专家组的报告认为加拿大第9958号关税令和货物税法不符合GATT的规定，而加拿大邮政资助符合GATT规定；上诉机构推翻了专家组关于“同类产品”问题上的结论，并最终认为加拿大货物税法明显地是为了保护加拿大期刊，同时，上诉机构推翻了专家组关于加拿大“受资助”的邮政费率符合GATT的结论。

本案所涉及的是加拿大实施的影响期刊进口的三项措施：

(1) 加拿大第9958号关税令禁止外国出版的不同版本期刊的进口，即只要进口到加拿大的不同版本期刊中有5%以上的广告内容是针对加拿大市场的，就不允许进口。

(2) 1995年12月15日开始实施的货物税法对不同版本期刊征收货物税，不同版本期刊要按其所登载广告总价的80%缴纳货物税。

(3) 从1996年3月4日起，加拿大邮政公司对期刊邮寄费做了新的规定，将期刊分为受加拿大政府资助的期刊、加拿大商业期刊和国际商业期刊，分别实行不同的邮寄费率。

上诉机构对“加拿大—期刊”一案的裁决，为根据第Ⅲ：2条第二段分析“直接竞争或可替代”产品的含义提供了有益的案例。在该案例中，上诉机构在第Ⅲ：2条第二段之下审查了加拿大对拆装发行版期刊中的广告征收的货物税。在确定进口的拆装版期刊与本地的非拆装版期刊是否直接竞争或可替代时，上诉机构专注于“有关市场中的竞争”以及产品的“替代”或“互换性”。加拿大争论说，加拿大的期刊和外国的期刊不直接竞争或可以替代（或同类），因为它们的内容不同：

> 为或针对加拿大市场开发的内容，不可能与外国的内容相同。为加拿大市场的内容，会包含加拿大的事件、题目、人物和观点。也许内容不完全是加拿大的，但是侧重看得出来甚至显著地不同于外国出版物，后者无非复制了为或针对一个非加拿大市场开发的编辑内容。

上诉机构拒绝了加拿大的论点。它陈述说，存在差别征税的制度，表明这些期刊在为广告收入进行竞争。它还提到一份由加拿大政府任命的专门小组提交的关于杂志行业的报告，该报告提到美国杂志对于加拿大杂志的替代性，本地和进口杂志之间的价格竞争，以及它们之间为广告进行的竞争。上诉机构认为：

> 一种主要包括时事新闻的期刊，对于专门介绍园艺、棋类、体育、音乐或烹饪的期刊，不具有直接竞争性或可替代性。但是，像《时代》(TIME)、《时代加拿大》(TIME Canada) 和《麦克林斯》(Maclean's) 这样的新闻杂志，具有直接竞争性或可替代性，尽管《麦克林斯》的内容是“加拿大的”。

确定产品是否直接竞争或可替代，其他可能有参考作用的因素有（类似在确定产品是否同类时考虑的因素）：有形特征、最终用途、分销渠道、价格（包括交叉定价幅度）、消费者偏好以及关税分类。但是，如特雷弗·奈特（Trevor Knight）从“加拿大—期刊”一案得出的结论，“只要保护不同产品的文化内容的措施在实行中影响到竞争的商业关系，试图根据文化产品的相对于‘商业’的

‘文化’方面来区分它们，就不大会得到积极的认同”。[①]

二、一般例外

在 GATT 这个“例外的迷宫”里，第 20 条的“一般例外”条款很引人注目。[②] GATT 1994 第 20 条的主要内容是对现存的大量双边通商条约形成的习惯规则的一种表述，这也当然会适当地增加或修改。就其前言所述“在条件相同各国间不会构成容易的或无端的歧视手段，或者不会形成伪装起来的对国际贸易的限制”在内，几乎是原文照抄自国际联盟时期 1927 年签订的一个公约的有关条文。从渊源上来讲，这些条款主要产生于 19 世纪欧洲各国关于海关卫生检疫的标准、由各国自行确定的传统和各国对本国的天然资源保护的要求。这一规定类似于国际私法中的“公共秩序保留”，也就是说，GATT 规定的一切规则，凡是与第 20 条所列的这 10 项相抵触者，一律让路。[③]

GATT 1994 第 20 条与 GATS 第 14 条在结构上基本相同，都包含了“前言”和“子项”。这两条的前言在内容上基本相同，“在此类措施的实施不在情形类似的国家之间构成任意或不合理歧视的手段或构成对服务贸易或国际贸易的变相限制的前提下，本协定的任何规定不得解释为阻止任何成员采取或实施以下措施：……”这两个协定的“一般例外”的子项在数量上不同，GATT 1994 在前言之后含有 10 个子项，而 GATS 在前言之后仅包括 5 个子项。就文化产品贸易而言，主要涉及的是 GATT 1994 第 20（a）条“为保护公共道德所必需的措施”和 GATS 第 14（a）条“为保护公共道德或维护公共秩序所必需的措施”，这一“公共道德例外”在专家小组和上诉机构的报告中多次被提到。“公共道德”的内容二者是相同的，但 GATS 比 GATT 1994 多出了“公共秩序”一词，在 GATS 注释 5 中做出了这样的补充解释，“只有在社会的某一根本利益受到真正的和足够严重的威胁时，方可援引公共秩序例外”。从这一注释中可以看出“公共秩序”例外所要求的条件要严于“公共道德”例外所要求的条件。“将公共道德例外条款加入

① Knight. Dual Nature of Cultural Products，186.

② 曾令良，陈卫东. 论 WTO 一般例外条款（GATT 第 20 条）与我国应对的对策［J］. 法学论坛，2001（4）.

③ 赵维田. 世贸组织（WTO）的法律制度［M］. 长春：吉林人民出版社，2002.

国际贸易协定已成为一种标志性做法，有近百条贸易协议包含了该条款。公共道德例外条款也已经成为双边自由贸易协定的一项准则。事实上，这些条约的谈判国大都选择起草相同的内容或者直接将 GATT 1994 的例外条款纳入条约。许多国家声称为了公共道德而制定了贸易限制措施，使该条款在实践中得到了广泛的应用。”①

除了这一区别之外，GATT 1994 第 20（f）“为保护具有艺术、历史或考古价值的国宝所采取的措施”这一规定在 GATS 中没有对应的规定。与前述“公共道德”例外不一样，根据 GATT 1994 第 20（f）的含义，缔约方出于保护“国宝”的目的可以对某些产品的贸易采取限制措施，但是这一规定是否可成为 GATT 规则中的文化产品贸易例外的依据还存有争议。“比如只有那些陈列于博物馆中的文化实体，才可以作为自由贸易原则的例外。”② 这一规定为文化产品的例外提供了一定的灵活性，但是在 GATT 1994 的条文中并未对“国宝”的含义做出解释；另外，从现有的专家小组或上诉机构所做出的报告中，也找不出针对于这一条款的解释说明。要使这一条款适用于普通的文化产品，还存在一些限制：第一，要适用这一规定解决争议，必须确定争议的对象不仅是“宝藏”，而且还必须是“国家”的。第二，这一例外并没有涉及“文化价值”，根据本条款的规定，其仅涵盖了“艺术、历史或考古价值”。从这一点上来看，新出现的这些技术所产生的文化产品就很难去说其具有历史或考古价值，当然在艺术价值这一点上也要有充分的证据去证明。因此，这一例外虽表面上看与文化产品相关，但作为文化产品例外的依据的确困难。

---

① 李先波，徐莉. GATT“公共道德例外条款”探析［J］. 湖南师范大学社会科学学报，2010（1）.

② Frederick Scott Galt. The Life，Death and Rebirth of the“Culture Exception”in the Multilateral Trading System：An Evolutionary Analysis of Culture Protection and Intervention in the Face of American Pop Culture's Hegemony［J］. Wash.U.Global Stud.L.Rev.

思考题

(1) 世界贸易组织规则中与国际文化贸易相关的规则有哪些?

(2) 中国在加入世界贸易组织的协议中对文化贸易的承诺有哪些?

(3) 自身例外条款的范围涵盖哪些方面?

(4) 在自身例外条款中，有关电影片的特殊规定是什么?

第五章

世界主要地区对外文化贸易

本章导读

伴随着各国对文化产业及贸易的重视，各国之间开始频繁地进行文化交流，为文化产业及贸易的发展提供了有利的条件。一国对外发展文化贸易具有很大的价值，不仅能够带来巨大的经济价值，而且还能扩大该国的文化在国际上的影响力，可以说是一举两得。当今经济时代，文化贸易在国际贸易中日益重要，是各国在贸易中的重点发展及竞争领域。因此，各国都看到了文化贸易发展的前景及意义，都开始重视本国文化贸易的发展及竞争力，政府采取各种政策和措施来推动本国文化贸易的发展，扩大文化产品及贸易的出口，从而也扩大了本国文化在国际上的影响力，获得国际文化贸易市场中的优势地位。

主要内容

(1) 美国对外文化贸易现状及其特点。

(2) 欧洲对外文化贸易现状及其特点。

(3) 日本对外文化贸易现状及其特点。

(4) 韩国对外文化贸易现状及其特点。

学习目标

了解美国对外文化贸易现状及其特点、欧洲对外文化贸易现状及其特点、日本对外文化贸易现状及其特点、韩国对外文化贸易现状及其特点。

第一节　美国对外文化贸易

一、美国对外文化贸易现状

（一）美国文化贸易发展环境

文化产业是文化产品贸易发展的基础，认识美国文化产品贸易发展的环境，首先分析美国针对文化产业的发展阶段。美国文化产业的发展大致可以分为以下三个阶段：

第一阶段是从 20 世纪 20 年代到第二次世界大战前后，该阶段为美国文化产业的萌芽并独立发展阶段。文化产业的各个分支以一种自发性的方式逐步发展起来，本国经济的发展为文化产业的发展奠定了坚实的基础，文化产业的发展得益于美国本国的推动力。这个阶段美国文化产业发展的重要原因主要有三点：第一，科技的进步不断促使文化产品和文化服务与科技融合，一方面使得文化产品贸易的领域不断扩展；另一方面不断降低了文化产品成本，从而推动美国文化产业不断升级，实现文化产业的巨大发展。第二，整体经济的发展推动各个领域的改革，促进文化产业结构调整，为文化产业发展提供持续发展动力。第三，本国经济的发展引发国内消费结构的变化，人们生活水平的提高、收入的提高，带动文化产品的消费，实现文化产业的快速发展。

第二阶段是从第二次世界大战之后到冷战结束，该阶段为美国文化产业的飞速发展阶段。计算机、软件、媒体、光纤、数码信息等信息技术在这个阶段取得飞速发展，成为文化产业发展的动力支持。东西方冷战的政治大格局下，美国新闻署（USIA）成立后的主要职能是向外宣传美国的价值观，在一定程度上减少了“文化折扣”的产生，推动了美国文化产品贸易的发展。美国采取新自由主义经济政策，政府重视市场经济、主张自由贸易、减少政府干预，极大地刺激了美国文化产业的发展，一方面实现了美国文化产业的迅速扩张，另一方面实现了美国文化产业的全球兼并和垄断。

第三阶段是从冷战结束至今，该阶段为美国文化产业的稳定发展阶段。全球各国竞相重视并推动世界文化产品贸易发展，经济全球化、信息多元化、文化竞相融合带动传统文化产业的转型升级，实现文化产业与信息技术的融合。网络技术、信息技术进一步推动全球化的进程，带动包括美国在内的其他国家文化产业的发展，文化产品在国际间的流动实现了文化产品贸易的发展。伴随着国际市场需求的扩大，美国文化产业实现稳步发展。

总体上说，美国文化产品贸易的发展政策可以归结为“放松管制与对外扩张并举”。美国虽然在文化政策制定方面与其他国家不同，并未设立文化部，但是其文化政策渗透到国家整体战略和政治、军事、外交和贸易政策中。美国以这种“放松管制”政策为口号，通过诸如好莱坞电影等文化产品，向其他国家尤其是第三世界国家输出文化产业中的意识形态、价值观，由此形成“文化帝国主义”。美国的文化产品贸易政策主要表现在两个方面：一方面，对内采取放松管制的方式，推动国内文化产业竞争，实现文化产业多元化发展；另一方面，对外大力重视文化产品贸易发展，将文化视为与军事、经济同等重要的“软实力”，向外极力宣扬自身价值观、生活方式等意识形态，为建立美国的世界霸权服务，推动本国文化产品贸易发展。

（二）美国文化贸易规模

美国的文化产业在世界处于领先地位，是世界文化产业强国。美国具有 400 多家大规模公司，其中文化企业占比达 18%，达到 72 家。在全球大规模文化企业中，美国拥有一半以上。美国生产并制造了全球 75%的电视节目，并不断向外输出。在全球电影市场中，美国的电影产量虽然仅占全球电影产量的 6%，但美国在向全世界输出电影的过程中也同时输出本国的文化价值观，其电影市场占有率高达 80%以上。2009 年美国文化产业增加值约 37890 亿美元，占同期国内 GDP 的 25%。而同期中国文化产业增加值占国内 GDP 的比重仅为 3.48%，该比例仅仅为美国的 1/7。美国核心文化产业和文化贸易的进出口总额位居全球首位。

美国向来十分重视“版权产业”，认为文化产业以知识产权为核心，向社会大众提供精神产业和文化服务。因此，在美国，文化产业被形象地称为“版权产业”、“娱乐产业”。为了研究美国文化产品贸易规模，本书从美国“版权产业”的贸易出发，分析美国文化产品贸易中版权产业的进出口情况。

从表 5-1 中我们可以看出，2004~2012 年，美国版权产业进出口贸易总额逐年增长，版权产业进出口总额巨大。版权进出口差额常年处于顺差，并且版权进出口顺差逐年增加，美国是全球主要版权输出国。

表 5-1　2004~2012 年美国版权产品贸易额

单位：百万美元

年份	版权出口总额	版权进口总额	版权进出口总额	版权进出口差额
2004	67094	23691	90785	43403
2005	74448	25577	100025	48871
2006	83549	25038	108587	58511
2007	97803	26479	124282	71324
2008	102125	29623	131748	72502
2009	98406	31297	129703	67109
2010	107521	32551	140072	74970
2011	120717	34786	155503	85931
2012	124182	39889	164071	84293

注：版权进出口差额 = 版权出口总额 - 版权进口总额，正数代表进出口顺差，负数代表进出口逆差。
资料来源：《美国统计年鉴》。

关于美国文化服务进出口贸易，美国长期处于全球领先地位，2001 年美国文化服务进出口贸易额为 134.82 亿美元，远远高于其他国家，同期中国文化服务进出口贸易额仅为 1.56 亿美元。2009 年美国文化服务进出口贸易总额为 315 亿美元，比 2001 年同比增长了 133.68%。

从表 5-2 中我们可以看出，2001~2009 年，美国文化服务进口、出口、进出口总额逐年增长，并且保持持续顺差，进出口差额从 2001 年的 129.98 亿美元增长到 2009 年的 237.4 亿美元，增加了近一倍，表明美国文化服务持续向其他国家输出，美国长期处于文化输出国的地位。

表 5-2　2001~2009 年美国文化服务贸易额

单位：亿美元

年份	文化服务出口总额	文化服务进口总额	文化服务进出口总额	文化服务进出口差额
2001	132.40	2.42	134.82	129.98
2002	130.70	2.74	133.44	127.96
2003	142.70	4.12	146.82	138.58
2004	151.00	8.17	159.17	142.83
2005	139.20	19.20	158.40	120.00

续表

年份	文化服务出口总额	文化服务进口总额	文化服务进出口总额	文化服务进出口差额
2006	256.50	30.40	286.90	226.10
2007	288.50	31.00	319.50	257.50
2008	269.10	36.70	305.80	232.40
2009	276.20	38.80	315.00	237.40

注：文化服务进出口差额 = 文化服务出口总额 – 文化服务进口总额，正数代表进出口顺差，负数代表进出口逆差。

资料来源：联合国贸易与发展会议统计数据库（UNCTAD STAT）。

（三）美国文化贸易结构

美国是文化产品贸易大国，文化产品贸易在美国作为等同航天工业的重点产业扶持。研究美国文化产品贸易结构，本书着重研究以知识产权为核心的版权产业的文化产品贸易结构。在前文中我们已经分析了美国版权产业贸易的规模，本部分侧重于分析美国版权产业进出口的贸易结构。

1. 贸易市场

2012 年，美国版权产业进出口贸易总额达 1640.71 亿美元，比上年同期增长了 5.5%，其中版权产业出口总额为 1241.82 亿美元，比上年同期增长了 2.87%，版权产业进口总额为 398.89 亿美元，同比增长了 14.67%。版权产业进出口贸易实现贸易顺差。

美国的版权产业进出口贸易市场分布全球，几乎各大洲都存在版权进出口贸易，但主要的版权产业进出口贸易伙伴市场位于欧洲和亚洲。2012 年，美国版权产品出口欧洲贸易总额达 593.51 亿美元，占版权产品出口总额的 47.8%；出口亚洲版权总额达 387.01 亿美元，占版权产品出口总额的比重达 31.2%。欧洲市场和亚洲市场所占比重将近八成，如图 5–1 所示。

美国版权进口市场分布全世界，但主要版权进口市场为欧洲和亚洲。2012 年美国版权产品进口于欧洲的贸易额达 237.12 亿美元，占美国版权产品进口总额的比重高达 59.45%；版权产品进口于亚洲的贸易额达 110.49 亿美元，占版权产品进口总额的比重达 27.37%。欧洲和亚洲两个版权进口市场所占比重约为 87%，如图 5–2 所示。

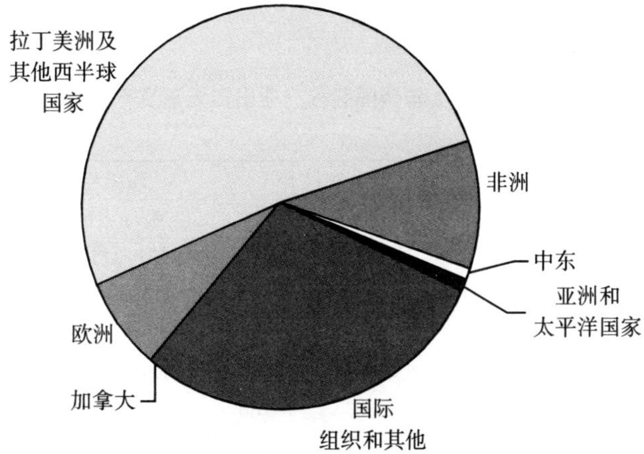

图 5-1　美国版权出口市场结构

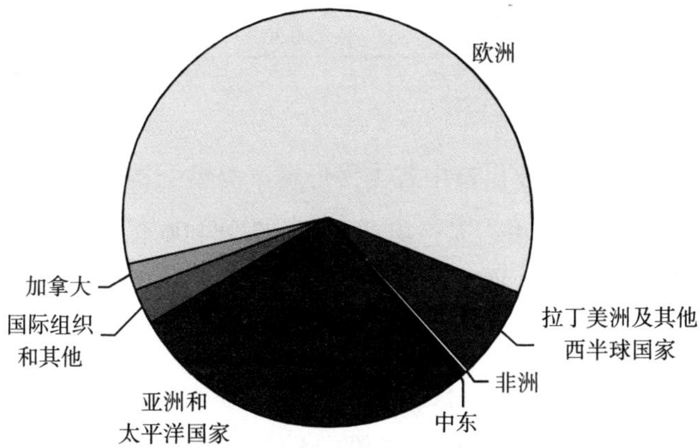

图 5-2　美国版权进口市场结构

从以上的分析我们可以发现，美国版权产业进出口市场主要集中于欧洲市场和亚洲市场，并且这两个市场所占份额达八成以上。

2. 无形资产结构

美国对于版权产业贸易分为多种类型，其中包括工业过程（Industrial Processes），书籍、唱片和磁带（Books, Records and Tapes），电视、电影（Film and Television Tape Distribution），广播及现场活动记录（Broadcasting and Recording of Live Events），特许经营费（Franchise Fees），商标（Trademarks），一般电脑软件（Gcneral Usc Computer Software）和其他无形资产（Other Intangibles）八种。本书将分别从版权产品进口和版权产品出口分析各个无形资

产的比例，如表 5-3 所示。

表 5-3　2009~2012 年美国版权产业出口无形资产类型结构

单位：百万美元

	2012 年		2011 年		2010 年		2009 年	
	金额	占比（%）	金额	占比（%）	金额	占比（%）	金额	占比（%）
总额	124182	100.00	120717	100.00	107521	100.00	98406	100.00
工业过程	42777	34.40	42675	35.40	36333	33.80	34865	35.40
书籍、唱片和磁带	1771	1.40	1457	1.20	1617	1.50	1465	1.50
电影、电视	16222	13.10	14567	12.10	13690	12.70	13731	14.00
广播及现场活动记录	842	0.70	781	0.60	579	0.50	550	0.60
特许经营费	5968	4.80	5775	4.80	4790	4.50	4294	4.40
商标	16808	13.50	16460	13.60	14340	13.30	12363	12.60
一般电脑软件	39544	31.80	38647	32.00	36008	33.50	31017	31.50
其他无形资产	251	0.20	355	0.30	163	0.20	120	0.10

资料来源：美国国家统计局。

表 5-3 为美国版权产业出口中各类无形资产类型结构，2009~2012 年，版权产业出口贸易总额规模逐年扩大，由 2009 年的 984.06 亿美元增长至 2012 年的 1241.82 亿美元，增长了 26.2%。从各类无形资产版权产业出口来看，各类无形资产版权产业出口都呈现逐年增长的态势，出口比例最大的是工业过程和一般电脑软件。其中，2012 年美国版权产业出口中工业过程类别出口的版权金额达 427.77 亿美元，占版权产业出口贸易额的 34.4%；一般电脑软件类别出口的版权金额达 395.44 亿美元，占版权产业出口贸易额的 31.8%；广播及现场活动记录，书籍、唱片和磁带及其他无形资产这三类所占的比例最低。

从 2009~2012 年来分析八大类别的版权出口比例结构，我们可以发现，工业过程和一般电脑软件这两个类别的平均结构占比约为三成；电影、电视和商标这两个类别版权出口的平均结构占比约为一成，而其他四种类别的占比较低，均不足一成。

表 5-4 为美国版权产业进口中各类无形资产类型结构，2009~2012 年，美国版权产业进口贸易总额逐年增加，2012 年美国版权产业进口贸易总额达 398.89 亿美元，比 2009 年增加了 85.92 亿美元，增长了 21.54%，从各类无形资产版权产业进口来看，各种类别进口额具有不同程度的上涨。

表 5-4 2009~2012 年美国版权产业进口无形资产类型结构

单位：百万美元

	2012 年		2011 年		2010 年		2009 年	
	金额	占比（%）	金额	占比（%）	金额	占比（%）	金额	占比（%）
总额	39889	100.00	34786	100.00	32551	100.00	31297	100.00
工业过程	22777	57.10	20555	59.09	18847	57.90	17914	57.24
书籍、唱片和磁带	1366	3.42	1021	2.94	913	2.80	794	2.54
电影、电视	2648	6.64	2064	5.93	1661	5.10	1912	6.11
广播及现场活动记录	1547	3.88	407	1.17	1053	3.23	240	0.77
特许经营费	183	0.46	211	0.61	111	0.34	132	0.42
商标	4334	10.87	4700	13.51	4524	13.90	4005	12.80
一般电脑软件	6861	17.20	5686	16.35	5228	16.06	6203	19.82
其他无形资产	171	0.43	141	0.41	214	0.66	98	0.31

资料来源：美国国家统计局。

从 2009~2012 年各类数据分析，各类无形资产类别比例中，占版权产业进口份额最大的是工业过程，四年均保持在 57%左右；一般电脑软件类别进口份额约占两成；商标类别进口份额为一成左右，而其他类别的进口额所占比重均较低。

二、美国对外文化贸易运营

美国无论在经济实力还是在科技实力方面，都为文化贸易的发展提供了一个良好的基础。美国政府及文化贸易有关部门的一系列有效运作，使美国文化贸易独霸全球文化市场。[①]

（一）美国极力倡导的自由经济是其文化贸易资本的最大受益者

美国没有统一的文化政策，对国内文化市场的监管方式与钢铁、汽车等其他产业没有区别，同等对待文化贸易与其他产业部门。美国政府认为文化贸易在经济领域不具有特殊地位，文化产品与钢铁、汽车等产品没有什么不同，文化不需要特殊规划和保护，政府所应做的是为文化企业的经济活动以及个人的文化创造搭建一个公平竞争的平台。美国政府认为对于文化发展来说，最为重要的不是扶持优秀特色文化，而是营造和维护一个能够让各种声音得以表达的环境，同时也需保证受众能够有充分的选择机会。随着海外文化市场的扩大，美国在文化管理

① 李小牧. 国际文化贸易［M］. 北京：高等教育出版社，2014.

方面不拘泥于固定手段，在保证美国文化贸易的全球竞争力的前提下，随着情况的不同而不断调整。正是在美国倡导的自由经济下，一方面美国文化商品肆无忌惮地冲击着其他国家的文化市场；另一方面美国文化贸易依赖于跨国公司的增加以及对外投资的增长，在很大程度上，如今的美国文化贸易更多的是由跨国公司来运作。

（二）美国利用电子媒介向世界推广文化产品和价值观念，使其文化扩张到世界各个角落

美国文化霸权地位的取得除了政治和经济因素外，科技因素占据很大比重，尤其是大众传播媒体，它直接构成了美国对外文化贸易的输出器。随着美国通信网络的全球扩张，美国成为世界范围内大众传播的最大受益者，同时也是全球大众传媒的总策划和总导演。

（三）美国利用开放战略运营向全世界倾销其文化价值、信仰、观念

美国不设文化管理部门，甚至不制定文化政策，就是为了保护言论自由和产业自由，美国貌似空白的文化策略随即转化为一种市场策略，它是一种高度“开放”的战略。但在实际操作中，企业和政府两个方面的推广最终会合二为一，企业的经营性活动会受到政府支持，而政府出台的文化政策则会被各跨国文化企业所奉行。当任何国家和民族的文化对美国文化中心地位构成威胁时，美国就会通过政治和经济的手段予以回应。

三、美国对外文化贸易特点

随着20世纪80年代末冷战的结束和此后苏联的解体，美国成为世界上唯一的超级大国。这个世界超级大国所依靠的除了其强大的军事实力，还有其强大的经济实力。根据国际货币基金组织（IMF）的测算，2012年美国GDP总和达15.7万亿美元，占世界总GDP的近21.9%，并远远超过了排在后面的中国（8.2万亿美元）和日本（5.9万亿美元）。支撑美国经济的支柱早已不再是传统的农业、工业，而是以知识经济和文化产业为核心的第三产业。总结美国对外文化贸易的特点，主要有以下四个方面：

（一）美国是文化贸易强国

美国已成为文化贸易世界强国，据不完全统计，近十年来美国文化经营总额每年高达数千亿美元，美国的文化产业已经超过航天航空工业，居出口贸易额的第一位，占 40%的国际贸易市场份额。无论是电视、电影、体育还是与旅游相关的文化产业，美国始终走在世界市场的前列。

美国影视业堪称世界之最。美国电影在世界上 160 多个国家和地区放映。2012 年，美国生产电影 726 部，最终发行 677 部。该年美国电影在全球市场上的票房总额为 347 亿美元，而海外市场票房收入达到 239 亿美元，远远超过 108 亿美元的国内票房收入，如图 5-3 所示。

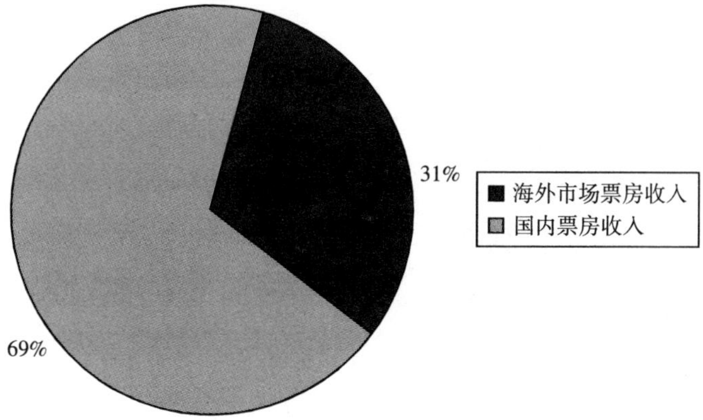

图 5-3 2012 年美国电影票房收入

2012 年，好莱坞电影北美观影人次达到 13.6 亿人。美国公司出产的影片产量只占全球影片产量的 6.7%，却占了全球总放映时间的 50%以上，全球电影票房的 2/3。尤其是近几年，好莱坞的巨制电影、三大电视网络中的娱乐节目以及时代华纳的流行音乐经营更是火爆。在每年美国商品的出口项目当中，文化产品与服务总是名列前茅。

此外，美国拥有世界上最强大的广播电视产业集团，控制着世界网络媒体的发展趋势。美国拥有世界上最具活力的电视产业，它控制着全球 75%的电视节目的制作和生产，每年面向 160 多个国家和地区售出的节目时间长达 30 多万小时，基本上垄断了世界节目市场。在许多第三世界国家，高达 60%~80%的电视节目来自美国，几乎成了美国电视的转播站。

美国旅游文化产业发展势头迅猛。海外游客所到之处，各种旅游文化商品应有尽有，让人眼花缭乱、目不暇接。演出市场十分活跃，在纽约百老汇，一条街上汇聚了若干家剧场，针对不同年龄、不同层次的观众，演出不同的剧目。好莱坞的环球影视城也是典型的娱乐市场，每天进入影视城的游客不低于10万人次。

美国网络游戏软件的销售额由1996年的37亿美元增长到2002年的69亿美元，销售量由1996年的1.05亿套增长到2002年的2.217亿套。2009年，美国计算机网络游戏消费总额已经突破18亿美元，达18.5亿美元，较2008年增长10.8%。如图5-4所示，其中大型网络游戏占最大比重，为10.4亿美元（56%），休闲类网络游戏与其他网络游戏分别为5.4亿美元（29%）和2.7亿美元（15%）。

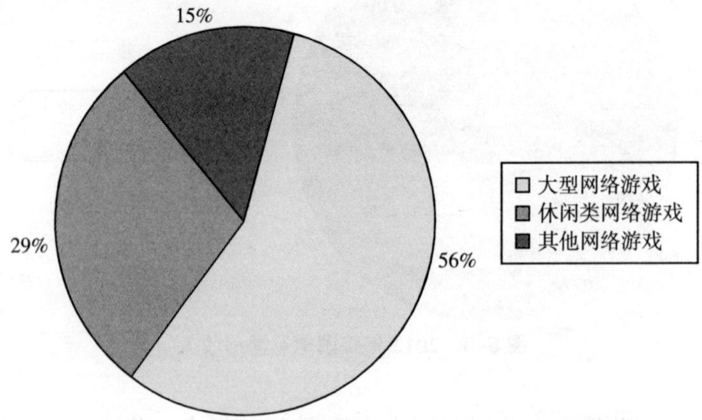

图5-4　2009年美国计算机网络游戏消费额比例

在美国，网络文化产业是其文化内容产业中最具发展潜力的一个组成部分，数字内容产业（不包括数字网络硬件及其外延产品）作为网络文化产业的核心，在美国的年产值已高达7000亿美元，成为美国第一大出口产业，年增长率为40%。网络文化产品的出口额占其出口总额的13%以上。从网络出版到网络影视音乐乃至网络游戏，美国占尽先机，雄霸世界网络文化产业市场。

并非所有的美国文化产业都在世界上占据霸权优势，流行音乐、出版产业、广播电视产业的影响力与影视产业相比有一定的差距。但是，美国在这些领域的弱势也只是相对而言。虽然世界六大唱片集团公司中只有一家是以美国为主体，但是美国的音乐唱片发行在国际市场上的占有率超出20%的份额，在世界上只此一家。2011年，美国图书总销售额为272亿美元，占同年世界图书销售总额的

30%。美国的报纸、期刊也都有着同样惊人的经济、文化效益。最为重要的是，美国的这些文化产业部门享有世界其他国家无法比拟的经济利润。

（二）美国大型文化贸易企业居于垄断地位

美国的前五大传媒集团分别是时代华纳集团、迪士尼集团、维亚康姆集团、新闻集团和通用电气集团。如图 5-5 所示，2011 年，这五大传媒集团年收入分别是：268.9 亿美元、380.6 亿美元、149.1 亿美元、334 亿美元和 151.7 亿美元，五大传媒巨头一年的总收入为 1284.3 亿美元。

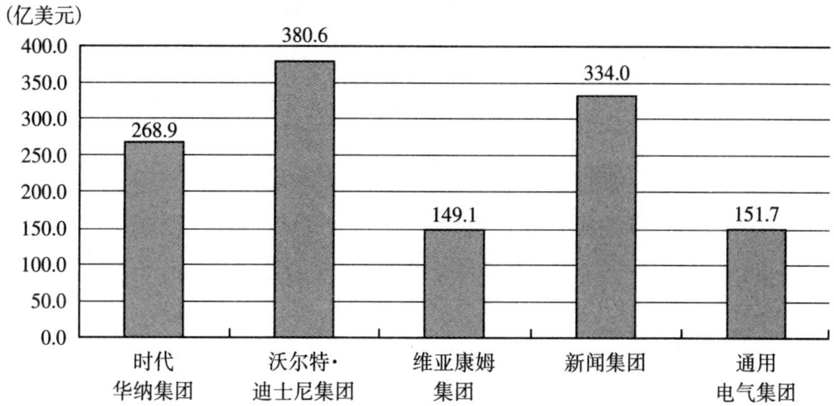

图 5-5 2011 年美国五大传媒集团总收入

以迪士尼公司为例，迪士尼在全球拥有无与伦比的娱乐以及新闻品牌优势，其麾下有 590 家遍布全球的零售商店，与成千上万家制造商和零售商有买卖和特许关系。在全球化基础上，迪士尼成功地将其媒介品牌同零售品牌结合在一起。1955 年 7 月 17 日，位于洛杉矶的首个迪士尼乐园正式建成。它标志着迪士尼公司的经营范围从纯粹的文化产品和文化产业，扩张到相关的“亚文化产业”——主题公园文化旅游业。目前，迪士尼已在美国、日本、法国、中国等国家建设了主题公园进行品牌经营。此外，迪士尼还建立了 ESPN 体育周刊、ESPN Grill 连锁饭店，拥有 72 家电台，涉足电子商务和无线通信服务领域。迪士尼的 ESPN 国际频道已成为世界体育电视频道的领头羊，用 21 种语言向超过 165 个国家和地区播放。1998 年，迪士尼总盈利中有 17%来自美国本土以外的国际市场，达 38 亿美元，盈利增长了 20%，达到 17 亿美元，现金流动增长 17%，达到 7 亿美元。迪士尼深谙“合作增值”之道，每吸纳进一个媒介品牌就能尽其所用，发挥出该品牌的最大价值潜能，其制作的卡通电影通常都能够通过广告效应和其他途径获得比电影票房收入更高的利润。

（三）美国注重知识产权的贸易和保护

事实上，美国的文化产业即版权产业。美国版权产业增加值已成为美国 GDP 的主要构成部分之一，其增速也显著高于 GDP 的增速。美国版权产业每年为全美劳动者稳定地提供就业岗位 1000 万个以上，且从业者薪酬水平普遍高于其他产业的从业者。在海外市场销售和出口收入方面，版权产业的表现也优于其他产业。美国版权产业在对 GDP、就业市场、海外市场销售和出口收入三方面的突出贡献和优异表现使版权产业成为美国的支柱产业。同时，美国版权产业以其巨大的规模和强大的活力持续推动美国经济增长，在美国经济中发挥着至关重要的作用。

美国将版权产业划分为四个产业组：

（1）“核心版权产业”（Core Industries），是指那些主要是为了创造、生产、发行或展示版权产品的产业，包括报纸、图书、期刊、电影、唱片（录音带）、音乐出版、广播电视播放以及计算机软件（包括商业性软件和娱乐软件）等。

（2）“部分版权产业”（Partial Copyright Industries），是指它们中有一部分活动关系到作品和其他保护内容，活动涉及创造、生产和制造、表演、传播和展出、发行与销售。这些产业包括服饰、珠宝、其他手工艺、家庭用品、玩具和游戏用品、建筑设计、工程设计以及博物馆等。

（3）“非专用支持产业”（Non-Dedicated Support Industries），是指这些产业中的部分活动关系到促进作品和其他受保护内容的播放、传播、发行或者销售，其活动没有包含于核心版权产业，包括批发与零售业、运输业以及通信与互联网等。

（4）“相互依赖的版权产业”（Interdependent Industries），是指从事设备的生产、制造和销售的产业，上述设备的功能全部或主要是促进作品和其他保护内容的创造、生产或使用，包括电视机、录像机、照相机、乐器以及空白刻录材料和特种纸张等。

美国版权业的发展对美国外贸和出口贡献极大，超过了其他主要经济部门。2010 年，美国核心版权产业的行业增加值达到 9318 亿美元，约占美国整个国民生产总值的6.36%。同年，整个版权产业的行业增加值为16269亿美元，占整个国民生产总值的11.1%。2007~2010年，核心版权产业和整个版权产业所取得的实际年增长比率比美国整体经济的增长率都要高。2010年，美国核心版权产业的就业人数达510万人，整个版权产业就业人数为1060万人。核心版权产业从业者的人均工资超过了美国经济整体从业者人均工资的27%。整个版权产业支付给从业者的人均年薪比美国工人的人均年薪高15%。美国版权产品的销售额在海外市场不断增长。版权产业2007年在海外市场的销售额为1280亿美元，2010年达到1340亿美元。版权产业的海外销售大大超过了美国其他产业，如汽车、农产品、食物和制药。

在过去的20多年中，美国国际知识产权联盟（IIPA）和它的成员协会通过与美国政府合作，努力提高依靠版权的各类公司在外国市场中成功发展业务的能力。这些努力使得这些国家在版权法的立法、执法以及降低市场准入壁垒等方面都被迫做出了“重要”的应对举措。这些举措对美国创意产业的收入和就业产生了持续性的积极影响，不仅帮助了知识产权产业成为美国出口和外贸最大的贡献者之一，也推动了美国整体经济的增长。与此同时，这些举措也使这些国家创意产业的个人和企业受益。

除了巨大的成就，在版权产业以及经济的总体发展上，美国的知识产权业也面临着来自盗版的重大挑战。美国的各研究报告均指出，尽管版权产业取得了很大的发展，为国民经济和社会带来的创意、创新、投资、就业和文化的收益，但同时也面临着来自盗版所带来的严峻挑战，肆虐的网络与实物盗版严重影响了创意产业的生机与活力。盗版抑制了版权经济在美国和世界其他地区的增长。盗版问题是版权经济生死存亡的攸关因素，因此，必须在全球加大对盗版的打击力度。

（四）美国强劲的海外投资实力

第二次世界大战后世界各国跨国公司越来越多，但规模大和实力强的大多是美国公司。20世纪60年代中期，美国公司已控制全世界海外直接投资的60%，3300个美国海外跨国公司控制着约23000个分支机构。随着美国企业生产集约化程度不断提高，美国国内资本的集中也大大增强，1950~1968年，最大的200家公司所控制的制造业资产从46%增长到66%，几乎控制美国海外投资的全部。这些美国公司凭借其高效的管理和先进的技术，政治上依仗美国的全球霸权，以及美元在世界货币体系中的特殊地位，其海外资本输出的速度大大加快。

1946年美国海外直接投资额仅72亿美元，1970年增加到782亿美元，增加了10倍以上。美国对外投资飞跃增长的背后，根本动力是跨国公司从国外活动中得到越来越高的利润。美国商务部1972年7月对11个工业部门的178家大公司的研究表明，有122家公司从国外得到的利润率高于它们在国内的企业，甚至在1969~1970年美国经济衰退期间，这类公司中有90家从国外至少获得其利润总额的25%，有38家获得50%或更多。1971年，主要资本主义国家20家最大的跨国公司中，美国占14家，排名前10位中，美国占8家，其中通用汽车公司名列榜首。1950~1977年美国海外公司利润总额超过800亿美元，利润再投资约700亿美元，利润率平均在14%左右，石油业利润更高，1976年和1977年分别达到1715%和1818%，在发展中国家的石油业投资利润率甚至高达12715%。

美国海外投资包括私人投资和政府投资两大类。美国对资本主义发达国家的投资重点是私人投资，对发展中国家的投资除私人投资外，政府投资也占重要地位。据1971年统计，政府投资的70%投在发展中国家。实际上，第二次世界大战后美国公司的海外扩张，大部分主要资金并不是来自美国，美国公司所起的作用只不过是自己充当中间人为自己筹资，但跨国公司提供“专门技能”和“先进的管理方法”，而这使它们进一步把世界市场紧密联系起来。

美国的文化产业投融资主要依靠贸易政策和高额利润吸引国际资本投资。美国经常采用贸易保护主义，对外国进口文化商品课以重税。在这种情况下，外国文化产品要进入美国市场，只能采取直接投资的方法。同时，贸易保护政策也造成市场封闭，限制国际竞争国内化，在一定程度上促成了美国国内较高的利润回报率，从而吸引大量国际资本投资美国文化产业。可以说，美国文化产业的商业神话依靠的不仅是国内资金的集中，还有外来投资的激活和推进，从而得以在国际市场上一直立于不败之地。

文化产业开放程度最大的当属美国，美国的娱乐产业资金流是双向的。一是美国的跨国文化公司不断开拓国际市场，触角遍布全世界，如迪士尼、维亚康姆等专门从事娱乐产业的跨国公司在全球范围内寻求被投资对象；二是美国政府鼓励外国资本通过直接投资进入美国市场，近些年来自日本、英国、加拿大等国的大量资本不断流入美国，美国文化产业的投资者，无论是好莱坞的电影制片厂还是流行音乐的唱片公司，都是以外来跨国资本为主的，如日本的索尼公司。但在出版、传播等与国民意识形态引领紧密相关的领域，则一般不对外资开放。

与普通商业投资相比，投资美国文化产业的回报更为巨大和迅速。当然，仅靠高投入是不行的，美国的文化产业深知市场的重要性，它们严格按市场规律办事，通过产品开发、建立全球销售网络、宣传促销和捆绑销售等多种手段和方法，以实现利润最大化。迪士尼可以说是这方面的行家里手，在全球大规模的广告和促销攻势的配合下，迪士尼一般分五步获取最大盈利：票房收入是第一轮收入；发行录像带、DVD 是第二轮收入；迪士尼主题公园的推广是第三轮收入；特许经营和品牌专卖是第四轮收入；通过电视媒体获取最后一轮收入。据统计，在迪士尼的全部收入中，电影发行加上后续的电影和电视收入只占 30%，主题公园的收入占 20%，其余的 50%则全部来自品牌销售。

第二节 欧洲对外文化贸易

一、欧洲主要国家文化贸易现状

深厚的历史文化底蕴、良好的经济基础、领先的科学技术、完善的社会机制等，都是欧洲文化产业与贸易发展的有利条件。分析其文化产业的模式和经验，政府的主导作用、各种非政府组织的积极联动，以及注重创新、注重文化产业人才培养的社会氛围等，更是促使欧洲文化产业与贸易发展的重要因素。欧洲是传统的文化产业与贸易繁荣发展的地区，以下将以具有代表性的欧洲国家为例来介绍其文化贸易发展概况。

（一）英国文化贸易现状

20 世纪中叶以后，随着发达国家经济的转型，尤其是城市逐步从工业福特主义[①] 的大批量生产型向灵活生产的服务型新经济转变，以第三产业为主的新经

① 福特主义即一种以福特汽车为代表的刚性生产模式，其特点为以市场为导向，以分工和专业化为基础，以低价为竞争手段。

济比重不断上升。当代经济中，增长和创新的前沿是由诸如高科技产业、新工艺制造、商业和金融服务及文化产业等部门组成，而且这些部门共同组成了新的经济形式。伴随着“新经济”的发展，文化产业从理论的争论逐渐走到政策领域，文化产业政策成为社会经济政策关注的重要内容。1997 年，英国工党上台后，抛出文化产业政策，英国文化、媒体和体育部将其称为“创意产业”，以突出其知识性特征。基于此，英国的创意产业涵盖了广告、建筑、艺术和古董市场、手工艺、设计、时尚设计、电影、互动休闲软件、音乐、电视和广播、表演艺术、出版和软件 13 个部门。

在政府支持下，英国创意产业迅速发展，其发展速度是经济增长的两倍，所创造产值年均近 600 亿美元，占国民生产总值的 8%左右，超过任何一种传统制造业创造的产值。创意产业也是英国容纳就业的第一大新兴产业，1997~2006 年，创意产业从业人员数量从 156.9 万人上升至 190.6 万人，年均增长 2%；2007 年进一步增至 197.8 万人，增长率近 4%；2010 年下半年，创意产业人群已与金融业规模相当。目前，创意产业已成为英国经济增长的动力源，英国也因此成为仅次于美国的第二大创意产品出口国。

（二）法国文化贸易现状

法国将文化产业定义为：一系列把文化的概念、创造、产品的特性与产品的制造和商业销售联系起来的经济活动。工业革命开始之初，法国工业区的划分并不明显，到处都是小的造纸厂和皮革厂。随着工业化的发展，工业逐渐与农业分离，形成了新的工业中心。2003 年，法国文化产业部门吸收就业人口约 25 万人，企业 19500 家。与此同时，具有“新经济”内涵的文化产业在法国经济发展中的地位日趋上升。

法国文化产业中的出版业在世界出版市场上占据重要地位。法国最大的出版集团阿歇特集团 2006 年的营业额超过 20 亿欧元，年利润额接近 1 亿欧元。全国有 136 种法文日报，年发行总量 90 亿份。

戏剧、博物馆与历史名胜也是法国文化行业中的重要组成部分。每年约有 50000 场戏剧演出，吸引着 800 万固定观众，除了巴黎及其郊区的大剧院、外省城市的大剧院和阿维尼翁戏剧节之外，还有 1000 多个独立的戏剧公司在发展。法国约有 1200 座博物馆，每年吸引几千万参观者。仅卢浮宫、凡尔赛宫和奥塞博物馆，每年就接待 1500 万游客。此外，有 1500 多座纪念性建筑物向公众开放，每年接待的参观者约 800 万人。

法国的文化产业覆盖面广、涉及行业众多。除了“视觉艺术，表演艺术，出版、印刷，视听”之外，富含创意的传统奢侈品行业所涉及的传统工艺领域，如高级成衣、香水、皮革以及餐饮、旅游等也成为文化产业的重要内容。

（三）德国文化贸易现状

在德国产业排行榜中，文化产业产值仅次于机械产业和汽车产业，是第三大产业，远超化工、能源产业等。

德国文化产业中最发达的是出版业和会展业。它是仅次于美国的第二大出版国，年发行新书 8 万多种，图书年销售额高达 80 多亿欧元。法兰克福书展是全球参展规模最大与参观人数最多的国际书展。德国还是世界第一会展大国，国际专业博览会约有 2/3 在德国举办，如汉诺威计算机博览会、柏林国际旅游博览会等。汉诺威、法兰克福、慕尼黑等一批重要会展城市的蓬勃发展也为提升德国在国际会展业中的地位起到了积极作用。

二、欧洲对外文化贸易特点

（一）欧洲拥有文化贸易传统强国

英、法等欧洲国家凭借其悠久的历史资源和发达的经济一直走在全球文化贸易的前列，尤其是在一些传统文化贸易产业中仍然独占鳌头。

以英国为例，英国文化贸易基础环境成熟、运作机制得当、产业结构上中下游兼备，并且所选定的产业都是英国发展较成熟的产业，所以各个产业部门能够相互支撑、互为供给，构成一条完整的产业链。统计显示，英国创意产业企业已达 122000 家，约占企业总数的 7.6%，其中 3/4 集中于软件与计算机服务业、音乐、视觉和表演艺术方面。但实际上，由于一些行业如工艺制作主要由小型企业构成，文化贸易公司的比例还要更高。

英国现在已是世界广告业中心之一，跨国大公司经常使用在英国设计的广告向全球营销自己的产品。英国广告公司 WPP、萨奇、BBDO、AKQA、里奥·伯奈特以及奥美等享誉全球。建筑业方面，英国皇家建筑学院在全世界拥有 3 万多名会员，该机构为英国各大学和高等教育机构的建筑学课程提供认证服务。英国还是世界第三大艺术品拍卖市场，2009年英国艺术品市场交易总额达37.7亿欧元，占全球份额的29%。英国最大的文化贸易行业是设计业，每年为英国经济贡献270亿英镑，设计公司有70%活跃在海外市场。电影方面，英国每年制作90多部电影，净产值达8亿英镑，自1990年以来，英国电影、演员及制片人赢得了超过20%的奥斯卡主要奖项。英国从2006年开始通过税收优惠刺激本国电影业的繁荣，凡制作成本在2000万英镑以下的英国电影，电影公司至少可以获得在英国花费成本20%的税收优惠；制作成本高于2000万英镑的英国电影，电影公司至少可以获得在英国花费成本16%的税收优惠。税收激励是英国促进本国创意产业发展的有效经济手段。此外，英国还是世界第三大电视和计算机游戏市场，英国政府十分支持游戏企业的海外发展战略，如果英国游戏企业能和中国等国家展开海外合作，该企业将在英国获得最高50%的退税优惠。教育已成为英国经济的重要产业之一。高等教育不仅为国家培育人才，也同步带动经济发展。高等教育每年为英国创造450亿英镑的产值，其重要性已超过航空业和制药业，仅次于法律服务业与金融服务业。英国高教产业拥有28万名全职教职人员，占全国整体劳工人数的1.2%，每年的出口收入达36亿英镑。

（二）欧洲特色会展节庆活动居于重要地位

各种会展节庆活动以文化为内涵，以创意为先导，以公众参与为基本特点，成为文化贸易的孵化器和经济载体。文化产业作为一种新兴的产业，它是经济、文化、技术等相互融合的产物，具有高度的融合性、较强的渗透性和辐射力，为会展节庆活动的发展提供了良好条件。首先，可以促进当地资源的有效整合、相关产业的相互融合，增强会展节庆活动的集聚效应和辐射功能。其次，对传统文化具有传承和保护的作用。文化传承是会展节庆活动永恒的主题，而文化贸易是一个新兴的弘扬传统文化、提升和再造传统文化的重要渠道。文化贸易能够充分吸收地域或民族的文化特色，加以创造性地转换，创造出具有强大吸引力的会展节庆活动。最后，完善和延伸了文化贸易的产业链条。会展节庆活动是文化创意资本活化的重要载体，通过会展节庆活动，各类文化产品可以直接向受众展示，传递文化符号价值，通过受众直接的体验消费引起其共鸣和文化价值认同，有助于会展节庆品牌的打造。

会展节庆活动有很强的经济效应，是当地经济发展的助推器。会展节庆活动有很高的附加值，它们不仅吸引了大量的游客、消费者，还有很多文化产业界、经贸界、旅游界人士和企业前来考察投资环境，洽谈生意，具有很强的集聚效应，相当于搭建了文化贸易交流的平台，有利于国际企业落户欧洲，有利于国际信息、资金的流入，更带动了举办地的经济发展。

以德国法兰克福书展为例，法兰克福书展是世界上最大也是最成功的版权型书展，每年有100多个国家、7000多家出版商和书商、30多万个新品种参展。该书展已成为世界最大和最重要的图书贸易中心，是书业界的盛会。书展的宗旨是允许世界上任何出版公司展出任何图书。参展者的主要活动是展示图书、洽谈版权交易、洽谈合作出版业务。书展的主要功能是推进版权贸易。据统计，在书展上达成的版权交易占世界全年版权交易总量的75%以上，一方面是出版机构的版权负责人前来洽谈、购买国外版或翻译版版权，另一方面是大批文学代理人寻找海外出版公司。2011年法兰克福书展吸引了来自世界各地约28.3万人次前来参观，有101个国家参与，70个国家组织搭建了7225个展台，有40个国际出版公司，以及来自10个国家的60位电影制片人出席。法兰克福书展为世界各地的出版商寻找了新的接触机会，它既延续、加强了已有客户，又可寻找新合作伙伴，开发版权与许可贸易。书展是出版公司进一步塑造企业形象的大好时机，通过介绍和展示产品可以获得新的消费者，寻找新的发行渠道，交流与收集信息，进行市场调研，进而在展会中占有一席之地。

（三）欧洲对外来文化产品与服务输入高度重视

作为全球唯一的超级大国，美国凭借自身强大的政治、经济实力，以及与欧洲源远流长的历史、文化关系，希望在欧洲包括广播电视在内的文化贸易领域取得一定的经济利益。美国充分借助其高度发达的电影和广播电视业，强势进入欧盟已形成的单一市场，对欧盟国家的媒介市场以及文化、语言的多元化构成威胁。

面对美国文化的大举输入，欧洲形成了抵御外来文化、保护本地区文化的一支同盟军。为维护本国的文化传统、文化利益和文化安全，许多欧洲国家借助“多极文化论”与美国的“单边文化战略”相抗衡。从20世纪初开始，许多国家对文化产品的贸易实行了限制。文化主权是支持贸易壁垒的核心观点，经济和政治问题也常常被提出来支持贸易限制。1989年，欧洲议会通过“无国界电视”指令，确保播放欧洲影视作品的时间额度。1992年，“文化例外”概念得以在欧洲内部确认，并界定了“文化例外”的六条标准。1993年，法国和加拿大等国在乌拉圭回合谈判中提出“文化例外”主张，认为文化产品有特殊性，不能与其他商品一样进行流通。

第三节　日本对外文化贸易

一、日本文化贸易现状

20世纪90年代的日本经济正处于低谷时期，日本政府提出发展文化产业，将文化与经济相结合，意识到了文化产业的巨大潜力。1995年日本确立了“文化立国”的战略。之后，日本大力重视文化产业的发展，成功地打造了日本文化产业在全球范围内的领先地位。

（一）日本动漫贸易现状

日本文化产业领域中发展最好的是动漫产业。动漫产业中又包括动画产业以及漫画产业。动画市场又包括三个部分：电影市场、电视节目和录像带、DVD版的动画市场。①

日本广义的动漫产业还涉及影视、音像、出版、旅游、广告、教育、服装、玩具、文具和网络等众多领域。日本的动漫产业已经发展成熟并具备一定规模，影响着许多行业的发展及文化消费，文化产业已经得到日本政府和社会的高度重视。动漫产业无论在日本国内还是国外都具有一定的影响力。据统计，最近几年，日本广义动漫产业的年产值几乎占了日本GDP十几个百分点，其市场规模曾在2008年达到最高点14058亿日元。日本狭义的动漫产业市场规模在2011年达到2197亿日元，相比2010年同比增长了4.1%。因此，动漫产业已经成为日本国民经济的支柱产业之一。随着日本动漫产业的不断完善与发展，动漫产业已经具备相对完整的产业链，并且具有广阔的国内外市场。由于动漫产业发展较

① 李薇，于子涵. 中日动漫服务贸易竞争力比较研究［J］. 经济问题探索，2011（6）.

好，日本的动漫在国际动漫市场中占据着重要地位。在国际动漫市场上，美国是最早的动漫制作国，但是后来随着日本动漫业的繁荣发展，日本慢慢地超越了美国在国际动漫市场上的地位，日本的动漫片在欧美、东南亚及我国均占有较大的市场。目前，全球播放的动漫作品中有60%以上来自日本，在欧洲这一比例则达到80%以上。因此，日本获得了“动漫王国”的称号。2002~2010年，日本动漫的出口额不断增加，为扭转日本贸易入超的情况具有重大意义。2002年，日本动漫出口额达到17.41亿美元，进口额为14.7亿美元；而到了2007年，动漫出口额达到32.9亿美元，进口额为30.82亿美元，无论是进口额还是出口额都将近翻了一倍。2010年，日本动漫产品出口又进一步增长。国际动漫市场的竞争日益激烈，多年来日本的动漫在国际市场一直立于不败之地并得到快速发展，给日本带来了巨额的外汇收入，为带动日本贸易的发展发挥了巨大的作用。

（二）日本图书版权贸易现状

日本文化产业中出版行业一直是重要的发展产业之一，同时也是日本“文化立国”国策的重要部分。20世纪60年代是日本经济繁荣发展的阶段，日本的出版业在这种良好的经济发展形势下开始快速发展并繁荣，这一时期日本出版业一直处于不断增长的状态，出版业的市场不断扩大。因此，20世纪60年代是日本出版业发展的最鼎盛时期，这种发展趋势一直延续到20世纪70年代中期左右。日本的出版业与其经济发展同步进行。在这个时期，日本的年出新书品种一直保持在3万种左右。但是当日本经济处于泡沫经济时代，即20世纪90年代初，日本出版业的年出新书品种跃至8万种左右。然而，日本出版业的发展却没有像动漫产业那样成功地走向国际市场。日本出版业是从20世纪90年代开始步入国际市场的，在这个过程中，日本漫画发挥了很大的作用，促进了出版业的发展。

近几年，日本出版业也不遗余力地创造超级畅销书，例如，《挪威的森林》发行后，2009年5月，村上春树又出版了《IQ84》，短短的两个星期这部作品就已经销量过百万，再度成为国际版权业界争相购买的热门书籍。日本出版业在亚洲已经具有一定影响力，其图书作品受到很多国家消费者的喜爱，尤其是中韩两国的消费者。不断发展的日本出版业，也逐渐打开了欧洲市场。其中，《火影忍者》在法国的单卷年销量达11万册。但是日本版权业一直存在问题，即贸易逆差。尤其是近几年来，日本版权业的发展一直处于不利的处境，发展形势严峻。这主要表现在图书和杂志的销售额持续下降，进而极大地影响了其出口额。据日本财务省的《贸易统计》数据，2008 年日本出版物的出口总额为 157 亿日元，进口出版物总额为 459 亿日元。后来由于日元升值，2009 年日本出版业的出口又受到了很大的影响，2009 年日本出版业的出口额仅为 121.2 亿日元，和 2008 年相比有所减少。

（三）日本电影贸易现状

日本电影业的发展一直很缓慢，从 2000 年开始，日本电影的平均价格和观看电影的人数都变化不大，电影的年平均票房也一直是 2000 亿日元左右，一直处于缓慢增长状态。随着海外电影进入日本市场，尤其是美国的一些好莱坞大片给日本国产电影业带来了巨大冲击，电影市场的竞争日益激烈，日本电影的国内市场份额逐渐减少。在这种激烈的竞争环境下，日本电影业努力改变这种状况，重视打造具有特色的本土电影，提高其竞争力。2003 年是日本本土电影发展的一个转折点，至 2006 年，日本国产电影的国内市场份额达到 53.2%，以后一直保持 50%以上的占有率。电影市场比较开放的国家中，日本电影的营销和发展是较成功的，日本电影产业的市场成熟度也相对较高。日本本土电影主要依靠动漫电影来拉动其销售额。历年来，在日本国产电影排行榜上排名靠前的都是动漫电影系列。日本创造的日式恐怖电影也受到很多国家消费者的喜欢，并逐渐地打开了国际市场。《谁知赤子心》、《入殓师》等影片获得了国际大奖，日本电影在亚洲电影市场的影响力不断扩大，日本电影的受欢迎程度越来越高。但是，日本的电影出口仍不容乐观，日本电影的国际市场份额较小，国外市场相对开发不足。从 2000 年以来，日本电影出口额年增长较慢，而且变化的幅度较大。

（四）日本游戏贸易现状

2012 年，游戏产业得到繁荣发展，手机游戏更是热门发展行业。根据调查报告显示，2011 年日本社交游戏市场比 2010 年增长了 250%。2011 年日本社交游戏的市场份额达到 2794 亿日元，约 227 亿元人民币。一些大型的网络游戏公司大力宣传和积极营销，游戏产业的发展呈现良好的发展态势，成功捕获了大量的消费者。根据“Famitsu”（日本电玩通杂志）公布的数据显示，2011 年索尼公司发明了 PS Vita，随后任天堂又发布了 3DS 掌上游戏机。这些游戏硬件产品为游戏的发展提供了有利的条件，日本游戏硬件的市场销售额在 2011 年增长了 2

个百分点。索尼和任天堂两家公司在日本主机的游戏硬件市场中占有举足轻重的地位，即使微软 Xbox 360 视频游戏机在西方国家受到好评和用户的喜爱，但是在日本市场却不能发挥作用。“Famitsu”指出，尽管西方游戏在不断增长，但是日本游戏市场会继续保持目前的良好发展态势，与此同时，日本网络游戏的出口也取得了一定的成绩。据统计，2011 年日本游戏业的出口额达到 6.8 亿日元，约 5500 万元人民币，同比增长 141%。尤其是网游发展更加迅速，这也成为游戏出口的重要因素之一。

二、日本的文化贸易法律政策

一个国家发展文化产业及贸易离不开法律的保护和支持，尤其是知识产权更是至关重要的。早在 2001 年，日本就确立了知识产权立国战略，并且在 10 年间全力将日本打造成世界第一知识产权国，日本是世界上比较早实施知识产权保护的国家之一。其中，最具代表性的法律是 1970 年 5 月 6 日颁布的《著作权法》。[①] 该法先后经过反复 20 多次的修改，最终于 2001 年 10 月 1 日更名为《著作权管理法》，此后开始实施应用。这部法律经过修改后，与之前相比，使用的范围以及保护的作用都极大地提高了，与此同时，保护的时间也极大地延长了，更好地发挥了法律保护的作用。

如表 5-5 所示，《著作权法》先后经过不断的修改、更正以及发展，最终得以完善，至今也一直被使用。日本国会于 2002 年 11 月 27 日通过了政府制定的《知识产权保护法》。这部法律一共有四个章节，共 33 条，其意义是推动实施知识产权的相关措施，进而促进日本文化企业国际竞争力的提高。该法明确区分了不同组织的不同职责，对国家、地方团体、大学以及企事业单位等组织机构的职责均给予明确，同时规定了产品研发、技术成果转让、加快授权、完善诉讼程序、反侵权、国际经济关系协调、高新技术和人才保护等方面的措施。这部法律也以法律的形式保障了日本 2002 年 4 月提出的“知识产权立国”战略。后来，根据文化产业发展出现的新情况，日本又相应地颁布了许多新的法律以促进文化产业的发展。例如，《IT 基本法》、《知识产权基本法》、《文化艺术振兴基本法》等。

① 日本文化产业政策与法规，http：//www.docin.com/p-415017288.html#documentinfo，2012.

一套新的法律实施后，同时也伴随着更加全面具体的配套措施。例如，同《文化艺术振兴基本法》相配套的措施有《关于文化艺术振兴的基本方针》；同《知识产权基本法》相配套的是《知识产权战略大纲》。日本第153届临时国会上确立了《文化艺术振兴基本法》，经过参议院和众议院的审核后，在2001年11月30日通过了该法案，并决定于2001年12月7日开始实施，这一法案的实施极大地满足了日本人振兴日本文化的强烈愿望。日本的《文化艺术振兴基本法》中规定了振兴文化艺术中的核心部分，例如，传统技艺、日本生活文化、文化遗产、媒体艺术、出版物及影视唱片等；该法也规定了在振兴日本文化产业中国家及地方的各自职责，明确了振兴日本文化的政策及基本方法。这部法律颁布的重要意义是可以促进文化艺术类活动的从事者全面自主地开展活动，同时可以推动振兴日本文化艺术政策及措施的有效实施。日本也制定了《著作权中介业务法》，这部法律主要是规范文化市场中开展的中介业务，中介及经济组织、经纪人等的经济行为。

表5–5 日本具体的规范性法律文件

法律	《著作权法》（2009年6月19日修改） 《著作权管理事业法》（2008年5月2日修改） 《有关防止盗摄电影的法律》（2007年5月30日制定） 《有关程序作品登记特例的法律》（2009年6月19日修改） 《有关世界版权公约实施后著作权法的特例的法律》（2000年5月18日修改）
施行令	《著作权法施行令》（2009年12月28日修改） 《有关程序作品登记特例的法律施行令》（2009年9月11日修改） 《有关世界版权公约实施后著作权法的特例的法律施行令》（2005年5月18日修改）
施行规则	《著作权法施行规则》（2009年12月28日修改） 《有关程序作品登记特例的法律施行规则》（2008年12月1日修改）
公告	《与著作权相关的文化厅告示》（由文化厅不定期发布）

资料来源：http：//www.docin.com/p–415017288.html。

三、日本文化贸易的财政支持和对外开放政策

（一）日本的财政支持政策

一国想要推动本国文化产业的发展，政府的支持是必不可少的，尤其是政府在财政方面更应该加大支持力度。日本对文化产业的财政政策和措施主要包括财政补贴、多方面的财政援助、政府投资、建立财政基金以及政府主导的采购等。

为了保护和传承日本的民间文化，具有浓厚的民间和地方色彩的历史文化遗产以及传统的文化工艺给予多种财政补贴，并将财政补贴、税收优惠政策、政府财政主导的优惠贷款项目以及政府投资等各种援助给予具有民族特色的文化艺术产业，这极大地推动了日本文化产业的发展繁荣。

日本为了提高本国的文化软实力，很早就确立了知识产权立国的战略，为了实现这一目标，日本将发展文化产业作为重中之重，政府和地方采取各种政策措施全力扶持文化产业的发展，为文化产业提供了有利的发展环境。其中，金融业在这些支持文化产业的政策措施中扮演了重要角色，金融业的配合有效地解决了文化产业发展过程中融资难的问题。为此，日本在重新修订了《信托业法》后，一些从事文化产业的知识产权人（主要是从事动漫以及影视剧等）可以利用企业资产的合法证券化方式来公开进行社会融资。这部新法颁布实施后，日本的住友信托银行与一家在东证二板市场上市的电影制作和发行公司签订了信托协议。这个案例标志着日本第一个以动漫和影视为主要经营内容的知识产权信托融资的成功。住友信托银行与该文化公司签订的信托协议主要规定了该文化公司要把电影等的销售权限作为可以信托的财产进行信托，而住友信托银行作为受托人，将信托财产划小份额，然后将其再转让给投资人，一方面可以为该文化公司筹措资金，另一方面投资者也可以从这些销售权益中获得收益权利。这也就意味着具有电影、动画等知识产权的文化企业可以提前将影视动画资本化，从而有效地解决了企业缺乏运营资金的难题。

除了信托融资方式之外，日本政府还提出了成立专门为文化产业投资的基金组织，之后用于投资文化产业的各种基金便大量产生。这些基金主要用于投资动漫、电影、游戏以及音乐等多个文化产业重点发展领域。随着基金管理企业的参与，文化产业外的大量资金开始源源不断地涌入文化产业内，这为鼓励文化产业的经营、创意产品的研发提供了有利的条件。

（二）日本对外开放政策

早在 2002 年 8 月，日本经产省与文部省共同合作建立了民间的组织机构，即“内容产品海外流通促进机构”，并专门拨款扶持该机构在国外市场积极进行文化贸易以及贸易中的维权活动。该机构由 17 个社会团体和 19 家文化企业组成，主要目的是促进日本文化产品的出口，管理海外市场的反盗版活动，代表日本文化产业界参加国际知识产权保护论坛，参加海外市场的诉讼关联活动。日本政府为了促进和扶持文化产品及服务的出口，为其制定了战略性贸易政策。一方面，日本政府利用信贷方式鼓励该产业的出口，为此日本政府专门为文化产业中的重点发展领域建立了日本进出口银行和开发银行，为文化产业提供便捷的贷款，这些贷款的利率往往较低。另一方面，日本对一些进口的文化产品及服务有一定的限制，从而保护本国的文化产品市场。此外，政府还帮助本国从事文化出口的企业开拓国际市场，鼓励文化产品的出口，放宽文化产品出口的审批权，简化出口手续及程序。为了在国际上扩大日本动漫产品的市场，日本外务省曾代表国家利用政府采购的形式，用日本成立的专门援助文化产业发展的“文化无偿援助”基金项目的资金——这笔资金高达24亿日元，购买日本从事动漫文化企业的动画播放权，免费无偿提供给世界各国，尤其是提供给发展中国家的播放媒体。这有效地扩大了日本动漫在世界的影响力，极大地开拓了日本动漫的国际市场。

为了提高日本文化企业在国际上的影响力，文部省每一年用于国际上文化交流和合作的资金就高达上亿日元。日本政府还促成了“内容产业产品海外流通促进会”的建立，这主要得益于日本经产省和文部省的配合和支持。该机构最初主要由日本的17家民间文化团体以及一定规模以上的19家文化大型企业组成。这一机构旨在利用政府财政补贴及各种支持援助措施的形式来推动和促进日本文化产品及服务的出口，进行保护知识产权，管理外国市场上流通的文化产品及服务，并积极参与国际知识产权保护论坛以及国际上文化市场和日本企业有关的法律纠纷活动，从而对日本文化企业进行维权，保护本国文化产品及服务的知识产权不受侵犯，维护其合法权益。

日本政府通过多种措施来鼓励文化产品及服务的出口，鼓励从事文化出口的企业积极参与国际竞争，这些措施主要包括财政政策、税收政策以及银行金融政策等。日本政府对从事文化产品出口的文化企业给予政策支持，如政府补助和担保、低利率贷款、出口和投资退税等优惠政策。日本政府还协助民间的团体和组织去世界各地表演日本的花道、跆拳道、相扑、茶艺、传统技艺等文化活动，这样既大力宣传了日本传统与特色文化，又极大地提高了日本传统和特色文化在世界的知名度，获得了海外巨大的经济利益。

四、日本文化贸易人才培养政策

每一个产业的发展都离不开人才，尤其是文化产业更需要专业人才，人才是一个产业持续发展的源泉。文化产业极其需要不断的创新，那么这就需要不断地去培养专业的人才。例如，一个投资者如果想要投资某一文化产品，就需要详细清楚地了解该文化产品的投资价值，因此就极其需要具有文化产品资产价值评估能力的专业人才，这也有利于文化产业有效地吸引外部资金投入，从而解决行业发展的资金缺口问题。对于这方面的人才培养，对文化产业持续发展来说是非常重要的。又如，文化产品的研发和经营涉及多方面，是一项系统的工程，一个研发文化产品的人才可能需要具备电脑及网络、文化艺术、管理及营销等方面的综合能力。虽然企业能够很好地解决企业资金流通的问题，但是如果研发不出有价值、有特色的文化产品，企业的发展仍难以保障。如果在某一文化产品的研发和营销中，缺乏从产品最初的研发企划到流通运营的综合管理人才，这对于企业的发展是很不利的，所以应该重视起专业人才的价值。日本在人才培养方面做了很多努力。日本不仅发挥高等学校的作用，在高校中设立相关专业，进行专业化的人才培养，还新建了很多相关的教育机构。例如，文部科学省在东京都杉并区新设了动画专业研究生院大学，名称为“WAO 大学院大学”，毕业生可以取得数码动画硕士学位。随着电脑网络的普及，一些影像及动画制作已经不再是只有专业人员才能制作的，一些创造能力和操作能力强的中小学生也能制作并创新作品。这让日本政府认识到应该大力鼓励这种现象，激发孩子的创新能力和表现能力，为孩子的这种潜力的发展提供方便的技术支持平台和能力展现平台。日本的产官学（产业界、政府部门、教育界）各界还专门成立相关的研究会，这个研究机构是由多方面的学者和有识之士自主组成的。

当今时代已经是知识经济时代，国际合作趋势越发明显，并且已经成为经济发展成功的关键因素，每一个经济体都不可能脱离国际独立发展。在这种情况下，日本充分认识到文化产业的发展是需要国际合作的，人才培养也需要国际交流与合作。日本许多著名的大学都与国外比较有名的学府定期举办有关文化产业发展的国际研讨会和交流会，共同交流经验以及今后的发展趋势，这就形成了一个国际化的交流与合作平台，为人才的培养提供了优越的条件。日本的神户大学、京都大学等著名学府都坐落于关西地区，除此还有许多私立学校和一些科研机构，因此关西的地理位置是比较优越的。由于这里是文化产业集群地区，也得到了政府的大力支持。

日本文化产业的发展不是一个或者两个企业领导者的功劳。企业的运作是一套复杂的体系，是通过文化产品的企划、生产、推广、消费而建构起来的工业化、商业化运营体系。毋庸置疑，在这个复杂的体系中，需要多种多样的文化产业专业人才。例如，文化产品的研发人员、后期制作人员、中介经纪人、产品营销人员、企业经营管理人员等。不同岗位的人才都需要独特的、有区别的培养形式。例如，产品研发人员必须培养他们的创新型思维，具备灵感与创意；而产品的制作人员要具备熟练的专业技能；对于负责运营和管理的人员要建立一套像MBA那样的培养体系，因而不同的培养方向应选用不同的培养体系和标准。但是，需要注意的是，无论哪一个领域的文化产业人才都要具备的素养是熟悉文化产业的特殊规律，例如，文化产品非文艺作品，文化产业的管理不同于文化事业管理，文化生产是物质生产和精神生产之外的“第三种生产”等。因此，文化产业人才的培养与使用，既需要划分出不同的教育层次，又要非常清楚地确立自己的学科界限。

第四节　韩国对外文化贸易

一、韩国文化贸易发展背景

（一）国际背景

历史上，18世纪60年代至19世纪40年代进行了第一次产业革命，19世纪末20世纪初进行了第二次产业革命，从20世纪末至今，又开始了以信息技术为基础的第三次产业革命。21世纪的产业结构不是以制造业为主，而是以信息服务业为主。开放竞争的全球化时代是以我们创作的信息与文化的量和质为标准，来判断我们民族和国家的命运。关于影视产业的文化商品如电影、卡通片、录像机、电脑游戏的需求越来越大。

（二）国内背景

金融危机促进文化产业成长，韩国在受到亚洲金融风暴后，将文化产业确定为 21 世纪国民经济的支柱产业，韩国产业中很多部分都在淘汰，只有文化部分不减反增。说韩国走出金融风暴，其中文化产业功不可没。电子游戏产业异军突起，快速成为韩国新的经济增长点。韩国发生经济恐慌后，大量职员失业。一部分人拿到 5000 万韩元的失业斥逐金后，将这些钱投入网吧及游戏文娱场合，使韩国网吧迅速成长起来。同时韩国当局还开设游戏专业教育机构，设立了 20 多个文化产业大学、游戏学院。

韩国当局为实行文化成长战略，1994 年在文化部初次设立“文化产业局”，主管文化产业。1996 年 5 月 6 日，韩国开发研究院向当局提交了一份题为《21 世纪韩国经济的构思与成长战略》的陈述。1998 年金大中任总统提出了“文化立国”的战略标语，并将文化产业作为 21 世纪国民经济的战略性支柱产业，大力进行培育，在短短几年时间内，韩国文化产业实现了跨越式成长。

韩国为规划和发展文化产业，2001 年又成立文化产业振兴院，该院每年可获当局 5000 万美元的投入。文化产业振兴院旨在拟定文化产业政策，筹谋产业内部发展意义、人才造就、拓宽海外市场及开展国际交流等。几年来，文化产业振兴院为韩国文化产业的快速成长起到了积极作用。在法制配置方面，韩国当局前后出台了《文化产业振兴法》等。近些年又陆续对《影像振兴基本法》、《著作权法》、《电影业振兴法》、《表演法》、《广播法》、《唱片录像带暨游戏成品法》等做了部分或者全部修订，为文化产业的成长提供了法律保障。

二、韩国文化贸易发展现状

2010 年出口额达到 28 亿美元以上，文化体育观光部和韩国文化产业振兴院对 2010 年上半年韩国文化产业的生产、投资、消费、出口、雇用、上市公司股票变化趋势以及主要问题等进行了综合分析，并按照文化产业的种类对主要问题进行研究，发布了《2010 年上半年文化产业动向报告》。

根据《2010 年上半年文化产业动向报告》，2010 年上半年文化产业生产比 2009 年同期增长了 1.8%（文化产业生产指数：2010 年上半年为 119.1；2009 年上半年为117)。韩国文化产业已经克服了2008年下半年开始的由全球金融危机引发的经济危机，进入全面恢复局面。

(一) 文化贸易进出口国家分布情况

从文化产业出口国家的分布上看，最大的输出国为日本，出口额达到6.61318亿美元（27.2%），中国是5.79685亿美元（23.9%），东南亚为4.58424亿美元（18.9%），北美达到3.87505亿美元（15.9%），欧洲出口额为2.17450亿美元（8.9%），其他国家是1.26367亿美元（5.2%）。

年平均增长率方面，中国比2009年同期增长了59.8%，年平均增长了37.5%；日本较2009年同期增长了77.8%，年平均增长了36.25%；东南亚同期增长率为29.0%，年平均增长4.3%；北美虽然较2009年减少了4.8%，年平均却增长了4.3%；欧洲增长18.4%，年平均增长了33.6%；其他国家较2009年同期增长了2.5%，年平均增长了15.1%。总之，在文化贸易出口国方面，韩国的出口国家大部分是在亚洲。2010年文化贸易区域出口规模如表5-6所示。

表5-6 2010年文化贸易区域出口规模

单位：千美元

	中国	日本	东南亚	北美	欧洲	其他	合计
出版	37356	31362	47634	82068	22639	29705	250764
漫画	432	597	525	943	1667	45	4209
音乐	2369	21638	6411	351	299	201	31269
游戏	433059	328827	186128	152625	101750	38467	1240856
电影	1578	5945	2706	891	2373	629	14122
卡通片	1356	17369	967	50358	16496	3105	89651
广播	10822	65279	23379	1909	1206	1651	104246
角色	43593	14631	21332	74513	51338	31114	236521
知识信息	33102	139338	153163	8596	3369	8125	345693
内容解决方案	16018	36332	16179	15251	16313	13325	113418
合计	579685	661318	458424	387505	217450	126367	2430749
比例（%）	23.9	27.2	18.9	15.9	8.9	5.2	100.0

资料来源：韩国文化观光部（2011）。

从文化产业的进口国分布上来看，进口规模最大的是北美地区，进口额达到3.34970亿美元（43.7%），其次是中国，进口额达到1.32211亿美元（17.3%），日本是1.06352亿美元（13.9%），欧洲进口额是0.94246亿美元（12.3%），东南亚进口额是 0.63311 亿美元（8.3%），其他国家是 0.34554 亿美元（4.5%）。

从年平均增长率来看，中国同比减少 2.6%，年平均减少 2.3%；日本同比减少 19.4%，年平均减少 2.3%；东南亚同比减少 3.1%，年平均减少 3.6%；北美同比增长 19.3%，年平均增长了 11.7%；欧洲比 2009 年减少 5.1%，年平均减少 5.7%；其他国家比 2009 年同期减少 1.5%，年平均减少 5.0%；总之，在文化贸易进口国家方面，进口国家大部分是在亚洲和北美。文化贸易区域进口规模如表 5–7 所示。

表 5–7 2010 年文化贸易区域进口规模

单位：千美元

	中国	日本	东南亚	北美	欧洲	其他	合计
出版	46001	64103	21410	134090	76527	6205	348336
漫画	97	5041	—	278	76	—	5492
音乐	98	2428	53	2151	6768	438	11936
电影	3534	1738	399	63656	2929	1390	73646
卡通片	10	7365	—	22	—	—	7397
广播	1103	6015	111	108698	4478	1246	121650
角色	81368	19662	41338	25396	3412	25191	196367
知识信息	—	—	—	292	56	84	432
内容解决方案	—	—	—	387	—	—	387
合计	132211	106352	63311	334970	94246	34554	765643
比例（%）	17.3	13.9	8.3	43.7	12.3	4.5	100.0

资料来源：韩国文化观光部（2011）。

（二）进军海外项目

2009 年，进军海外市场的文化贸易中 LICENSE（许可证）所占的比例是 44.4%，呈现出最大规模，制成品出口占 37.2%，OEM（原始设计制造商）出口占 15.3%，技术服务占 2.5%，其他为 0.6%。LICENSE 从 2006~2009 年呈现逐渐增长趋势，同比增长 12.9%，制成品出口量虽从 2005 年开始呈现上升趋势，但在 2009 年又开始下降。在文化贸易进军海外方面，最重要的是 LICENSE，因为这种出口形式容易进入海外市场并进行市场销售。文化贸易出口产品结构如表 5–8 所示。

表 5-8　2010 年文化贸易出口产品结构

单位：%

名称	2005 年	2006 年	2007 年	2008 年	2009 年	与前一年相比
制成品出口	34.6	42.2	44.7	45.9	37.2	-8.7
LICENSE	29.8	26.7	27.7	31.5	44.4	12.9
OEM 出口	25.7	24.1	21.9	19.7	15.3	-4.4
技术服务	8.5	6.4	4.4	2.8	2.5	-0.3
其他	1.4	0.6	1.3	0.1	0.6	0.5
合计	100.0	100.0	100.0	100.0	100.0	—

资料来源：韩国文化观光部（2011）。

2009 年，在文化贸易海外出口渠道方面，文化贸易在进行出口时，通过国外流通公司的占 24.3%，通过国内代理公司的占 23.0%，参加国外展览会及有关活动的占 20.0%，通过国外代理公司的占 19.9%，通过国外企业法人的占 7.1%，国外网络销售占 2.7%，其他占 3.0%。

另外，参加国外展览会及有关活动的趋势从 2005 年开始逐渐增长，2005~2006 年有所增长的通过国外经销商的渠道在 2007 年有所下降。通过国内代理公司的方法在 2005~2006 年出现下降趋势，但在 2007 年开始有所增长，2008 年保持平稳之后在 2009 年再次跌落。如表 5-9 所示。

表 5-9　海外出口渠道

单位：%

名称	路径	2005 年	2006 年	2007 年	2008 年	2009 年	与前一年相比
直接出口	国外展览会和参与活动	12.1	15.2	14.7	18.0	20.0	2.0
	联系外国经销商	23.1	27.0	26.7	25.5	24.3	-1.2
	国外在线销售	1.1	1.1	2.6	2.8	2.7	-0.1
	使用国外法人	8.6	9.4	8.6	8.0	7.1	-0.9
间接出口	使用国内代理	25.3	22.0	25.2	25.6	23.0	-2.6
	使用国外代理	20.1	13.0	16.0	16.0	19.9	3.9
其他		9.7	12.3	6.2	4.1	3.0	-1.1
合计		100.0	100.0	100.0	100.0	100.0	

资料来源：韩国文化观光部（2011）。

（三）文化贸易的进出口规模

从文化贸易进出口规模来看，出口额达到 26.1858 亿美元，同比增长 11.4%，年平均也增长 18.9%；进口额是 18.3080 亿美元，同比减少 10.9%，年平均也减少 12.3%。文化贸易的出口额从 2005~2009 年逐渐上升，其出口规模将进一步扩大。虽然进口额从 2005~2007 年出现增长趋势，但 2008~2009 年又有所下降。总之，从 2005~2007 年进口额比出口额更大，从 2008~2009 年出口额比进口额更大。

文化贸易的出口规模中占最大比例的是游戏贸易，游戏贸易的出口额是 12.4085 亿美元，占总出口额的 47.5%，比 2008 年同期增长 13.4%，年平均也增长 21.8%。文化贸易的进口规模中占最大比例的是广告贸易，广告贸易的出口额是 6.1027 亿美元，占总出口额的 34.5%，比 2008 年同期减少 1.2%，年平均也减少 28.2%。

三、韩国文化贸易的特点

（一）韩国文化贸易的科技性

韩国文化贸易迅速发展，改变了传统的经济形式，对世界模式、经济发展和可持续发展产生了重大影响，已成为促进经济增长，推动创新，加强地区、国家与城市的综合竞争力的重大因素。

韩国独创了“文化科技”这一贸易名词，并把它确定为政府重点发展的“六大战略性贸易之一”。其余的五项包括：信息、生物技术、纳米、能源和航天科技，这五项在各国的战略中都有涉及，但只有文化科技更显示出韩国的特色。

（二）韩国文化贸易具有优秀的融合开发能力

某种文化产品在市场取得成功，只需要追加少量的费用即可生成多种收入模式，创造出高效益的附加值贸易，如韩国的“流氓兔”等具有代表性的漫画形象，纷纷被改编为动画、游戏、电影、多种卡通形象，展现出“一源多用”（OSMU）的经营模式。

（三）韩国文化贸易支持培养专门人才

韩国教育的一大特点是重视儒家文化教育。尊师重教的传统特别重视人的修养、人的教育和人的学习。韩国在经济发展中坚持抓住开发人才的关键环节，将教育视为当务之急。为提高全社会人口的文化科学素质，韩国实行教育“高投资”政策。在世界上，韩国政府是教育投资最大的国家之一，其教育投资一般占政府整个预算的 1/5 以上。

除了政府每年对发展文化贸易的支持性投资以外，地方政府也十分重视文化贸易人才的培养。近年来，在忠清道创办了相当于大学本科的传统文化学校，开设科学保护、文物管理、传统工艺美术、文化遗产等六个系，对培养文化贸易专门人才发挥了重要作用。

思考题

（1）美国对外文化贸易体现了哪些特点？

（2）欧洲对外文化贸易体现了哪些特点？

（3）日本对外文化贸易体现了哪些特点？

（4）韩国对外文化贸易体现了哪些特点？

第六章

中国对外文化贸易实务

本章导读

对中国对外文化贸易来说，政策环境涉及金融扶持和税收减免、推进转企改制、项目补贴和奖励、搭建平台和海外推广等方面。其发展概况是：新闻出版产业“走出去”步伐加快；电视产业中，内地现代剧、中外合拍剧越来越多地走入境外市场；电影产业海外销售收入出现明显波动，合拍片保持了良好发展势头；演艺产业、动漫产业在政策持续推动等因素支持下，出口规模稳步增长；2011年我国艺术品国际交易额已排名世界第一；网络游戏企业通过海外子公司运营的时代已正式开启。

主要内容

（1）中国广告业对外贸易发展现状。

（2）中国图书出版业对外贸易发展现状。

（3）中国演艺业对外贸易发展现状。

（4）中国艺术品交易业对外贸易发展现状。

（5）中国电视剧行业对外贸易发展现状。

学习目标

了解中国广告业、图书出版业、演艺业、艺术品交易业、电视剧行业对外贸易发展现状。

第一节　中国对外广告贸易

一、广告业发展现状

广告业与一个国家经济发展紧密相关，对经济发展具有一定的拉动作用，反过来又附着于其他行业的发展。2012 年国内外经济增长放缓抑制了广告业的发展，权威研究机构 CTR 发布的《2012 年上半年中国广告市场回顾》显示，2012 年上半年，传统媒体的广告刊例花费同比仅增长 3.9%，增幅为 2007 年以来最低。但首批国家级广告创意产业示范园区的建设、广告公司在业务上的拓展与产业链的延长都为 2012 年下半年广告业的强力反弹贡献了力量。就整年来看，国家级广告创意产业示范园区的发展与新媒体技术的变革引领了 2012 年中国广告业的总体走向。以下将从宏观和微观两大视角来考察 2012 年广告业的发展，微观视角又对广告业的三大主体——广告主、广告公司、广告媒介分别进行探讨。

（一）宏观政策环境

2012 年广告市场增幅收缩的同时，政府正在逐步推进对广告产业的扶持措施，实施了一系列支持广告产业发展的政策，如《国家“十二五”时期文化改革发展规划纲要》和国家工商总局印发的《广告产业发展“十二五”规划》（以下简称《规划》）。《规划》是“十二五”期间国家服务业发展规划体系的重要组成部分，也是我国首个纳入国民经济与社会发展规划体系的广告业中长期发展规划。

国家建立广告产业园是大力支持广告业的重要措施，广告产业园作为国家财政专项拨款扶持的一种“创新型聚集式”的产业发展模式，是近年来中国广告业关注与讨论的热点。广告创意产业园区的发展既是发展文化产业的需要，也是广告业转型升级发展的需要。全国已有 20 个广告产业园区挂牌开展工作。多年来中国广告产业集中度低，高度分散且弱小，效率和利润都较低。要改变这种状况，就需要对广告产业实行集聚式发展。国家工商总局于 2012 年 3 月印发了

《国家广告产业园区认定和管理暂行办法》，对国家级广告产业园区的认定和管理进行了初步规范。

（二）广告业主体的发展

1. 广告主

第一，广告主信心低迷，营销预算减少，预算方式也有所变化。2012 年中国经济增速回落，经济危机带来的“余震”还在持续，上半年 GDP 同比增长 7.8%，其中第二季度增长 7.6%。广告是一个地区或国家的经济晴雨表，经济的不景气也导致 2012 年中国广告市场整体表现低迷。CTR 媒介智讯的调查显示，2012 年，国内广告主广告投放信心低迷，2013 年仍将延续。虽然调查数据表明广告主对国民经济发展抱有信心，但对行业和本企业的信心明显下滑。受到信心低迷的影响，广告主在 2012 年的营销预算有所减少。调查中，2013 年增加费用、减少费用、费用不变的广告主分别为 50%、15%、35%，各项比例与 2012 年基本持平。在预算分配和使用方式上也有变化，直接向媒体购买广告的企业比例增加，在本次调查中占了四成。这对广告代理公司而言，是一个危险信号，广告主的自主购买能力可能会越来越强。广告主对终端卖场及活动推广费用的增加意愿比较强，在“三网融合”、多屏互动的趋势下，广告主开始将目标转移和分散，平面媒体面临被削减的危险（见图 6-1）。

第二，新晋网络广告主增多。2012 年中国互联网广告市场规模进一步扩大，但较 2011 年涨势有所放缓，呈现平稳增长。艾瑞调查数据显示（见图 6-2），2012 年全年新晋网络广告主达 8585 个，累计投放费用约 16.6 亿元。2012 年 3 月和 8 月出现广告主新增高峰，其中，8 月新晋广告主投放累计达 19585 天次。从投放规模看，新晋广告主月度贡献额占整体投放费用平均为 105%。

第三，房地产类广告主数量位居第一。从市场细分行业来看，新晋广告主中，房地产类广告主数量位居第一，显著高于整体市场份额，约占 2012 年全部新晋广告主的 22.4%，主要集中于楼盘宣传。而且，房地产广告主 2012 年积极投身互联网营销。零售及服务类广告主新增量同样较大，行业分布比例较市场整体情况提升 5 个百分点，其中，商业零售服务、广告公司和照相馆/冲印服务类广告主纷纷加入互联网营销行列（见图 6-3）。

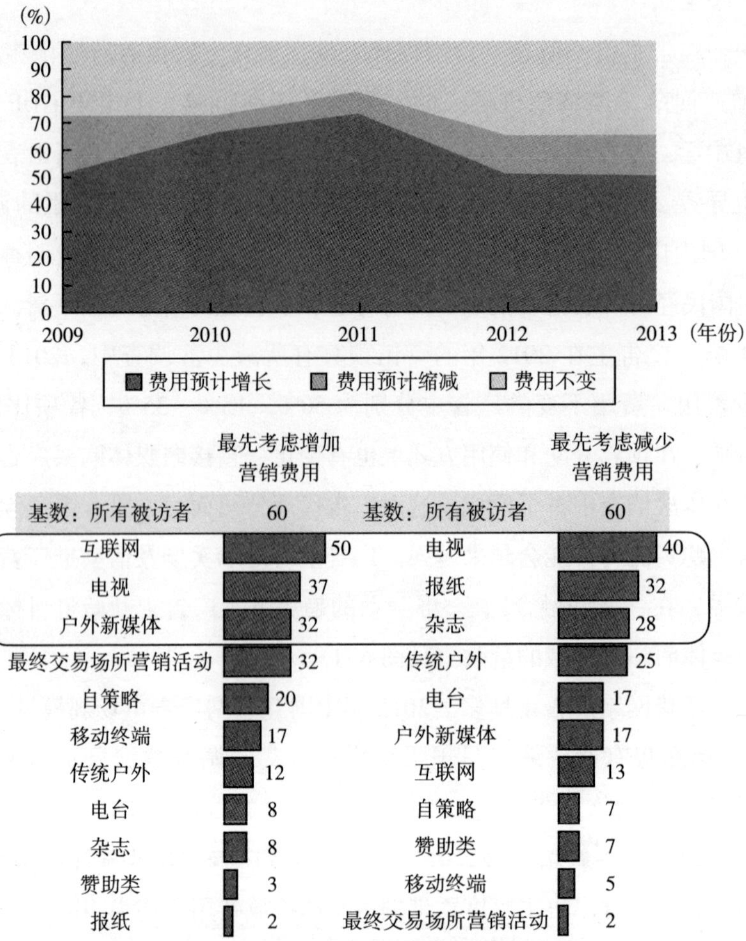

图 6-1　广告主的营销预算变化趋势

注：其中，N 为设定的基数，且 N = 60。

资料来源：CTR 媒介智讯 2013 年广告主营销趋势报告。

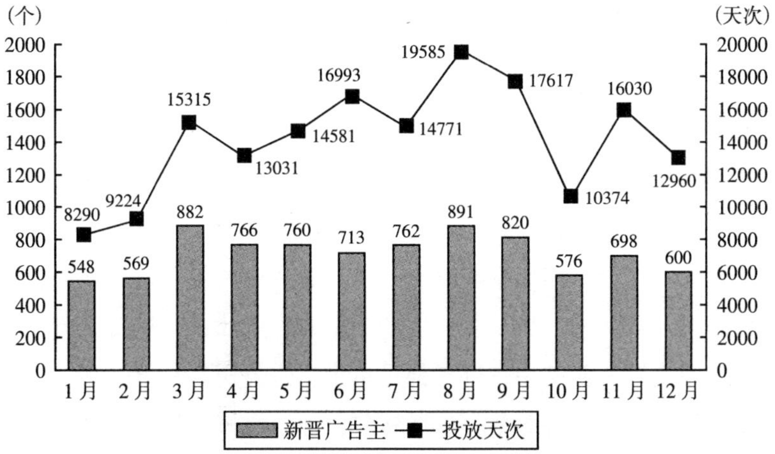

图 6–2 2012 年网络广告市场广告主月度新增趋势

资料来源：AdTracker 2012 年 1~12 月基于对中国 300 多家网络媒体品牌图形广告投放的日监测数据统计，不含文字及部分定向类广告。

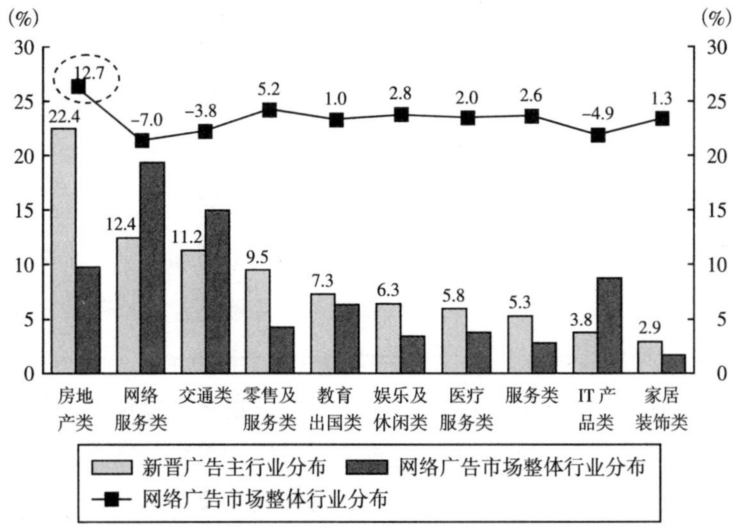

图 6–3 2012 年新晋广告主行业分布与整体市场对比

注：占比情况按选择频数而非投放预估费用。

资料来源：AdTracker 2012 年 1~12 月基于对中国 300 多家网络媒体品牌图形广告投放的日监测数据统计，不含文字及部分定向类广告。

2. 广告公司

截至 2012 年底，全国广告经营单位达 37.78 万户，广告从业人员 217.78 万人，分别同比增长 27.41%、30.14%。广告市场活力不足，广告公司经营状况明显下滑。与 2011 年相比，2012 年上半年营业额增长的被访广告公司同比下降

13.3个百分点，约52.9%，略高于2009年的48.5%；营业额下降的被访广告公司同比上涨10.8个百分点。2012年上半年税后纯利润增长的被访广告公司占47.7%，与2011年同期相比下降12.3个百分点；被访广告公司税后纯利润下降的比例为24.2%，高于2011年10.6个百分点。

2012年广告公司继续进入整合期，发展呈如下特点：第一，广告公司的产业规模不断扩大。受资本和技术的刺激，广告服务业的产业链条逐渐拉长，传统的广告代理公司开始介入产品及服务生产的上游等产业链，进行全方位渗透。媒介广告资源代理及销售业务一直以来都是本土广告公司的经营强项，然而伴随广告主媒体广告投放由硬广告向整合传播转移，加之媒体节目创新和广告创新热潮的推动，广告公司业务也开始由简单的广告资源代理向植入营销、媒体资源整合营销方向转型，基于广告主需求，将媒体资源进行整合。第二，广告公司经营模式由单一经营逐步转向多元化经营。一般来讲，广告公司主要可以通过以下途径实现多元化经营：①内部发展，指从广告公司内部发展新的业务，进入新的产业。近几年来，广告公司大量进入新媒体营销领域。广告主在新媒体领域广告预算的增长，促使越来越多的广告公司业务由广告代理向提供数字技术与网络技术服务、内容营销、增值服务转化，这也带动了广告公司业务的多元化。广告公司越发认识到数字营销传播的本质在于对数字媒体的策划和数字技术的支持，如分析广告效果以及获取消费者数据的技术与能力。②外部并购或联合。众多广告公司，尤其是综合型广告传媒集团以并购或拓展业务的方式，快速介入数字营销，整合数字营销资源，不断拓展营销模式，如数字营销、内容营销。联合是指两个或两个以上的媒介，打破地区、部门和所有制界限建立一种媒介联合体。多元化可以保证媒体企业集团在激烈的市场竞争中既保持其市场份额，又能获得市场生存，克服在市场不景气时的危机。

3. 广告媒介

第一，电视依旧是广告投放的主导力量，但广告份额逐年下滑。2012年电视仍是国内第一大广告投放媒介。电视广告受众范围广、传播效果强、灵活度高等特点使其拥有庞大的观众群，其规模仍占据广告市场的最大份额。不过近年来其媒介份额有逐年下滑的趋势。软硬件设备的不断优化，IPTV用户量的稳步增长，促进了电视搜索和电视媒体定向广告的发展。借由网络电视可以实现更为精准的定向广告投放。据央视市场研究（CTR）报告，2012 年上半年传统媒体的广告刊例花费同比增长 3.9%，低于 2008~2011 年的同期水平。

第二，互联网广告持续快速增长。互联网的持续增长继续引领媒介广告市场的增长。根据引力传媒报告，2012 年上半年，中国互联网广告保持了 25.7%的稳定增长。艾瑞咨询数据显示，2012 年第三季度网络广告规模为 213.7 亿元，同比增长 43.8%，环比增长 15.9%。前三季度累计中国互联网广告市场规模为 539.1 亿元，2012 年全年中国互联网广告市场规模预计突破 750 亿元。在网络广告市场份额中视频广告增幅最大，已成为网络广告市场增长的主力。艾瑞咨询数据显示，2010 年第一季度视频媒体市场份额为 4.8%，2011 年第一季度份额为 7.4%，2012 年第一季度份额为 8.5%，而 2012 年视频贴片广告份额已经提升至 9.4%，份额快速提升。尤其是网络视频行业中的热门剧集和电视节目点击率较高。

电商平台在网络广告中的份额不断提升。以淘宝（含淘宝网和天猫）、京东商城为代表的电商企业，不仅为企业提供了销售平台，也提升了企业的营销空间，电商行业的发展打破了传统市场营销和商品销售的局限。新的营销形式不断诞生，如淘宝 TANX 平台、淘宝联盟等，这些都将进一步推动网络广告的发展。

2012 年，中国的移动互联网市场正在进入一个高增长期，移动应用广告平台目前发展最快，市场规模增长到 12.6 亿元，预计未来几年还会保持高增长率。移动营销中 APP 应用营销是目前移动网民最主要的使用媒介，引起了广告主的极大关注，市场规模增长很快。

2012 年，社会化营销的大趋势仍在继续。社会化营销中的微博、微信营销等已然颠覆了大众传播的方式，并成为企业营销的新方向。伴随着大数据时代的到来，数据库营销引发了营销变革。

第三，户外广告增长势头将变缓，移动互联网将迎来进一步发展。2012 年，户外广告花费实现了 17.5%的增长。不过，这股势头将从 2013 年开始放缓。与此相对的是，截至 2012 年底，手机网民规模达到 4.2 亿，在网民总体中的占比升至 74.5%；手机用户中的 3G 用户较 2011 年增长了 81.3%。移动广告将在广告营销中扮演越来越重要的角色。

二、广告业贸易

全球广告产业正在经历重大战略转型，即整合营销传播转型和数字营销转型，技术驱动的大数据时代推动了精准营销大趋势。这也对广告园区和广告公司提出了新的要求，即如何服务广告产业的转型升级和如何应对这种转变。

（一）全球广告业发展形势

1. 全球广告业并购热度不减

广告业界的合并、收购屡见不鲜，早已成为全球广告业发展的常态。综观国际上各大广告集团的发展史，基本上都是一部合并收购史。2012 年和 2013 年，国际上广告公司的并购也风起云涌。这其中包括传统媒体间的强强联合、传统媒体收购新媒体与新媒体的反击。2012 年 6 月，WPP 集团收购业界最著名的独立数字营销公司 AKQA。同年 9 月，日本电通以 50 亿美元收购英国安吉斯媒体集团，此举标志着拥有百年历史的传统广告公司向数字广告公司的重大转型。新媒体也在收购，如 2013 年 3 月，Facebook 收购了微软的一个广告技术平台，用于更好地评估网站的广告效果。

2013 年，国际广告业的一个重大事件是诞生了广告界的“巨无霸”。美国宏盟集团与法国最大广告公司阳狮集团合并。合并之前，宏盟和阳狮分别是世界排名第二、第三的广告集团，合并后的新公司将超过 WPP 集团，成为全球最大广告传播集团。有分析称，合并后的新公司将控制美国 40%的电视广告市场份额。

2. 以新媒体为依托的广告公司加速分割全球广告市场，不断吞噬广告巨头的利润

新技术对广告营销产生了巨大而又深远的影响，技术革命使得消费者的生活以及广告信息传播形态都发生了改变。品牌与科技创新的理念相结合是这个时代的趋势。以新媒体为依托的广告公司的不断涌现，它们虽然历史短，但以技术为优势，迅速抢占市场，挑战传统广告公司的地位，并试图绕开充当媒介代理的广告公司，直接从广告主手里取得预算。以 Facebook 为例，公司已经在多个国家设立了广告销售团队，它的定向广告模式和社区广告模式（Social Ads）吸引了大量全球知名品牌。Facebook 十分重视技术的应用，定向广告是基于美国 Double Click 公司提供的 Dart 这一技术平台设计而成的。互联网公司如谷歌在 2012 年前

半年的广告收入已经超过了 100 亿美元。新媒体已成为广告主日益青睐的投放平台，成为广告公司的合作伙伴。全球社交网络广告收入持续增长，艾瑞咨询整理 eMarketer 2011 年 9 月的数据发现，全球社交网络广告收入飞速增长，每年保持 20%以上的增长率。2009 年收入仅为 23.8 亿美元，2011 年已冲破 50 亿美元大关。

3. 中国和印度等新兴市场将带动全球广告业增长

环球网报道，全球第三大广告传播集团法国阳狮集团（Publics Groupe）称，中国和印度等新兴市场带动 2012 年全球广告市场达到 4640 亿美元。阳狮集团下属的实力传播集团（Zenith Optimedia）发表报告称，2013~2015 年，中国、印度、俄罗斯和巴西将占据全球广告业支出增幅的 33%。

对于全球广告主而言，中国市场具有重要的战略意义。中国文化力量正在崛起，并越来越受到重视。为了降低欧美经济衰退对其的不利影响，大多数广告巨头早已通过并购或联盟的方式投资中国市场达数年之久。例如，法国阳狮集团和美国 IPG 广告公司都想从中国的快速发展中分一杯羹，正计划在中国建立从事数字广告的业务部门。

（二）国内广告业贸易发展概况

随着世界经济全球化进程的加快和中国经济的不断发展，中国广告产业在迎来前所未有的发展机遇的同时，也面临来自跨国广告公司新一轮强势扩张的冲击。中国允许外资广告公司进驻，标志着中国广告市场全球化时代拉开了序幕。截至 2012 年，中国已变成全球第二大广告市场，中国的广告业不断发展，在全球扮演越来越重要的角色。广告作为高附加值服务贸易中的重要组成部分，出口快速增长，比 2011 年增长 18.2%。从进口的情况看，2002~2006 年的进口额分别达到 3.94 亿美元、4.58 亿美元、6.98 亿美元、7.15 亿美元、9.55 亿美元；2003~2006 年的年增长率分别为 16.08%、52.51%、2.42%、33.52%。2002~2006 年的出口额分别达到 3.73 亿美元、4.86 亿美元、8.49 亿美元、10.76 亿美元、14.45 亿美元，2003~2006 年的年增长率分别为 30.42%、74.52%、26.76%、34.33%（见图 6-4）。从总差额情况看，近年来我国广告、宣传服务的国际服务贸易由逆差迅速转变成为顺差，说明我国广告、宣传服务业的国际竞争力显著增强，2002~2006 年的进出口差额分别为-0.22 亿美元、0.28 亿美元、1.50 亿美元、3.61 亿美元、4.90 亿美元，2003~2006 年的年增长率分别为 227%、436%、139.88%、35.93%。

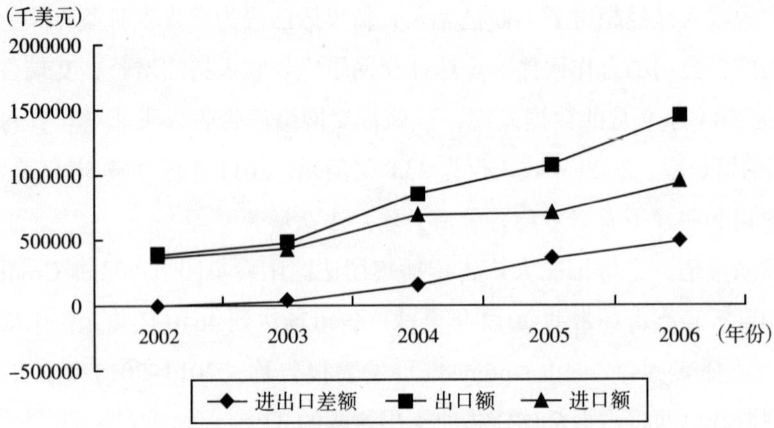

图 6-4　2002~2006 年我国广告、宣传服务业进出口概况

资料来源：中华人民共和国国家外汇管理局网站。

三、广告业贸易发展特点

（一）跨国广告公司挤压本土广告公司

全球最大的广告巨头都希望在中国占据一席之地，它们带来了雄厚的资金、先进的企业管理制度和成熟完备的商业模式与文化理念，挤压相对弱小的本土广告公司，抢占我国广告市场的主导权，使得本土广告公司面临严峻的挑战。例如，阳狮锐奇将其数字广告商业模式用到中国在线搜索、展示和视频广告上。中国已成为全球最重要的媒体市场之一，网民数量位居全球第一，全球广告集团纷纷抢占中国网络广告市场，并购中国数字广告公司。当然，这些广告巨头也面临不少挑战，例如，如何处理与中国政府的关系、如何与本土公司整合、如何与中国互联网企业打交道等。

（二）广告创意中国元素的全球化

2012 年国际广告节上出现了更多中国元素，中国广告的影响力不断提升。随着中国经济持续发展，中国的市场空间逐年增长，中国广告与创意在国际上的影响力越来越强。中国在戛纳广告节屡获大奖，可以用广告形态向世人传播中国文化、中国式营销模式和理念。由中国广告协会主办的戛纳·魅力中国周活动是中国广告协会与戛纳创意节合作多年来组织的规模最大、规格最高的交流展示活动，以“国家日”命名的中国日主题论坛在戛纳创意节历史上尚属首次。中国由过去简单参与到现在成为广告节的主角，运用影像向世界展示了中国的创意。除了戛纳国际广告节外，中国在纽约广告节、伦敦国际电影节上均有不俗表现。2013 年釜山广告节举办了首届中国专题活动，中国元素、中国创意正在被全球关注。很多国际品牌在积极利用中国文化的一些元素进行广告创意，赢得了很多消费者的喜爱。随着中国影响力的扩大，中国创意和中国元素将有机会走向世界，但是中国文化中有很多内涵并没有被广告传播界深度挖掘，融入中国本土文化的创意元素未来也将是一个新的趋势。

第二节　中国对外图书与版权贸易

一、国际图书与版权贸易现状

2003~2012 年我国版权输出量总计 38455 种，占版权贸易总量的 21.2%。版权引进输出比也在不断变化，从 2003 年的 8.2∶1 缩小到 2012 年的 1.9∶1。由于版权输出数量的大幅增长，我国版权贸易逆差现象出现了明显改观。说明在国家大力发展文化“走出去”战略的带动下，版权贸易取得了显著的成效，如表 6–1、表 6–2、图 6–5 所示。

表 6–1　2003~2012 年引进版权汇总

单位：册、盒、张、件、部、集

年份	合计	图书（期刊）	录音制品	录像制品	电子出版物	软件	电影	电视节目	其他
2003	15555	13058	1068	564	180	478	132	10	65
2004	11746	10451	331	159	143	483	176	2	1
2005	10894	10131	90	114	155	401	0	3	0
2006	12386	11490	150	108	174	434	29	1	0
2007	11101	10255	270	106	130	337	1	0	2
2008	16969	15776	251	153	117	362	—	2	308
2009	13793	12914	262	124	86	249	—	155	3
2010	16602	13724	439	356	49	304	284	1446	0
2011	16639	14708	278	421	185	273	37	734	3
2012	17589	16115	475	503	100	189	12	190	5

表 6-2 2003~2012 年输出版权汇总

单位：册、盒、张、件、部、集

年份	合计	图书（期刊）	录音制品	录像制品	电子出版物	软件	电影	电视节目	其他
2003	1427	811	473	0	35	0	0	108	0
2004	1362	1314	4	4	39	0	0	0	1
2005	1517	1436	1	2	78	0	0	0	0
2006	2057	2052	0	0	5	0	0	0	0
2007	2593	2571	0	19	1	0	0	2	0
2008	2455	2440	8	3	1	3	—	—	—
2009	4205	3103	77	—	34	—	—	988	3
2010	5691	3880	36	8	187	—	—	1561	19
2011	7783	5922	130	20	125	5	2	1559	20
2012	9365	7568	97	51	115	2	0	1531	1

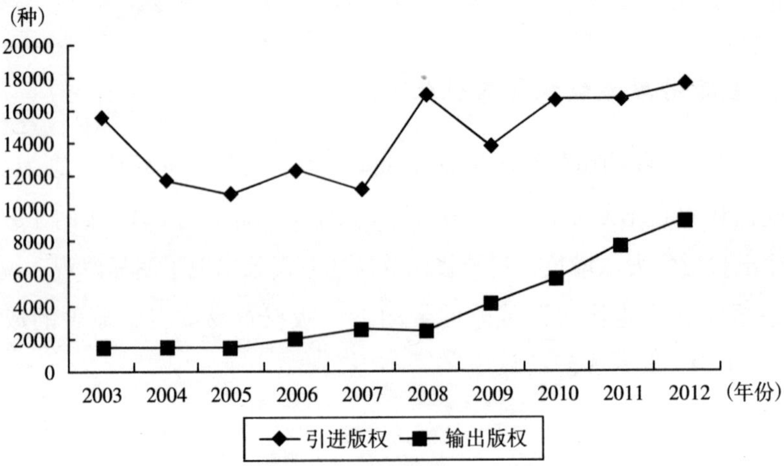

图 6-5 2003~2012 年我国版权引进和输出变化

二、图书与版权贸易特点

(一) 主要输出地从东亚逐渐扩展至欧美地区

从国家版权局公布的 2003~2012 年统计数据来看（见表 6-3），亚洲地区的输出地主要集中在韩国、日本、新加坡，以及我国的台、港、澳地区。10 年中，对这六个国家和地区的版权输出数量达 17420 种，占总数的 52.92%。欧美地区的输出地主要集中在美国、英国、德国、法国、加拿大、俄罗斯。对这六个国家的版权输出数量达 7787 种，占总数的 23.65%。这说明，我国内地的图书版权从华人核心文化圈向东亚文化圈，乃至西方主流文化圈拓展，成绩显而易见。

表 6-3 2003~2012 年我国图书版权输出地概况

单位：种

年份	美国	英国	德国	法国	俄罗斯	加拿大	新加坡	日本	韩国	中国香港	中国澳门	中国台湾	其他
2003	5	2	1	11	1	0	9	15	89	178	0	472	28
2004	14	16	20	4	0	0	30	22	114	278	94	665	67
2005	16	74	9	7	6	0	43	15	304	169	1	673	117
2006	147	66	104	14	66	25	47	116	363	119	53	702	228
2007	196	109	14	50	100	13	171	73	334	116	38	630	727
2008	122	45	96	64	115	29	127	56	303	297	47	603	536
2009	267	220	173	26	54	10	60	101	253	219	10	682	1028
2010	1147	178	120	121	11	86	375	214	360	534	6	1395	1144
2011	766	422	127	126	40	15	131	161	446	366	19	1644	1659
2012	1021	606	352	130	104	104	173	401	282	440	1	1781	2173

（二）“走出去”政策的推动使输出量大大增加

自 2003 年全国新闻出版局会议正式把中国出版“走出去”战略作为我国新闻出版业发展的五大战略之一后，一系列重点工程从 2005 年相继被推出，对我国图书版权输出起到了重要的促进作用。如“中国图书对外推广计划”自 2006 年起已同美国、英国、法国、德国、荷兰等 56 个国家和地区的 351 家出版社签订了资助出版协议，资助出版图书 1690 种；分别于 2009 年和 2010 年启动的“经典中国国际出版工程”和“中国出版物国际营销渠道拓展工程”，对我国 2010 年图书输出种数的高增长起到了至关重要的作用。正是在“走出去”政策以及一系列具体项目的推动下，我国版权输出量从 2003~2007 年的 12197 种变为 2008~2012 年的 34774 种，增长了近 2 倍。

版权贸易逆差在一定时期依然会存在，但贸易逆差逐年缩小。21 世纪初，我国图书版权贸易逆差严重，随着国家文化“走出去”战略的实施，加上我国出版人的共同努力，我国版权输出在数量上和种类上都在逐年增长，2012 年，贸易逆差缩小到 1.9∶1，但因为各种因素影响，我国版权贸易逆差在日后还将持续一段时期，形势依然严峻，版权贸易还有很大的成长空间。如表 6-4 所示。

表 6-4 2003~2012 年我国图书版权引进地概况

单位：种

年份	美国	英国	德国	法国	俄罗斯	加拿大	新加坡	日本	韩国	中国香港	中国澳门	中国台湾	其他
2003	5506	2505	653	342	56	39	132	838	269	335	2	1319	520
2004	4068	2030	504	313	20	80	156	694	250	264	15	1173	473
2005	3932	1647	366	320	49	39	140	705	554	204	43	1038	345
2006	2957	1296	303	253	38	40	156	484	315	144	2	749	4213
2007	3878	1635	586	393	92	33	228	822	416	268	0	892	1013
2008	4011	1754	600	433	49	59	292	1134	755	195	4	6040	450
2009	4533	1847	693	414	58	73	342	1261	799	398	0	1444	1052
2010	5284	2429	739	737	58	111	335	1766	1027	877	24	1747	1468
2011	4553	2256	881	706	55	133	200	1982	1047	345	1	1295	1254
2012	4944	2581	874	835	48	122	265	2006	1209	413	5	1424	1389

（三）我国图书版权主要输出地分析

我们将 2003~2012 年我国主要图书版权输出地分为英美，法德，东亚，加拿大、俄罗斯及其他地区和我国港澳台地区五组，分别分析 10 年来版权输出量的变化情况。

1. 英美地区

从图 6-6 可以看出，2003~2012 年，我国在英美地区的图书版权输出量增长迅猛，从 2003 年的 7 种上升至 2012 年的 1627 种，增长 231 倍，10 年的总量达

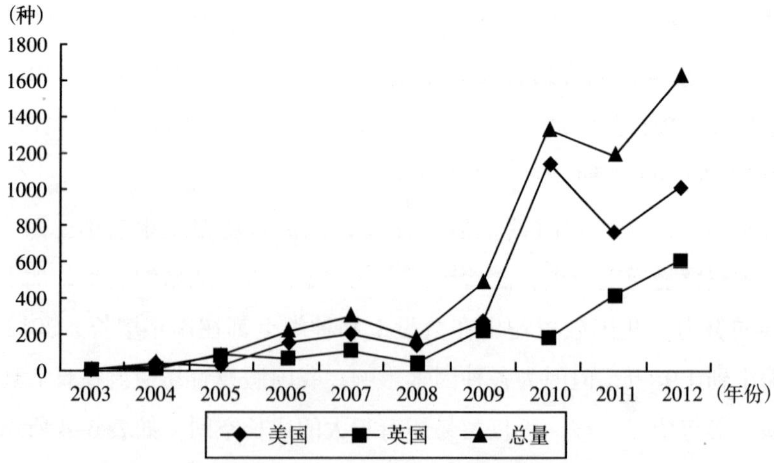

图 6-6 2003~2012 年英美地区我国版权输出量变化

到 5439 种。其中增长较快的是英国，从 2003 年的 2 种增至 2012 年的 606 种，增长了 302 倍；对美国的输出量大多时候多于英国，10 年间增长了 203 倍（从 2003 年的 5 种增至 2012 年的 1021 种）。10 年中后 5 年的输出量明显高于前 5 年，后者共 4794 种，是前者的 7 倍多，除 2008 年有明显下降和 2011 年有小幅回落外，其余年份上升明显。

2. 法德地区

从图 6–7 可以看出，2003~2012 年，我国在法德地区的图书版权输出量虽然与英美地区有一定的差距，但是增长速度亦非常迅猛，从 2003 年的 12 种上升至 2012 年的 482 种，增长 40 余倍，10 年的总量达到 1569 种。

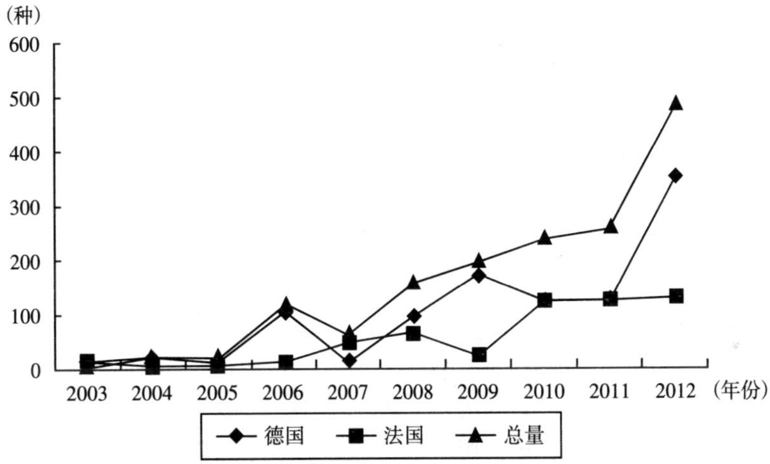

图 6–7　2003~2012 年法德地区我国版权输出量变化

输出法国的版权数除了 2009 年有明显降低外，总体处于稳步上升的态势，从 2003 年的 11 种增至 2012 年的 130 种；对德国的输出量则时有升降，起伏较大，最高的 2012 年有 352 种。10 年中后 5 年的输出量明显高于前 5 年，后 5 年共 1335 种，是前 5 年的 5 倍多，除 2007 年有明显降低和 2005 年有小幅回落外，其余年份都处于上升状态。

3. 东亚地区

如图 6–8 所示，2003~2012 年，我国在东亚地区的图书版权输出量高于法德地区，低于英美地区，从 2003 年的 113 种上升至 2012 年的 856 种，增长 6 倍多，10 年的总量达到 5188 种，分别是英美地区和法德地区的 0.95 倍和 3.3 倍。

其中对韩国的输出量一直高于日本和新加坡，处于稳步上升的态势，最高的2011年达到446种，是2003年的5倍；日本和新加坡则旗鼓相当，处于交替上升状态，2012年前者达到最高，为401种。10年中后5年的输出量明显高于前5年，前者共1745种，后者是它的近2倍，除2008年、2009年、2011年3年有明显降低外，其余年份基本处于快速上升状态。

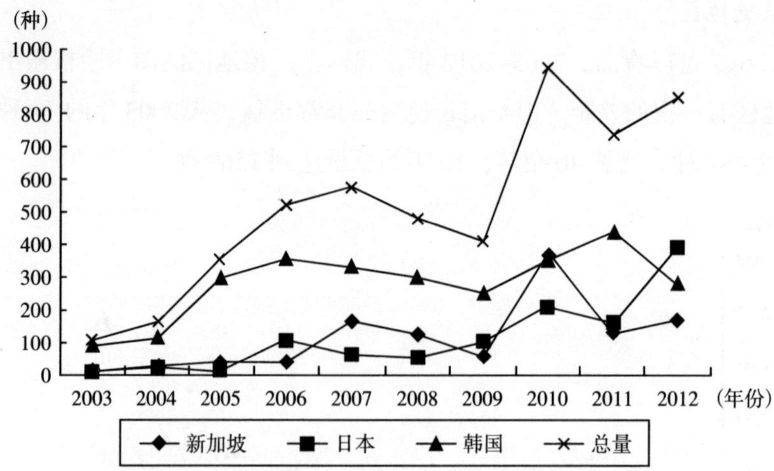

图6-8　2003~2012年东亚地区我国版权输出量变化

4. 加拿大、俄罗斯及其他地区

从图6-9可以看出，由于加拿大和俄罗斯地广人稀，我国在这些地区版权输出量比较低，但2003~2012年，版权输出也取得长足的进步，加拿大和俄罗斯分别从2003年的0种和1种增长至2012年的104种和104种，增长了100多倍。随着中国文化地位在全世界的提高、文化"走出去"战略的推动，我国对其他地区的版权输出同样迅猛，从2003年的28种增长到2012年的2173种，增长了76倍之多。10年中后5年的输出量高于前5年，与上述几个地区增长的幅度相比并不处于劣势，其中前者共7108种，是后者的5倍多。

5. 我国港澳台地区

由于我国港澳台地区与祖国内地同根同源，因此一直是我国内地图书版权输出的重要地区，输出量大大高于上述三个地区。从图6-10可以看出，2003~2012年，内地在港澳台地区的图书版权输出中呈现"两头快、中间稳"的态势，即2003年和2012年的增长明显，中间几年各自的输出量相差不大，总量达到了

12232 种。其中，对香港和澳门地区的输出量 10 年来变化不大，处于小幅升降态势；对台湾地区输出量的曲线变化与总量相仿，2010 年为 1395 种，是前一年的 1.8 倍。10 年中后 5 年的输出量高于前 5 年，但没有上述三个地区增长的幅度明显，其中前者共 8044 种，是后者的 2 倍。

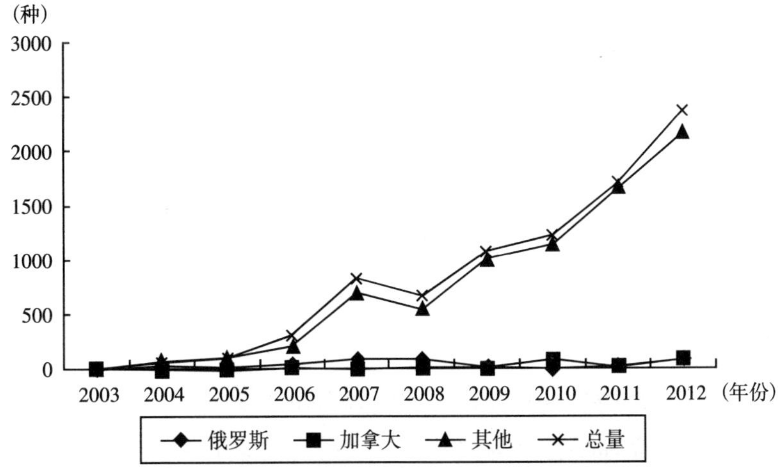

图 6–9　2003~2012 年加拿大、俄罗斯及其他地区我国版权输出量变化

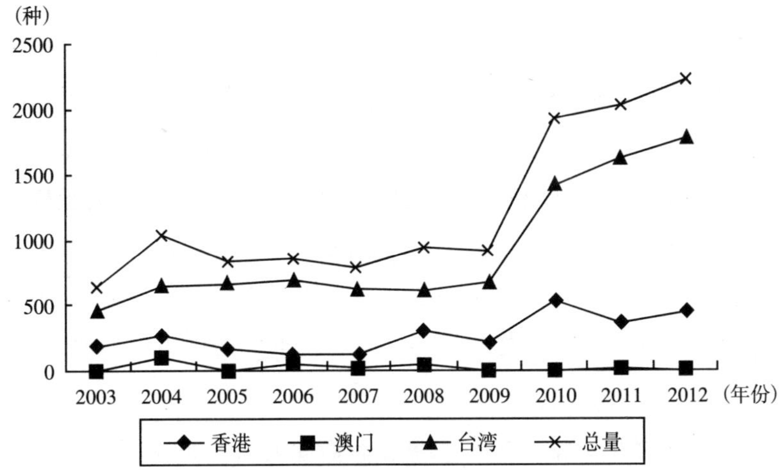

图 6–10　2003~2012 年我国港澳台地区内地版权输出量变化

三、世界主要国际书展

（一）法兰克福图书博览会

德国的法兰克福书展被称作世界出版业的麦加，每年吸引着来自世界110多个国家和地区的书业界人士参加。其盛大的规模（19万平方米）、丰富的展品、先进的服务设施堪称世界之冠。据展方统计，每届博览会约有30万名参观者，其中约12万名书业界决策人士是为贸易目的或寻求合作机遇而来，约75%的版权贸易是通过法兰克福国际书展达成的。

FRANKFURTER BUCHMESSE

近年来，该书展已成为我国出版业人士踊跃参加、收获较大的一项业务活动，特别是购买版权的力度逐步加强。每年我国大部分省、市出版单位有数百人参展，贸易额逐年上升。

法兰克福书展于1949年由德国书业协会创办，每年10月第一个星期三至第二个星期一在法兰克福举行，为期六天。1988年之前每两年确定一个主题，以便了解各国出版该主题图书的情况。1989年之前共有五个展览馆；从1990年起共有六个展览馆。1989年参展出版公司8189家，其中德国出版公司最多，其后是英国、美国、法国，展出图书34万种，展出面积9.7万平方米。其展览宗旨是：允许世界上任何出版公司展出任何图书。参展者的主要活动是展示图书、洽谈版权交易、洽谈合作出版。每届颁发一次“德国书业协会和平奖”。

书展的主要功能是推进版权贸易。数据显示，在书展上达成的版权交易占世界全年版权交易总量的75%以上，一方面是出版机构的版权负责人前来洽谈、购买国外版或翻译版版权，另一方面是大批文学代理人寻找海外出版公司。此外，在每届书展正式开展前一天的下午2点，都会举办“国际版权经理大会”，以深入探讨版权贸易中的有关问题。

每年会有100多个国家、7000多家出版商和书商、30多万个新品种参加法兰克福书展。该书展已成为世界最大和最重要的图书贸易中心，是世界书业界的盛会，也被誉为“世界文化风向标”。法兰克福书展如今也是中国图书出版界对外输出版权的主要媒介，中国出版界自2009年在法兰克福书展担任主宾国之后，连续两年在这一国际最大书展上输出版权超过2000项。

书展由来

15 世纪中期，住在法兰克福附近的约翰·古登堡发明了活版印刷术，并第一次出版了印刷本的《圣经》，第一版 180 本还没有正式发行就已全部售出。印刷术的兴起，使得 16 世纪至 17 世纪时的法兰克福成为德国最重要的图书贸易场所，其提供的服务不仅面向德国，而且面向其他拉丁语系欧洲国家。书籍被成箱地运往法兰克福，由来自各地的书商带回本地销售。

一段时间由于法兰克福的图书受到皇室严格审查，德国的图书贸易中心转到风气更为自由开放的莱比锡城。第二次世界大战后，法兰克福再一次成为图书贸易中心。到 1949 年，第一次现代意义上的图书博览会在法兰克福保罗教堂举办，德国人对文学的渴望，特别是对外国文学的渴求，对书展起到了推波助澜的作用。到 1954 年，外国出版商的参加人数甚至超过了德国出版界。

书展影响力

德国并不是世界最大的出版国，德语也不是世界使用最广泛的语言，但多年来，法兰克福一直举办着世界规模最大的书展，其中最具特点的国际版权贸易以及出版界人士的聚首是出版商们的期待。另外，书展为参展商提供的各项服务及组织的各项活动也起到了重要的作用。

法兰克福书展为世界各地的出版商寻找了新的接触机会，它既延续、加强了已有客户，又可寻找新合作伙伴，开发版权与许可贸易。书展是出版社、跨国公司进一步塑造企业形象的大好时机，通过介绍和展示产品可以获得新的消费者，寻找新的发行渠道，交流与收集信息，进行市场调研，进而在展会中占有一席之地。

展会上的业界人士包括出版商、书商、版权经理人、图书批发商、新闻杂志业者、文稿代理商与文探、作者、图书管理员与案卷保管人、印刷制造商、大学与研究协会等。同时，法兰克福书展也注意到了与文化市场的结合。

（二）伦敦图书博览会

伦敦书展（London Book Fair，LBF）于1971年由英国工业与贸易博览会公司创办，是仅次于法兰克福书展的世界第二大国际图书版权交易会，也是每年欧洲春季最重要的出版界盛会。自1971年建立以来，伦敦书展每年举办一届。书展每年3月举行，为期3天，展出面积3000多平方米，图书品种繁多，各种与图书贸易有关的服务应有尽有。在此期间，约有100个国家和地区的2万多名出版界精英会集于伦敦著名的奥林匹亚展览中心进行商业与学术交流。同时，伦敦书展也吸引着500多家媒体的注意，他们大多涉及贸易及消费领域，共同关注着博览会的主题、产品以及由此引发的相关服务。

伦敦书展的发展历程并非一帆风顺，尽管主办者多年来试图将其办成具有国际影响的图书博览会，但这条路无疑是漫长的。直到1989年，美国才首次参展。在主办者的不懈努力和业内人士的大力支持下，到了2000年，海外参展商的数量已经达到25%，如今LBF已成为70%的国际大型出版社每年必然参加的展览盛会，是名副其实的世界图书博览会。

伦敦书展由英国书商协会及爱尔兰有限公司主办，其代理了英国和爱尔兰95%以上的书商，为客户提供最广泛而周到的服务，范围从书商参展的资格认证、参展费用支付到展品目录及展会宣传品制作，并负责安排展会期间的学术会议及各种宣传活动。英国书商协会及爱尔兰有限公司专业化的服务和多年的展会主办经验为参展商解决了后顾之忧。

另外，世界著名展览组织者——里德展览公司的加盟，使伦敦书展的整体组织工作安排得高效而合理，从展前参展商的展位预订、展区划分、展位设定到海外参与者的网上注册、参展证与相关资料的寄送，以及在展出过程中的宣传品分发、展商情况咨询等，所有的程序都有条不紊地进行着。因此，由世界著名公司主办，大型展览公司精心规划和组织，也是伦敦书展能够得到业内人士重视，其国际影响力不断增强，并且每年规模不断扩大的原因。

书展主要功能

伦敦国际书展主要属于版权型博览会，被众多业内人士认为是版权交易最重要的春季国际书展，是各国出版商进行版权洽谈的重要活动场所。展览以业内人士为主，资深人士主持的专题讲座、多种学术交流活动以及最新论题的研讨会等更强化了其专业氛围。

除此之外，伦敦书展为图书经销商、版权商、出版商和印刷商提供了一个完美的贸易平台，并使每位参展人员获得最大化的信息资源。

书展展位设计

展位的合理设计是书展获得成功的重要因素。伦敦书展按展品特色和服务功能的不同将展台划分为以下几个区域：大众出版物、专业图书、儿童图书、国际出版商、出版技术等，此外，还有国际版权中心展位、零售服务展位和附件区展位。统一展区的展台具有相同的颜色，色彩差异成为不同功能区的分界线。展区分布的平面图印制在书展的宣传材料首页，展位划分的具体情况制作成大型指示牌安装在展馆入口处及不同展厅间的过廊处，让每位参观者可以按照自己的需求找到目标展台。

书展情况统计

伦敦书展不仅是出版社的盛会，还是各种图书代理商、经销商、各级批发零售商和运输商会集的殿堂。为了更深入地了解书展中参展人员的具体情况，就 32~33 届的数据从以下几个方面做出统计。

（*a*）参展人员行业统计。伦敦书展的参展人员虽都是图书领域的业内人士，但从行业细化的角度看，其中各国出版商占到了总参展人数的 35%，图书代理经销商占 20%，印刷商、运输商、电子商务、教育机构、图书馆等占 15%，其他行业和流动的参观者占 30%。

（*b*）商业目的统计。在书展中以图书销售为目的的业务占 25%，其中包括与出版社直接洽谈版权贸易的业务；拜访知名作者谈图书编写的占 15%，市场推广占 10%，在版权中心谈版权贸易的占 10%，另外图书进出口贸易和设计等业务占15%，流动参观者和其他业务占25%。

（c）展品种类统计。整个书展中约有20%的展品属于大众商业出版物，15%是儿童出版物，艺术和旅行类图书约15%，在线图书和网上书店作为2003年的新热点占15%，学术出版物相对较少，只有10%，宗教图书占5%，其他如非图书出版物、图书包装品、图书馆信息系统等占20%。

（三）博洛尼亚儿童图书博览会

博洛尼亚儿童图书博览会是意大利举办的国际性图书博览会，也是世界上规模最大的儿童图书博览会。该博览会于1964年创办，每年4月在博洛尼亚举行，为期四天，组织者是博洛尼亚博览会公司。博览会只展出儿童图书，属版权型，不对公众开放。欧美出版商在那里进行儿童图书与非儿童图书的版权交易。1986年，参展出版社来自60个国家和地区，展出面积14500平方米。

博洛尼亚书展作为最大的儿童书展，每年聚集了来自世界各地、出版方向各异的童书出版社，展现了多样化的童书产品。有丰富多彩、主题相异的儿童绘本书，也有给婴幼儿的启蒙教育书，更有给青少年阅读的文学读物；有各类故事书，如校园、青春、玄幻、科幻等，也有各种科普图书，上至天文地理历史，下至单一动物的百科；有小到40开的漫画书，也有大到8开的童话故事书；有传统的儿童图书，更有儿童玩具书、布书、立体书、有声书、触摸书、游戏书、壁挂书等形式新奇、充满乐趣的产品，充分地满足了不同年龄段、依据不同目的来阅读的小读者的需要。

书展上另外一个重头戏便是颁发最为著名的“博洛尼亚国际儿童书展最佳童书奖”，这也是全球儿童出版界最受瞩目的奖项，以创意、教育价值、艺术设计为标准，评选出小说类、非小说类以及少年三个级别中最杰出的作品，折桂的图书都被冠以优质图书的标章。

（四）东京国际图书博览会

东京的国际图书博览会是每年举办一次的大型国际图书博览会，以展出日本的出版物为主，同时也有其他国家的出版社参加。2013 年的东京国际图书博览会，在台场的东京国际展示会场举行。台场地处东京湾畔，是东京这个大都市中最时髦的地区，人们称它为“临海副都心”。东京国际展示会场是日本最大规模的国际展览会场，其造型精美，是临海副都心重要的标志性建筑之一。

（五）北京国际图书博览会

北京国际图书博览会（Beijing International Book Fair，BIBF），于 1986 年经国务院正式批准创办。BIBF 由新闻出版总署（国家版权局）、教育部、科学技术部、文化部、国务院新闻办公室、北京市人民政府、中国出版工作者协会主办，中国图书进出口（集团）总公司、环球新闻出版发展有限公司承办。

北京国际图书博览会每届均有国内 500 多家出版单位及来自英、法、美、日等 70 多个国家和地区的 2000 多家中外出版机构参展，参观人数约 20 万人次。北京国际图书博览会每两年举办一次，从 2002 年开始由两年一届的办展周期缩短为一年一届，截至 2011 年共举办了 18 届。北京国际图书博览会始终坚守“把世界优秀图书引进中国，让中国图书走向世界，以促进国际科技文化交流，增强各国人民的相互了解和友谊，扩大中外合作出版和版权贸易，发展图书进出口贸易”的宗旨。

第 19 届北京国际图书博览会

2012 年 8 月 29 日至 9 月 2 日在中国国际展览中心（新馆）举办。北京市作为 BIBF 首个主宾城市精彩亮相，力争打造具有北京特色的文化展区，全面展示京韵文化。

BIBF 期间，北京将以“世界城市、人文北京”为主题，参展面积 1000 平方米，组织首都出版发行联盟成员、中国北京出版创意产业园区数十家出版发行品牌企业和北京数字出版企业的强大阵容，精挑细选 1500 余种好书、新书、精品书参展，涉及文艺、少儿、艺术、教育、科技、社科、军事等众多门类。同时还举办了关于北京文化、北京精神、电子书、动漫、游戏等多种主题的文化展览。

北京市新闻出版局策划了一系列文化活动。包括北京时代华语图书股份有限公司举办的100本中国图书"走出去"签约暨CN TIMES INC揭牌仪式、北京磨铁图书有限公司精品图书全球推介会和北京东方天歌文化交流有限公司的"百年中国，百年传情——中国百姓家庭照片展"。特别是8月29日举办的100本中国图书"走出去"签约暨CN TIMES INC揭牌仪式，现场组织国内10家品牌出版集团、出版社与CN TIMES INC签订100本版权输出协议，这也是迄今为止中国出版历史上最大规模的单笔图书输出。这些图书主要包括四类图书：一是反映中国共产党建党90年伟大成就与历程的优秀作品，如《红军》、《雷锋》、《红色账簿》、《中国共产党怎样解决民族问题》等。二是反映社会主义革命、建设、改革开放伟大成就和未来发展战略的优秀作品，如《中国之谜》、《国情备忘录》、《中华人民共和国建国史研究》、《走向海洋》、《中国国情读本》等。三是反映抗日战争等抵抗外来侵略历史的优秀作品，如《我的抗战》、《中国远征军》、《南京大屠杀史研究（全2册）》等。四是反映中华文明与改革开放的中国历史文化和文学作品，如《秦始皇兵马俑》、《走进殿堂的中国古代科技史（上中下）》、《莫言作品精选》、《康熙大帝》等。

第20届北京国际图书博览会

2013年8月28日至9月1日在北京中国国际展览中心（新馆）开幕。

该届图博会总面积53600平方米，共设四个展馆。其中，东一馆为国内出版物展示区，东二馆为海外出版物展示区和版权中心，西一馆主要为数字出版展示区、部分海内外出版物展区，西二馆为2013年特别策划设立的主题馆，集中了沙特主宾国、湖北主宾省、莫斯科特邀友好城市、海外期刊和图书馆现采专区、海外图书专题展区、中国图书对外推广计划展区等主题展示区域，以及新闻中心和功能区域。图博会安排海内外展2267个，参展国家和地区76个，参展商超过2000家。

该届图博会在重大活动设计、展区规划和布局、品牌专业活动等方面进行了进一步的修正和完善，期望用更加国际化、专业化和人性化的方式向广大参展商和读者呈现一场文化大餐。

第三节　中国对外演艺贸易

一、演艺业发展现状

近年来，我国演艺业在文化产业繁荣发展的背景下，无论是演出场次、票房及观众人数等市场规模指标，还是艺术表演团体、剧目原创等微观主体内在要素，都呈现了稳步上升的趋势。

1. 演出市场持续增长态势

2010~2012 年，我国演出市场的场次数、票房和演出收入都呈现持续稳步增长的态势。2012 年全年演出总计 200.9 万场次，比 2011 年增长 10%。其中，农村地区的演出场次居首，达到了 95.1 万场次；旅游演出和公共文化服务类的演出场次比重偏低。

演出收入方面，2012 年演出总收入 355.9 亿元，其中票房总收入约 135.0 亿元。各类演出票房收入分别为：专业剧场演出 31.2 亿元，占总票房的 45.3%；演艺场馆演出 27.8 亿元，占总票房的 20.6%；旅游演出 32.7 亿元，占总票房的 24.2%；演唱会演出 13.3 亿元，占总票房的 9.9%。

2. 艺术表演团体规模稳步增长

艺术表演团体是我国演艺业的主要组成部分，其主要是指由文化部门主办或实行行业管理的专门从事表演艺术等活动的文化机构，涵盖了戏曲、话剧、歌舞剧、木偶、皮影等众多艺术门类。根据国家统计局数据，近年来，无论是我国艺术表演团体的整体规模、从业人员还是演出市场收入，都保持着稳步的增长。全国各级艺术表演团体，在繁荣演出市场、传播先进文化、开展艺术教育等方面均发挥着重要作用，为推动社会主义文化大发展、大繁荣做出了重要贡献。

2003 年，全国共有各类艺术表演团体 2601 个，2011 年增长至 7055 个。全国的文艺表演团体在所有制方面主要以公有制（国有、集体）和其他所有制（民营、私人）为主，且多数集中在县市级。2012 年全国共有演出团体 13000 余家，其中国有演出团体完成改制的有 2102 家、民营演出团体 10000 余家。

艺术表演团体的所有制方面，以 2011 年为例，国有文艺表演团体 2213 个，集体艺术表演团体 291 个，其他性质 4551 个。在行政区域分布方面，中央共有 17 家艺术表演团体，省（区、市）级为 249 个，地（市）级为 755 个，县（市）级为 6034 个。

艺术表演团体从业人员也一直呈现增长的趋势，从 2003 年的 137059 人增加到了 2011 年的 226599 人，增幅达到 65.3%。演出场次从 2003 年的 38.5 万场次增加到了 2011 年的 154.72 万场次，增幅约为 4 倍。总收入从 2003 年的 400867 万元增长至 2011 年的 1540263 万元（见表 6–5）。中国演出行业协会在发布的《2012 中国演出市场年度报告》中指出，2012 年国有演出团体人员结构的统计显示，在职人员约 15.9 万人，表演人员、创作人员、营销人员数的比值约为 10∶2∶1，人力资源配备比例失调。

表 6–5　2003~2011 年全国艺术表演团体主要统计指标

各项指标	2011 年	2008 年	2005 年	2004 年	2003 年
从业人员（人）	226599	184678	141678	142081	137059
演出场次（万场次）	154.72	90.53	45.9	42.5	38.5
总收入（万元）	1540263	803030	527146	485625	400867
演出收入（万元）	526745	133077	98268	93304	71781

演出收入方面，根据道略文化产业研究中心分析，2010 年，中国演出市场收入达到 108 亿元。根据中国演出行业协会发布的《2012 中国演出市场年度报告》，2012 年全国演出市场总收入 355.9 亿元，其中专业剧场演出比重占到了总票房的 45.3%，演唱会演出所占比重较低，仅为总票房的 9.9%。

3. 剧目原创和演出硬件有所提升

近年来，全国各级艺术表演团体加大了对公用房屋、排练场所的建设力度，院团演出硬件设施条件有所改善。2010 年，全国艺术表演团体公用房屋建筑面积 465.53 万平方米，比 2009 年增加了 8.87 万平方米，增长 1.9%；排练练功用房 128.72 万平方米，比 2009 年增加 9.18 万平方米，增长 7.7%。在演出剧目原创方面，各级艺术表演团体表现稳定。其中，话剧、儿童剧、滑稽剧团原创首演剧目数增长较为明显，京剧的原创首演剧目数呈现递减趋势（见表 6-6）。

表 6-6 2009~2011 年全国艺术表演团体原创首演剧目数

单位：部

原创首演剧目	2009 年	2010 年	2011 年
所有艺术表演团体	1578	1578	1578
话剧、儿童剧、滑稽剧团	87	103	143
歌剧、舞剧、歌舞剧团	64	68	98
歌舞团、轻音乐团	246	207	271
乐团、合唱团	100	22	32
京剧	48	36	35

同时，各地先后兴建了一大批功能完善、设施完备的艺术表演场馆，演映场次逐年增加，为艺术院团提供了更优质的演出保障。艺术表演场馆机构数从 2008 年的 1944 个增长至 2011 年的 1956 个，同期，场馆演出场次从 740 千场次增长至 1040.7 千场次（见表 6-7）。演出票务方面，目前全国演出票务公司约 200 家，其中拥有票务系统的票务公司有 10 余家（永乐票务、大麦网、中演票务通等），作为演出项目的总代理机构，向上下游各个环节提供综合性服务。没有票务系统的票务公司约 200 家，均作为二级分销渠道，开展票务销售业务。

表 6-7 2008~2012 年全国艺术表演场馆机构数和演出场次

艺术表演场馆指标	2008 年	2009 年	2010 年	2011 年	2012 年
场馆机构数（个）	1944	2137	2112	1956	1966
场馆演出场次（千场次）	740	606.3	811.2	1040.7	—

在贯彻中央关于推进公共文化服务建设方面，各级文化主管部门通过政府购买、演出项目补贴以及资金奖励等方式推动了“送戏下乡”等公共性演出，进一步解决了艺术表演团体公共性演出难、转点难、搭台难的问题。2005 年，文化部、财政部正式实施了流动舞台车工程。截至 2010 年底，中央财政共安排专项资金 3 亿元，为剧团和基层文化机构配备了 969 台流动舞台车。2010 年，全国各级艺术表演团体共利用流动舞台车演出 11.41 万场次，观众达到 1.14 亿人次。

4. 艺术院团改制工作取得重大进展

近年来，国有文艺院团“转企改制”数量逐年增长，“转企改制”工作取得了显著成效。中央和省级政府有关职能部门共出台了 40 多项院团改革的配套政策。截至 2010 年底，全国文化系统承担改革任务的 2086 个国有文艺院团中，已有 461 个完成“转企改制”，转企完成率达到 22.1%。截至 2012 年底，全国 2103 个承担改革任务的文化系统国有文艺院团（不含保留事业体制院团），已有 2100 个完成和基本完成“转企改制”、撤销或划转任务，占总数的 99.86%。转制后的艺术表演团体，按照“面向市场、增强活力”的要求，积极探索和建立新形势下推动院团发展的工作机制，在经济效益和社会效益方面均取得新进展。

二、中国对外演出的现状和特征

中国演出市场仍处于培育和发展阶段，对外演出的整体局面依旧处于演出贸易逆差和演出交流乏力的局面。据中国经济网数据，2007~2008 年，中国主要的 25 个演艺剧目的出口总额为 8549.49 万元。2009 年，中国境外商业演出团组约为 426 个，演出场次 16373 场，实现演出收益约为 7685 万元。而事实上这个收益只相当于一部百老汇音乐剧在中国市场的收入。2010 年，共有 302 个演艺类项目走出国门进行商业演出，演出总场次 25908 场，出口总收入约为 2765.6 万美元；2011 年，共有 126 个演艺产品（项目）走出国门（境）进行商业演出，演出场次为 8090 场，出口总收入约为 3171.9 万美元。2011 年，在国家艺术院团演出推广交易会上，国家京剧院、中国国家话剧院、中国歌剧舞剧院、中国东方演艺集团有限公司等九个国家级艺术院团，分别与相关单位签约各类演出共 571 场，金额达 1.15945 亿元。可见，中国演艺公司在对外演出贸易这条路上依旧面临着非常激烈的竞争和压力。中国对外演出贸易主要呈现出三方面特点：

1. 国有院团重对外交流，民营院团重对外贸易

中国演艺公司对外演出贸易的主体可以分为以中国对外文化集团为代表的国有演艺院团和以天创国际演艺公司为代表的民营演艺剧团两大类。其中，国有院团的对外演出活动多偏于促进文化交流和提升文化影响力（见表 6-8），民营演艺院团则以对外演出盈利为主要目的。以中国对外文化集团公司（CAEG）为例，其是在原中国对外演出公司（CPAA）和中国对外艺术展览中心（CIEA）的基础

上组建而成，旗下拥有 19 家全资境内外企业以及多家控股、参股企业。截至 2010 年，集团公司共向海外派出各类艺术团组达 216 个，在世界 80 个国家和地区的 210 个城市演出 19700 场次，现场观众超过了 3750 万人次，海外演出场次和现场观众人次分别占集团海内外演出总场次和总观众数量的 88.1%和 94.1%。2011 年中国对外文化集团共举办了 6000 余场大中小型各类海外演出，其中商业演出项目占 60%以上，演出遍及世界五大洲近 50 个国家和地区的 370 多个城市，观众总量超过 1000 万人次。

表 6-8　2011~2012 年部分国有院团对外演出主要剧目

剧目名称	演出机构	演出地点	演出时间
《天鹅湖》英文版	上海芭蕾舞团	日本	2012 年 11 月
《逐梦天涯》	广西南宁市艺术剧院	美国	2012 年 6 月
《阿依达》	中国国家大剧院	日本	2012 年 7 月
《赤壁》京剧	北京京剧院	奥地利、匈牙利	2012 年 6 月
《多彩贵州风》	贵州民族歌舞剧团	澳大利亚	2012 年 2 月
《丝路花雨》	甘肃省歌舞剧院	美国	2011 年 11 月
《图兰朵》歌剧	中国国家大剧院	韩国首尔	2011 年 6 月
《武林时空》	中国对外演出公司	欧洲四国	2011 年 4 月

民营剧团在对外演出贸易中更为艰辛。以天创演艺为例，其自成立起便专注于大型演艺项目策划制作和国际演艺项目经纪业务，先后制作了《天幻》、《梦幻漓江》、《功夫传奇》等七大常态品牌剧目。《功夫传奇》是其对外演出的首部剧目，2005 年在北美进行了长达 5 个月的巡演，共计 150 场次，观众达 11 万人次，票房总收入 300 万美元。2009 年，《功夫传奇》进入英国伦敦大剧院，连续演出 27 场，观众上座率为 60%。

2009 年底，天创国际投资 354 万美元在美国密苏里州布兰森市收购了“白宫剧院”。2012 年 1~4 月《功夫传奇》在西班牙、葡萄牙两国巡演 112 场。对于大部分的民营剧团而言，现在依旧处于探路和积累经验的阶段，对外演出贸易整体实力依旧非常弱。2009~2012 年，各民营剧团对外演出的剧目主要有《龙狮》、《功夫传奇》、《云南印象》、《大梦敦煌》等。

2. 民族演艺产品表现突出，以剧目输出贸易为主导

中国对外演出贸易目前依旧以杂技、功夫剧和民族舞台剧为主，国际演出市

场主流的音乐剧和歌舞剧演出则显得较为缺乏。国家文化部外联局数据显示，以杂技为主的民族演艺产品的对外演出创汇额比重达到了 80%，表现极其突出。2002 年赴美商演的 14 个团组中有 11 个为杂技团。

从中国对外演出的剧目类型看，普遍集中在杂技和功夫剧方面。以杂技综艺舞台剧《龙狮》为例，该剧是 1997 年由中国对外演出公司和加拿大太阳马戏团共同投资的剧目，在长达 10 年零 9 个月的首轮世界巡演中，《龙狮》足迹遍布全球 60 多个城市，共演出 3843 场，上座率保持在 90%以上。观众累计约 900 万人次，票房收入约 9 亿美元，年平均票房为 6000 万美元。但是，在过去的五年间，杂技和功夫剧的海外市场逐渐萎缩。大部分专家认为，这是由于在海外市场中国杂技团体繁杂，彼此之间恶性竞争，缺乏有影响力的剧目，加之国际经济形势的原因致使杂技、功夫剧的海外订单锐减。在继续保持民族歌舞和杂技类剧目比较优势与品牌影响力的基础上，最近两年部分对外演出机构开始逐渐向多元化类型剧目拓展。例如，有着“可移动的敦煌”之称的舞剧《大梦敦煌》，是兰州歌舞剧院出品的中国国家舞台艺术精品剧目。截至 2011 年 9 月底，《大梦敦煌》已在全国 32 个城市与欧美多个国家演出 920 场，观众逾百万人次，累计票房收入近亿元，成为中国舞剧“多演出、多产出”最为成功的典范。

同时，无论国有还是民营演艺院团，几乎所有的对外演出都是通过剧目的直接输出完成的（见表 6–9）。演出公司对外演出中依旧以单纯的剧目贸易为主，演出版权贸易的比重依旧较低。剧目输出贸易的形式使得国内演出公司除了获得演出合同所议定的收益外，无法分享更多的演出收益，更重要的是相较于版权贸易输出，剧目输出无法在海外市场形成规模演出场次，市场影响力低。并且中国

表 6–9　2011~2012 年国家文化出口重点项目目录（演出）

项目名称	项目单位	区域
美国布兰森白宫剧院经营管理项目	天创国际演艺制作交流有限公司	北京
沧州杂技团杂技表演	沧州杂技团	河北
原生态阿希达组合	内蒙古新思路文化艺术发展有限公司	内蒙古
中国昆曲海外演出	苏州昆剧院	江苏
安徽省杂技团赴美定点演出	安徽演艺集团有限责任公司	安徽
民族歌舞剧《槟榔·古韵》	甘什岭槟榔谷原生态黎苗文化旅游区	海南
藏族原生态歌舞乐《藏谜》	九寨沟县容中尔甲文化传播有限公司	四川
民族歌舞《多彩贵州风》	多彩贵州文化艺术有限公司	贵州

演艺公司的海外活动基本为单次演出项目业务，与院团、院线相关的对外合资、兼并及收购等业务寥寥无几。

3. 缺乏规模推介平台，对外演出各自为政

中国现在还没有真正意义上的对外演出推介平台，每年举办的诸如中国国际演出交易会基本还是仅限于国内院团、经纪公司以及剧场，尤其缺乏一个由国家主管部门或协会所主办的，能够邀请国外知名院团、演出商及经纪公司的对外演出交易会。因此，各个对外演出机构各自为政，没有统一的支持平台，不仅分散了竞争力，而且直接导致了院团在国际演出市场中的恶性竞争。以杂技对外演出为例，20 世纪八九十年代，各个省市的 200 多个杂技团都参与了对外交流演出，一时间在国外造成了较大的演出规模。但是，之后各个团体之间为了争夺国外演出市场，恶意压低演出费用，缩小演出规模，使得杂技对外演出从 2000 年之后完全陷入了低潮。随后出现了演出场次越多、平均收益越低的恶性循环。

三、国际对外演出市场格局

作为文化市场中表现最为活跃的演艺业，与图书、电视、电影及网络文化产品一样，也面临对外贸易和竞争的议题。2000 年之后，西方发达国家为了产业升级和稳固对外文化贸易的优势，纷纷加速了对外演出活动的频率。从国际演出市场的宏观格局可见，英国、美国及日本等国依旧是引导欧洲、北美和亚洲演出市场的中坚力量。这一时期，发达国家的对外演出活动突出表现为以下几点：

1. 大规模制作的音乐剧和歌舞剧开始成为国际演出市场中的核心产品

各个国家的演出制作公司、艺术教育机构及文化主管部门积极投身于大型剧目的创作，寄希望于成为国际演出市场中的流行指标。例如，爱尔兰的《大河之舞》自 1995 年 2 月在都柏林首演以来，已经在全世界演出超过 1.2 万场次，现场观众达到了 2500 万人次，《大河之舞》的 DVD 影碟在全球销售超过 1500 万张。2009 年 12 月到 2010 年 2 月，在长达两个半月的时间里，《大河之舞》的热浪席卷了中国 13 个城市，连续演出 60 场。《大河之舞》所到之处，场均上座率达九成以上，很多场次达到满场，甚至出现了加座的情况。

2. 大型传媒集团纷纷涉足演出领域

演艺产品和传媒产品之间的渗透趋势加速，演出市场的传统剧场媒介开始出

现了数字化和网络化的创新探路。这种竞争趋势也促使各国的文化研究者、艺术研究者开始对演出市场话语权以及文化主权提出了诸多的不同看法。

3. 对外演出贸易不再依靠单纯的剧目输出

近年来，对外演出贸易中更多的对外演出机构开始通过版权贸易、对外直接投资剧院和剧场以及本土化合资经营等方式开拓国际演出市场，从而推动了演出市场相关剧目、人才及资金等竞争要素的跨国化流动。例如，2006 年，美国百老汇音乐剧《狮子王》曾在中国创下演出 101 场、吸引 16 万观众、取得 7200 万元总票房收入的纪录。2011 年，上海亚洲联创文化发展有限公司通过版权引进制作的中文版音乐剧《妈妈咪呀》，仅首轮北京巡演就达到了 112 场，吸引 14 万名观众走进剧院，取得 4500 万元的票房佳绩。2012 年，音乐剧《猫》中文版在上海站的第 50 场演出后，票房也已突破了 3000 万元大关。

综观当前中国演艺业在全球文化舞台上的现状，既要面对海外演出市场的激烈挑战，又要在文化体制改革的背景下，不断地发展和提升本土演艺企业的竞争力。

4. 对外演出贸易方式多样化发展

对外演出贸易方面，美国和英国以版权输出和境外合资公司演出为主，而日本和中国则仍然以剧目输出为主。其中，英国通过版权输出实现了剧目的本土化演出，从 2002~2010 年，仅英国音乐剧《妈妈咪呀》就出现了韩国版本、瑞士版本及中国版本。中国版的《妈妈咪呀》在 2011 年缔造了 8500 万元票房佳绩。日本四季剧团 2001~2009 年演出英国音乐剧《猫》共 1563 场，吸引了 177 万观众。

从 2004 年开始，英、美等国加快了在中国和印度等国家演出市场设立合资演出公司和共同经营剧院的步伐。例如，2007 年，百老汇倪德伦集团在中国建立新纪元倪德伦公司“中国百老汇院线”。2008 年，中国对外文化集团与英国卡麦隆·麦金托什公司正式对外宣布，将联合投资成立音乐剧制作合资公司。2012 年，由“音乐剧之父”安德鲁·韦伯创立的英国真正好公司和中国亚洲联创公司正式结盟，在《妈妈咪呀》中文版成功运营的基础上计划继续推出《猫》和《歌剧魅影》。

第四节 中国对外艺术品贸易

一、国际艺术品市场

从历史的角度来看，从人类诞生时起，艺术就开始萌芽。原始社会、奴隶社会、封建社会不断的战争和民族融合，导致了不同艺术的交流，也导致了艺术品贸易的萌芽。艺术品贸易是随着近代资本主义生产关系的产生，资本主义思想和文化的兴起，以及资产阶级财富的不断积累而逐渐发展起来的。在14~15世纪，意大利的一些城市出现了资本主义萌芽，文化上逐渐打破中世纪黑暗时代的封建专制文化传统，开始了资产阶级的文艺复兴运动，并涌现了一大批杰出的艺术家、思想家、科学家。其中的著名艺术家——达·芬奇、米开朗基罗、拉斐尔——被后世誉为意大利文艺复兴时期的“三杰”。他们的辉煌成就，不仅对欧洲，而且对全世界艺术的发展都产生了深远的影响。由于艺术和经济的繁荣，艺术家的作品受到广泛的推崇，在意大利和欧洲其他地方开始出现艺术品市场和艺术贸易。①

在欧洲的北部地区，从15世纪40年代开始出现艺术品市场和艺术贸易。法国巴黎的勃艮第（人）的庭院是中世纪以来的艺术交易中心，但到中世纪末期，佛兰芒人发展了艺术品市场。15世纪80年代，在比利时安特卫普的教堂开始出现最早的艺术品市场和艺术贸易，后来佛兰芒人逐渐把艺术贸易的中心发展到了尼德兰地区（今天的荷兰），取代了法国人的地位。由于新教在尼德兰地区的流行，意大利文艺复兴时期的艺术和文化受到广泛推崇，市场价值逐渐上升。16世纪40年代左右，永久性的艺术品市场开始在新的商品市场上出现。

随着资本主义的发展，银行也开始出现，一些银行开始发行货币，因而艺术的价值可以用货币来表现，市场价值开始体现出来。1609年，荷兰建立了第一

---

① 罗兵. 国际艺术品贸易［M］. 北京：中国传媒大学出版社，2009.

家中央银行，资本主义的市场经济在荷兰得到了很大的发展，艺术和艺术贸易也进入了一个繁荣时代。维切里奥·提香是文艺复兴时期威尼斯画派最伟大的画家。伦勃朗是荷兰黄金时代最伟大的画家。提香和伦勃朗在这一时期的国际艺术品市场上十分著名。在整个17世纪，荷兰的商业资本主义达到了最繁荣的阶段，荷兰出现了最早的证券交易所和各种市场，因而艺术品市场和国际艺术品贸易也达到了空前的繁荣。这一时期，最早的艺术拍卖行产生了，艺术家在市场上出售自己的艺术品，甚至用自己的艺术品作为货币付给商人，或用于抵债。但是到了17世纪末期，荷兰在全球的经济霸权地位开始被西班牙、英国等取代，经济实力的下降导致了艺术品市场的崩溃。17世纪80年代，荷兰的艺术品市场出现萧条，艺术品的市场价值下跌。西班牙、英国等国开始在全球称霸，并在全球到处掠夺黄金。18世纪的国际艺术品贸易跌入了低谷，直到19世纪英国艺术的兴起。

第二次世界大战后，美国成为世界艺术市场的中心。有人对美国现代艺术市场进行过历史分期，认为1945~1960年是市场的凸显期，1960~1970年是市场的扩张期，而1970年至今是美国艺术市场的超越期。的确，美国现代艺术市场在20世纪六七十年代以后急剧扩张，主要原因在于美国经济发展使得艺术观众迅速扩张，据统计，美国有超过1/3的艺术博物馆都是在1960年以后建立的。美国政府出台了鼓励非营利性艺术机构发展和艺术捐赠的政策。也是在60年代，美国联邦政府组建了国家人类与艺术捐赠基金（The National Endowments of the Arts and Humanities），50个州和6个地区都各自设有州级艺术机构，随后各州境内的地方艺术机构不断涌现，数量成倍增长至几千家。非营利性的机构组织形式成为一种机制，通过允许捐赠者减除税收，使艺术组织可以获得相应的慈善捐赠，这无疑刺激了收藏，促进了市场的繁荣。博物馆作为公共收藏，带动了整个社会的私人收藏、捐赠活动，一方面极大地推动了美国现代艺术的发展，另一方面又不断地续写和创造着市场的神话。由于私人收藏与公共收藏的需求，美国现代艺术作品的市场价格一路看涨。1973年，约翰斯1965年创作的《双白地图》在索斯比卖到了24万美元，这是当时在世艺术家作品拍卖的最高价。而19世纪法国学院派代表画家布格罗的作品《吉卜赛少女》在1974年仅以3500美元就卖给了美国明尼阿波利斯艺术学院。这两者之间的差距充分反映了美国人对美国艺术的市场需求。70年代各种新的艺术实验不断突破着艺术的边界，观念艺术、行为艺术、极少艺术、大地艺术等艺术流派层出不穷，给70年代以后的美国艺术市场提供了新的产品。

当波普艺术的市场实现平衡、饱和后，新一轮的市场与收藏又在进行，博物馆继续成为最大的收藏者，并带动了私人收藏。在美国当代艺术如此多变的今天，这些作品进入博物馆的速度变得越来越快，我们甚至可以在许多城市的现代艺术博物馆里看到最新的作品收藏。正如专家所说，70年代至今的美国现代艺术市场处在一个超越的时代，不仅超越市场的价格，屡创新高，而且还在超越艺术自身。

伴随经济一体化趋势的深化与加强，艺术市场的中心逐步从美国、英国和法国向新兴市场国家转移和扩散。著名的国际拍卖机构如嘉士得公司和索斯比公司在亚洲和中东国家开展业务。艺术品市场的规模从20世纪90年代到2008年有了近20倍的增长，并涌现了新的购买阶层，如传统的收藏家主要来自美欧国家，现在更多来自巴西、日本、韩国、中国和中东国家。根据纽约大学经济学教授Miehael Moses和Jianping Mei的研究，通过跟踪1875~1899年在纽约拍卖市场上出售的艺术品的价格，发现艺术品正常的回报水平略低于此期间美国标准普尔指数的表现，但远高于同期任何债券的回报，而且在过去的半个世纪的大部分时间里，同标准普尔指数的回报水平相当。这也意味着艺术品投资已经置于同股票、债券等其他金融资产同等的地位上，这也解释了艺术市场规模正在不断扩大的原因。

二、国际艺术品贸易的方式

尽管“Trasncaction”这个词经常使用，但它有不同的含义。这里我们使用的是它最常见的用法，即商事合约。根据当事方的需要和适用的法律，商事合约的内容有所变化，如销售合同，或艺术品临时展览中常见的艺术品的借用或交换协议，甚至包括相关的保险合同。在本书中所指的艺术品交易都是艺术品的销售合同，而不包括其他形式的合同。

艺术品交易的方式主要有两种：一种是私下交易（Pirvate Sale）；一种是公开拍卖（Public Auction）。艺术品市场发展的初期，一直到20世纪50年代之前，私下交易是主要的艺术品贸易方式，拍卖并不看好。但一个叫彼得·塞西尔·威尔逊的人在第二次世界大战后执掌索斯比，他决心挑战交易商对名画的垄断。威尔逊推出了“卖方最低保证金”制度，在拍卖前向拍卖委托人提供一笔保证金，以此打消拥有珍品的人对价钱的顾虑。之后，拍卖渐渐发展成为艺术市场上占主流的交易方式，人们甚至主要以三大拍卖公司的拍卖营业额来度量艺术市场的规模。当然，艺术市场上的私下交易仍然存在，只是由于信息的透明度差，不易获得相关数据。

（一）私下交易

在私下交易中，画廊扮演了一个重要的中介角色，是推动艺术品商业流通的核心力量之一。画廊的存在对艺术家十分重要，其扮演的角色就是以最恰当的方式，以最合理的价位满足消费者购买的心理需求。画廊的责任是：让画家的作品被社会认同，为其选择获得成功的方式，如做宣传、画展等推广形式。通常画廊也在挑选好的艺术家、好的绘画作品。画家很显然离不开画廊这个经营母体，这是进入现代社会后新的经济形式的最科学的分工观念。只有推广画廊经纪制度，才能确保画廊与艺术家双赢。美国画廊良好的经纪制度，也相对形成了行业的规范运作。美国是一个经济十分发达的国家，社会分工很细，艺术市场的形成已有多年的历史，相对规范。而且美国人的消费相对理性，他们更希望到一些有执照的专业机构购买物品，他们认为这样会更令人放心，可以减少投资风险，不仅保质而且保值。

广义的画廊既包括经常举办艺术品展览展卖的画廊，也包括销售商品装饰画或兼营工艺品的画店。狭义的画廊只指前者。画廊是转卖市场，画廊的购买不是终极购买，它承担的是促进从美术生产到消费循环互动的媒介角色。16 世纪，西方将搜集到的美术作品陈列于府邸的回廊，这是画廊的起源。以后，在贵族邸宅中也多有类似设置。19 世纪以后，画廊指观众鉴赏美术作品的公开陈列场所，与美术馆性质基本相同。另外，西方资本主义市场经济的发展使艺术商品化趋势加强，以专营美术品为业的画商应运而生。画商陈列和销售美术品的场所也称画廊。中国自 20 世纪 70 年代以后，由于对外开放和人民生活水平的提高以及艺术的普及，一些城市相继出现了画廊，如槐荫山房、古艺斋、瑞成斋、萃文阁、松竹斋、一得阁、荣宝斋、盛风画店等。

艺术家与画廊之间的法律关系有两种基本形式：第一种形式在欧洲最为常

见，即直截了当的购买协议。画廊从艺术家处购入作品，然后出售。除了支付价款外，画廊不对艺术家负有任何合同责任。协议可以适用艺术家的全部作品，也可以适用其中的一部分。协议中可以包含无条件的，或有条件的优先购买权，该项权利包括艺术家优先向该画廊提供其作品的义务，以及艺术商对作品的优先购买权。

第二种形式是艺术家通常和画廊之间存在一个寄售协议。该协议允许画廊以较少的资金投入来做更多的事，也允许艺术家带着未销售的画作转投另一家画廊。在美国的一些州，甚至通过艺术家与艺术商的寄售成文法来规范这种关系，意在保护受到艺术商压榨和盘剥的艺术家。该成文法的核心在于它在艺术家和艺术商之间建立了信托关系。在其中规定："交付的艺术品和销售的收入，是为寄售人（如艺术家）利益的信托财产。"当艺术家将艺术品交付给艺术商时，寄售关系自动成立。在这种信托关系中，艺术商只能为艺术家的利益行事，而不能从交易中谋取任何个人利益。纽约州在 1966 年通过的该方面的立法是美国其他各州艺术家与艺术商寄售成文法的先导。

在艺术家与画廊的合同中，有几项内容是必须做出明确规定的。合同应该明确规定画廊的权限范围，例如，涉及作品的类型、画廊权利的地域范围、合同的有效期限（包括延长合同期限的选择权或终止合同的程序），以及画廊是否拥有专有销售权，或者其他画廊是否也能销售该艺术家的作品。合同中还要订明付给画廊的佣金数额，并具体规定将由哪一方负担各种开支，诸如储藏、保险、宣传、展览、编目、加框、运输及类似开支等。

私下交易并不排除艺术家和收藏人或艺术品消费者直接的买卖，但是在美国等国家不是主流。

（二）公开拍卖

艺术品作为投资品，区别于一般工业产品的本质特征在于其独特性或单一性。这决定了艺术品在实物形态投资交易的过程中只有竞买而没有竞卖。这也是艺术品投资市场中拍卖成为典型形式的根本原因。

拍卖业萌芽于古代罗马，但正式形成却是在 17~18 世纪的近代欧洲。1660 年 11 月，英国出现旧船、废船拍卖；1689 年 2 月又有绘画及手稿拍卖；1739 年首次拍卖房地产等。近代欧洲拍卖是世界拍卖史上的第三个里程碑，并因此出现了人类历史上拍卖业发展过程的又一高峰。其主要表现为：

1. 拍卖机构大量出现

1744年和1766年，当今世界上两大拍卖行——苏富比和佳士得，分别在伦敦成立。当时伦敦已有60多家大大小小的拍卖行，拍卖业十分红火。1744年3月，苏富比举办首次拍卖会，拍卖标的是某贵族遗留的数百本书籍，拍卖成交额为826英镑。1766年12月，佳士得举办首次拍卖会，拍卖标的是某贵族遗留物89件，拍卖成交额为176英镑。在两大拍卖行成立前后，一些目前在世界上享有盛名的拍卖行相继问世。

2. 拍卖市场初步形成

欧美国家的拍卖业开始兴旺起来。从英国伦敦到德国汉堡，从奥地利维也纳到美国费城，功能齐全的新型拍卖行大量出现。荷兰以拍卖农副产品见长，英国以拍卖艺术品、马匹、羊毛、茶叶见长；美国则主要拍卖欧洲的生产资料等。

3. 拍卖法规逐渐完善

1677年，英国《禁止欺诈法》中已含有拍卖条款："拍卖商可代表卖方和买方签署经双方要求或为顾及双方利益而设立的任何合同，以便合同之履行。这类合同涉及土地或商品拍卖标的之价值，当在10英镑以上。"1845年，英国出台《货物买卖法》；1876年实施《土地拍卖法》；1893年又在《货物买卖法》中设立拍卖条款。1901年美国在《统一商法》中明确设立拍卖条款。

拍卖已经成为艺术品交易最主要的方式。如今有近50%的艺术品交易是以该种方式进行的。拍卖中主要存在的法律问题与是否底价拍卖、所有权公布等相关。

在美国，有许多州规定拍卖行和拍卖人开业须领取执照。有关领取执照的规定不仅是防止使用欺诈性的拍卖手段，也是为了增加税收，防止利用拍卖销售赃物。

美国在《统一商法典》中以成文法的形式制定了有关拍卖的法规。主要针对有关底价的概念和撤回拍卖物品或撤回报价的程序。底价的概念首先在英国产生，是一个起始价，按照惯例由拍卖人加以保密，应买人所出价必须达到这个起始价，拍卖品才能真正出售。该概念是为了应对"非法团伙"操纵价格而提出的。美国《统一商法典》第2-328条明确规定，除非另有明确说明，所有的拍卖视为有底价的。在有底价的拍卖中，只要拍卖人尚未宣布成交，出卖人就可以随时撤回拍卖品。例如，当出卖人指定的最低价，也就是底价无人应买时，便可以撤回拍卖品。

另外，美国承认无底价拍卖。在无底价拍卖中，欲购者所出任何报价，均为接受拍卖人所拍之货物的表示。在《统一商法典》第 2-328 条中规定，除非在相当一段时间无人出价，否则拍卖人在无底价拍卖中不能将货物撤回。一般来说，在无底价拍卖中，拍卖行不能采用最低利润保障法。无论是有底价的拍卖还是无底价的拍卖，应买人在拍卖人击锤前有撤回自己的出价的权利。

我国对于艺术品的拍卖，与美国的规定有所不同。《美术品经营管理办法》第 21 条第 1 款第 3 项明确规定，经批准的美术品拍卖单位申办美术品拍卖活动，须向审批部门出具关于美术品底价的文件。这意味着在中国美术品拍卖应该是有底价拍卖。同时，我国《拍卖法》第 28 条规定，委托人有权确定拍卖标的的保留价并要求拍卖人保密。

有关公布所有权的问题。按惯例，拍卖人和拍卖行只是卖方的代理人，但拍卖行也可能拥有部分拍卖品。在美国是允许拍卖人拍卖自己的物品的，但根据 1987 年修正的《纽约市行政法典》第 20 编第 2 章第 31 条，拍卖行应该公布对某拍卖品是否有利害关系以及该物品是否存在底价。同时美国《统一商法典》的第 2-328（4）规定："如果拍卖方明知卖方或其代理人进行竞买，而又没有做出卖方保留了应买权的通知，那么买方可以撤销买卖或以成交前最后一位善意竞买人的出价买下该物。"

第五节　中国对外电视剧贸易

一、电视剧行业现状

电视剧行业在我国是一个具有行政许可的垄断行业。对外，外资涉足影视行业的形式只有联合摄制、协作摄制、委托摄制三种；而对境内资本从事电视剧制作业务已基本放开。从整体看，电视剧行业的政策准入门槛较低，产量丰富，市场需求广阔。

1. 行业企业数量众多

截至 2013 年，持有《广播电视节目制作经营许可证》的机构数量已达 6175 家。《电视剧制作许可证》分为《电视剧制作许可证（甲种)》（俗称“甲证”）和《电视剧制作许可证（乙种)》（俗称“乙证”）两种。“乙证”由具备制作电视剧申请资格的机构按管辖权范围向广电总局或省级广播电视行政部门申请并批准取得，仅限于该证所标明的剧目使用，有效期一般不超过 180 日。目前，国内持有“乙证”的电视剧制作机构连续两年制作完成 6 部以上单本剧或 3 部以上连续剧（3 集以上/部）的，可向广电总局申请并批准取得“甲证”，“甲证”有效期为 2 年，期内对持证机构制作的所有电视剧均有效，期满持证机构可以申请延期。

表 6–10　2007~2013 年持有《电视剧制作许可证（甲种)》的机构数量

单位：个

年份	2007	2008	2009	2010	2011	2012	2013
机构数	117	117	132	132	129	—	137

业内一般认为，只有取得“甲证”的公司才有可能是致力于行业深耕的专业户，而不是出于“投机”、“洗钱”、“捧人”、“玩票”等目的进场的“游资”、“混混”和“票友”。由此可见，虽然持有“甲证”数量的机构不断增多，但就总量而言，在电视剧领域真正具备资质的专业机构并不多，增长也日渐趋缓。

2. 行业产量连年增长

从电视剧制作量看，2012 年，中国国产电视剧产量达到创纪录的 1.7 万集。这一数据较 2011 年国产电视剧 14942 集的数量增长了 13.77%。事实上，自 2003 年起，国产剧年产量已过万集，产量大且连续多年稳居全球第一。

从电视剧发行量看，2012 年，中国电视剧总发行部数大幅增加，达到 612 部，同比增加 50 部；总发行集数达到 19659 集，同比增加 2941 集。同期，中国国产电视剧发行部数为 506 部（占比 82.68%），同比增加 37 部；发行集数 17703 集，同比增长 18.84%。2006~2012 年发行的国产电视剧中，每部电视剧平均集数从 27.58 集增加到 34.99 集。

3. 交易额与市场前景广阔

近年来，随着中国电视剧行业相关政策的放宽以及各种扶持政策的出台，电视剧产业得到了迅速发展。2006~2010年，中国电视剧交易额从48.5亿元增长到59.2亿元，年复合增长率为5.11%。

2011年，中国实现电视剧交易总额76亿元，同比增长28.38%。2012年，中国电视剧交易额达到110亿元，同比增长44.74%。其中，电视剧播出版权交易额80亿元，电视剧网络版权交易额30亿元（见表6–11）。

表6–11　中国电视剧交易额

单位：亿元

年份	2007	2008	2009	2010	2011	2012
交易额	51.4	50.7	54.8	59.2	76.0	110.0

2011~2012年中国电视剧交易额大幅增加，主要原因是售价较高的精品剧数量不断增多以及网络渠道的强势崛起。

但从市场前景看，虽然国内市场巨大，但行业天花板已然初显。新崛起的视频网站和传统的实体音像制品能够提供一定的发行量，但现阶段电视剧发行渠道90%以上靠电视台，而电视台的播出时间与相应的电视剧容纳量相对固定，其中珍贵的黄金档更是有限。同时，接近发达国家水平的电视网络覆盖、寡头式竞争与对外出口乏力，已基本扼杀了行业新增量的可能。

4. 产能过剩，存在泡沫化趋势

从整体看，我国电视剧产量虽高，但由于各种原因，质量参差不齐，存量更是惊人。国家广电总局2012年发布的数据显示，中国每年电视剧产量和播出比为5∶3，2010~2012年来电视剧审批数目和已播出数目比为10∶1，存在严重的产能过剩。

同时，随着国家对宏观经济的调控，能源、房地产领域的收缩以及对文化产业的扶持与鼓励，越来越多的资金涌入电视剧行业。煤老板、房地产老板转身投资电视剧行业的例子屡屡见诸报端。盲目跟风、一哄而上使大量游资涌入，一方面加剧了行业的泡沫，另一方面导致行业的利润不增反降。

总体而言，我国虽然是电视剧大国，但同时存在着巨大的隐忧，可以说是“大而不强”。对内，产业结构亟待调整；对外，加快“走出去”的步伐不失为解决供需失衡的一种选择。

二、中国对外电视剧贸易

（一）贸易逆差大

电视剧的对外贸易是我国文化“走出去”工程中的重要内容。虽然21世纪以来我国在政策保障层面不断加强，但我国电视剧对外贸易领域“西强我弱”的状况仍未得到明显改善。不可否认，目前中国已成为全球生产、消费电视剧最多的国家，然而，虽然有如此庞大的产量和市场，我国电视剧进出口情况却常年呈现贸易逆差。

表6–12　中国电视剧进出口情况

单位：万元

年份	2011	2010	2009	2008
进口额	34564	21450	26887	24293
出口额	14649	7483.5	3583.6	7524.95

由表6–12可见，近年来，我国电视剧年对外出口额度徘徊在1亿元左右，2009年受国际金融危机影响，更是暴跌至3000余万元。与此相对的，进口量却稳定维持在2亿~3亿元，达到出口量的2.5倍甚至3倍多，贸易逆差虽然在逐年缩小，但仍相当严重。

横向比较美、日、韩等影视产业发达的国家，中国电视剧的输出量和影响力更是相形见绌。以2008年为例，我国电视剧出口总额约7525万元，这仅与韩剧出口到中国的金额基本持平，而当年韩国电视剧出口总额达1.05亿美元。近几年，国产剧输出有所提升，2011年我国电视剧出口额逾2000万美元，但同年韩国的电视剧出口额高达2.52亿美元。

2012年以来，国产电视剧集中涌现出一批精品，在国际上赢得了很高的声誉。但从根本上讲，我国电视剧贸易逆差、出口乏力等重大问题在很长一段时间内将持续存在。

（二）合拍片一冷一热

为了确保节目的制作质量与文化元素对跨国受众具有吸引力，并在产品的发行环节可以获得外国政府的政策支持，近几年中外合拍电视剧成了拓展海外市场的新方式。如上海新文化传媒投资集团、上海文广新闻传媒集团与西班牙加泰罗尼亚电视台合作拍摄的《情陷巴塞罗那》，北京华录百纳影视有限公司与日本NHK合作拍摄的《苍穹之昴》，北京中北电视艺术中心有限公司与俄罗斯RENTV合作拍摄的《猎人笔记之谜》等作品，都是中国电视机构与非华语区主流传媒机构深度合作的结晶。其中《苍穹之昴》更是在日本取得空前成功，并斩获亚洲彩虹奖。

但是，根据国家广电总局的相关规定，合拍剧不能在黄金档播出，这种“保护政策”无疑在某种程度上削弱了外资进入的积极性。近几年，纯粹意义上的“合拍片”已不多见，海外合作多以剧本引进或导演、演员个体加盟等形式进行。

值得一提的是，自2008年1月1日起，中国台湾、中国香港与内地合拍的电视剧在符合一定要求的前提下，各项政策受到与内地制作剧集的同等对待，这意味着黄金档将为陆港、陆台合拍剧敞开大门，使其享受与内地剧的“同等待遇”。政策松绑之下，合拍剧持续升温，中国台湾、中国香港等地区与内地在电视剧领域各个环节的交流与合作都已常态化，资源配置与优势互补值得期待。

（三）行业传统难题有所突破

曾经有人笑言，国产电视剧出口“卖的是白菜价”、“播的是东南亚”、“影响是巴掌大”。如今这三大传统问题有了新的突破。

目前，亚太地区占我国电视剧出口比例的2/3，也就是说，目前我国电视剧出口地区仍在与我们文化背景接近的国家和地区，对于市场更广但文化差异较大的欧美地区所占的市场比例不大。但在2013年，中国电视剧海外市场可谓亮点频出:《媳妇的美好时代》红遍非洲,《金太郎的幸福生活》在缅甸热播,《甄嬛传》、《还珠格格》亮相美国主流电视台。价格方面，《甄嬛传》更有望打破低价格局，在美国的卖价比国内卫视首轮播出的价格高得多。与热播剧同时涌现的一批具有海外号召力的演员、导演，无疑为后续产品扩大海外影响力奠定了良好基础。

（四）出口主体格局与发行模式有所变化

影视节目出口主体企业有了明显变化。除中国国际电视总公司在出口数量和金额上依然发挥主渠道优势外，北京、上海、江苏、广东、浙江、湖南等地的一些民营影视机构的上升优势逐渐显现。2009年的数据显示，湖南快乐阳光互动娱乐公司、浙江华策影视公司在出口总量上分别占6.1%和5.1%。

2010年上市的华策影视被业内誉为中国“电视剧第一股”，其盈利模式恰恰在于将电视剧制作的中间环节全部交给市场，重点放在剧本与发行两头。其“左手发行优势，右手海外资源”的海外发行模式，开创了一条影视产业“走出去”的新路。

（五）出口题材偏窄，但趋于多元化

由于中华文化的辐射，我国向境外输出的剧种曾经以古装为主，包括武侠剧、历史剧和名著改编剧等。例如，六小龄童版《西游记》是最早出口海外并产生广泛影响的国产剧，随后，《三国演义》、《红楼梦》、《雍正王朝》、《笑傲江湖》、《天龙八部》先后在很多国家，尤其是东南亚国家引发收视热潮。

近几年，走出国门的电视剧题材更加多样化，包括了都市剧、家庭伦理剧、话题剧等。《蜗居》、《杜拉拉升职记》、《裸婚时代》、《媳妇的美好时代》等反映中国现代人日常生活的都市剧，不仅使国外的电视观众更加了解现在中国人的日常生活和追求，而且其与古装剧版权售出价格的差距逐渐缩小。

（六）新媒体渠道崛起

随着国产剧的影响力日益扩大，国外出现了不少中国电视剧的忠实粉丝，甚至在论坛建立了专门讨论中国电视剧的板块，并由类似国内“字幕组”的志愿者为大家做义务翻译。但是，由于这些翻译都是义务工作，翻译水平参差不齐，进度更是难以保障，仅靠这样的民间力量不是长久之计。同时，由于版权问题，海外的观众观看中国电视剧往往只能选择“翻墙”，长此以往，将会影响中国电视剧在海外的发展。

思考题

（1）简述中国广告业对外贸易发展现状。

（2）简述中国图书出版业对外贸易发展现状。

（3）简述中国演艺业对外贸易发展现状。

（4）简述中国艺术品交易业对外贸易发展现状。

（5）简述中国电视剧行业对外贸易发展现状。

第七章

国际文化投资

本章导读

美国、英国、德国、日本、韩国、印度等国家早已对文化产业给予高度重视，制定了包括财政税收政策、法律法规、文化贸易政策等在内的完善的文化产业发展战略，并将其付诸实践。在此基础上，这些国家文化产业发展迅速，文化市场日渐繁荣，文化投资环境明显改善，在文化产品生产和服务领域成绩突出。

在当今世界，尤其在近几年全球经济低迷的特殊时期，文化及相关产业成为综合国力竞争的一个主要领域，各国相继通过大力发展文化产业来调整本国产业结构，寻找新的经济增长点。根据《2008/2009 年世界经济年鉴》的统计，美国、英国、德国、日本、韩国等世界主要发达国家文化产业产值占 GDP 的比重逐年提高；印度等欠发达国家也意识到发展文化产业对经济增长的重要影响，开始重点关注文化产业产值对 GDP 的贡献程度。

主要内容

（1）国际文化投资的政策环境。

（2）国外文化投资的运作模式。

（3）国外文化投融资的新模式。

学习目标

掌握国际文化投资的政策环境、国外文化投资的运作模式、国外文化投融资的新模式。

第一节　国际文化投资政策环境

一、美国：最小化政府干预，高度市场化

美国文化政策模式一贯坚持自由主义传统，最小化政府干预，强调文化产品生产、销售的高度市场化原则。美国文化产业的法律法规相对健全，文化投资环境非常宽松。美国没有文化部，而是以各州政府为核心协调单位，为文化产业的发展提供良好的投资运作环境。在文化艺术事业的资金支持方面，美国政府在文化金融政策上采取的是一种“杠杆方式”，以“投资组合”来要求和鼓励各州、各地方以及企业拿出更多的资金赞助和支持文化艺术事业。这种做法避免了联邦政府单方面的资金压力，一方面促使各地方政府拨出相应的地方财政来与联邦政府共同资助，另一方面也要求各艺术团体或艺术家积极向社会筹集资金以获得政府的资助，从而调动了各艺术团体、艺术家的积极性，并通过多方的共同考察，评价出拟资助项目的社会意义与艺术意义，避免无效投入。

二、日本和韩国：政府主导文化产业发展

日本将文化出口作为国策，并大力支持游戏、动漫等内容产业发展。2003年，日本政府成立了“知识财富战略本部”，正式把“新文化产业”确定为国家发展战略的一项重要内容，并对这一产业放宽限制，增加预算，完善相关法律。2011年9月，日本政府知识产权战略推进事务局公布了“酷日本”标志图案，提出“酷日本”战略，强调要把出口文化作为国策，变“产品输出”为“文化输出”，推动游戏、动漫等内容产业和国家经济的整体发展。2007年5月，日本政

府出台《日本文化产业战略》。这份纲领性文件提出，文化资源的培育和利用离不开产业以及最新的科技和社会发展，而文化产业培育的也不仅是经济利益，文化产业的发展也符合提升日本软实力等国家利益。根据这一战略思维，日本官民并举，一方面在海外展开推广日本语言文化的各种活动，另一方面在国内以政策引导和扶持等方式，鼓励企业在文化产业方面创新和“走出去”，同时从知识产权保护、文化产业国际标准、创新人才培养等方面为文化产业“保驾护航”。

韩国文化产业投资主要靠政府引导和资金扶持。韩国之所以成为亚洲文化产业最发达的国家，其文化产业之所以能取得迅猛发展，与政府的大力引导支持密切相关。20 世纪 90 年代末，韩国政府内部设立了文化产业局，之后陆续设立了游戏综合支援中心、文化产业振兴院、广播影像产业振兴院、软件振兴院等数个扶持性机构，到 2009 年，又将上述几个文化产业扶持机构进行统合，成立了目前的韩国文化振兴院，承担人才培养、产品开发、制作、流通、市场营销、吸引投资和促进出口等职责。在资金支持方面，目前韩国政府每年直接投入的文化产业扶持资金约为 2000 亿韩元，直接对一些项目进行扶持。此外，韩国政府还在税收上对文化产业给予一定支持。政府除了划拨预算外，还利用税收、信贷等经济杠杆，向相关产业提供优惠政策，如减少或免除游戏和电子出版等产业的税务负担，在文化产业园区建设中免除相关的土地费用等。又如在韩国电影业，政府通过以大幅减税为主的种种政策鼓励韩国国内大企业对电影事业进行直接投资。

三、英国政府以引导为主，德国则相对集权

英国政府对文化艺术事业的管理别具特色，在具体实施过程中奉行“一臂之距”原则。在文化艺术事业领域，英国的文化事业单位不受政府直接管辖，中央政府文化行政主管部门文化媒体体育部只负责制定政策和财政拨款，没有直接管辖文化艺术团体和文化事业机构的权力，这些文化艺术机构都可自主经营、独立运作、自由竞争，但如果申请登记为非营利免税机构，如皇家歌剧院、皇家芭蕾舞团、大英博物馆、国家美术馆、大英图书馆等国家所有的大型文化单位，其虽可得到较多的约占全部收入 30%的政府财政资助，但同时也会受到较多制约，如保持一定比例的低价门票，以使较贫困阶层的公民享有平等享受艺术成果的权利。

在财政支持方面，为应对全球电影业的激烈竞争，英国中央政府与各地方政府利用国家彩票基金和其他公共机构提供的资金，大力支持英国电影产业的发展。英国文化媒体体育部负责制定相关的电影文化和产业政策，旨在创造一个强大的电影工业，给英国带来文化和经济利益。它全权负责制定将彩票基金与拨款资助金发放给英国电影业的政策，并通过英国电影委员会发放上述资金。

在市场开放程度方面，与其他发达国家相比，德国对文化产业的管控"相对集权"，政府对文化产业介入和管理的程度较深，在会展行业尤其明显。德国对会展业基本上是控制的。在德国，会展场馆基本都是由政府投资建设，社会机构投资机会较少。但基于本国成熟的市场经济背景，国家也不乏对文化企业立足市场组织经营的鼓励与支持，如媒体行业。德国并没有在国家层面进行新闻立法，媒体的公共职能和约束管理主要由各州的立法来具体明确和保障，目的是防止单一媒体垄断。

德国文化产业扶持政策比较有特点，德国重视文化艺术领域的发展，现有的扶持政策主要以扶持文化、艺术发展为主。2010 年，德国联邦政府文化预算为 12 亿欧元，比原计划增长 2200 万欧元；计划把文化创意产业纳入现有的中小企业扶持计划和创新补贴计划中；已经修改企业销售额等限制性条款，扩大小额优惠贷款的受惠面。为推动电影业的发展，在资金支持上，德国政府目前出台的主要措施有：每年出资约 3200 万欧元评选德国电影奖、剧本奖等；2007 年设立"电影促进基金"，联邦政府每年出资 6000 万欧元，对在德制作、投资成本超过 100 万欧元的故事片提供 16%~20%的补贴，以返还在德国支出的电影制作费用的形式鼓励本国影视艺人创作，并吸引外国制片商到德国拍片。截至 2008 年，该基金已向 198 个项目提供了 1.185 亿欧元资金支持，有力地推动了德国电影业的发展。2008 年，德国产电影市场占有率升至 1/3 以上。

四、印度：以政府扶持为基础，积极吸引外资

印度在文化领域降低市场准入门槛，实行开放的投资政策，鼓励文化产业投资。伴随着印度国家经济改革，印度政府对广播电视电影行业的管理模式进行了一系列的重大调整，降低了电视业行业准入门槛，允许外国资本和民间资本进入电视市场，结束了国家广播电视传媒的市场垄断。在广播业，1998 年，政府决

定推出民营调频电台，全方位开发调频电台的市场潜力。1999 年 10 月，政府宣布在全国 40 座城市开通 108 个调频广播频道，根据竞标规定，除了宗教组织、政府党派和广告公司以外，所有印度民营公司都可以参与竞标。2000 年 3 月，印度政府公开拍卖了 106 个民营调频电台的营业执照，获得了 38.6 亿卢比。在电影业，印度各邦为鼓励影片出口，对出口海外的电影实行减税政策。在报业，目前，印度报业开放程度较高，主流报纸全部为私营，政府报纸数量尚未占到全国报纸数量的 2%，部分宗教团体和政党机构都经营自己的报纸，但是影响不大。

印度电信业进一步开放，放宽了境外卫星电视传输政策。2000 年 11 月 2 日，印度政府宣布了一项新政策，允许 DTH（卫星直播电视）进入印度，不管谁拥有电视公司的所有权，不管电视公司的管理人员构成如何，印度政府都允许该电视广播公司在印度本土上进行卫星线路的连接。如果是外国电视广播公司，其必须遵守印度宪法和相关法律，如广告法规和广播法规等。2001 年 1 月 9 日，印度电信部正式宣布实施 DTH 的规定。为了与相关政策匹配，政府修订了《1997 年印度电信管理委员会法》，组建了印度电信管理委员会。同时，印度在 2000 年宣布向民营企业开放国内长途电话市场。任何民营企业只需要交纳一笔准入费就可以经营通信业务。不管民营公司从中获得了多大利润，它们只交纳预先规定的利润比例。这些新政策既调动了投资公司的积极性，又带动了经济发展。

第二节　国外文化投资运作模式

一、国外文化资本的主要构成

国外文化资本构成主要包括政府资助资金、金融资本、外国资本和社会捐赠资金，除此之外，还有一些非常规的文化资本，如通过网络筹资而来的网络筹资资本、政府发行彩票取得的收入以及吸收隐形投资取得的资本。大部分文化产业发达的国家，政府资助、社会捐助等资金主要投入于塑造国家艺术形象的公共文化艺术领域和传统文化保护两方面，对于能够充分市场化的部分则主要通过金融资本市场和吸引外资渠道获得资金。

（一）政府资助资金

政府资助资金对一国文化发展来说，起到的是基础性、引导性的作用，政府扶持资助资金的投向可以看作文化产业发展的风向标。对于不同国家而言，政府投入资金支持文化产业的力度是不同的。美国崇尚自由主义，认可自由市场竞争，因此，以政府名义对文化产业进行资金扶持的力度相对较弱，日本、韩国恰恰相反，国家对文化产业的财政支持占比较高。即使如此，美国政府还是会对文化产业，尤其是文化艺术事业给予一定的资金支持，但它采取的依然是一种“杠杆方式”，以“投资组合”来要求和鼓励各州、各地方以及企业拿出更多的资金赞助和支持文化艺术事业。

韩国政府在财政上对文化产业进行了大力扶持，2011 年政府直接用于扶持文化产业的资金约为 2000 亿韩元，2012 年这部分扶持资金增加至 2500 亿韩元。近些年来日本文化厅财政预算逐年递增，至 2011 年预算额度已达 1032 亿日元。其中，文化厅预算的 2/3 用于不可替代文化财富的保存、利用和继承，例如寺院的修缮保护、传统艺术的海外演出等，剩余 1/3 的预算用于文化艺术的创作、人才的培养与推进文化艺术传播和国际文化交流等。

英国文化资本的构成主要是各级政府的文化拨款，文化媒体体育部负责财政拨款，但不对文化单位直接提供资金支持，具体事务交给非政府公共文化机构，如英格兰艺术委员会、工艺美术委员会、博物馆和美术馆委员会等由专家组成的机构，他们负责对各文化单位进行评估和拨款。

在德国，地区性的财政补贴计划由各州制定。如德国的电影业，德国的“国家电影资助机构”每年为德国电影的制作、发行与保存提供近 3000 万欧元的财政支持。2007 年，德国政府设立了“电影促进基金”，每年出资 6000 万欧元，以返还在德国支出的电影制作费用的形式鼓励本国影视艺人创作，并吸引外国制片商到德国拍片。截至 2008 年，该基金已向约 198 个项目提供了 1.185 亿欧元的资金支持，有力地推动了德国电影业的发展。

各国政府对文化艺术机构除了采用直接划拨资金、予以补贴的手段之外，还以专门成立各种艺术基金的形式，对文化艺术事业进行资助。如英国 2003 年成立了旅游基金会，这是一家独立的慈善机构，目标是协助英国的旅游企业以可持续性的方式开展旅游事业。

（二）金融资本

综观美国、英国等文化产业、资本市场发达的国家，资本市场在文化产业发展中发挥了重要作用，金融资本成为文化企业快速成长和发展的坚实后盾，形成了文化资本多元化的资本结构。如私募基金进入文化领域、股票市场和债券市场成为普遍的文化产业投融资渠道。

1. 风险私募基金

2004 年，美国华尔街的风险私募基金（即风险投资基金）开始投资电影，步入文化产业的大军，如 2005~2006 年，Gun Hill Road 分别投资索尼和环球影业 7.5 亿美元和 5.15 亿美元；Magic Films 投资迪士尼 5.05 亿美元；华纳兄弟和福克斯分别获得来自 Legendary Pictures 和 Dune Capital 的 5 亿美元和 3.25 亿美元资金；Melrose Investment 投资 3 亿美元给派拉蒙。由于各国资本运作方式、国内市场环境存在着较大差异，因此各国在风险私募基金的运作上也存在很大差别，以影视业的风险投资为例，基本可以分为三类：

（1）美国风险私募基金的“赤字模式”。美国风险私募基金介入影视业的方式主要采用“赤字模式”，即在影视作品筹备期，风险投资者和制片方共同分担投资风险，风险投资者可以获得该产品的使用权，而制片方因承担部分市场风险而享有产品的二级和三级销售权。

（2）英国风险私募基金的“成本附加模式”。英国风险私募基金介入影视业主要采用的是“成本附加模式”，即风险投资者委托制片方拍摄影视作品并支付全部费用，并预付利润（10%）作为回报，风险投资者不仅可以获得初级权利（如节目首播权），还可以获得大部分二级权利（如多次播放、影碟发行权等）。

（3）韩国风险私募基金的“全程参与模式”。韩国的风险私募基金在介入影视业的运作方式上，更加重视投资者和制作方的一体化，更多采用“全程参与模式”。

风险私募基金是否愿意进入文化产业领域，一个重要的条件是能否顺利地退出并获得巨大的回报，退出机制是否完善对风险投资至关重要。总体来说，发达国家由于资本和金融市场比较完善，退出机制较为灵活和多样，包括首次公开发行（IPO）、并购、管理层收购、清算和公司回购等多种形式。发达国家风险投资介入文化产业的方式虽然差别很大，但在退出方式上则大多首选通过首次公开发行退出。

2. 债券资金

美国、英国等发达国家拥有发达的资本市场，债券市场也成为各大文化企业的主要融资渠道。据统计，美国五大文化产业集团——迪士尼集团、时代华纳集团、维亚康姆集团、新闻集团和 Comcast Corporation 的债务融资的总融资比重超过 70%，并且债务融资方式也十分灵活。这些大型文化集团的债务融资方式以发行非担保债券（Unsecured Bond）为主，发行债种包括优先债券与次级债券等，债券期限结构较长。迪士尼集团 1993 年曾发行年限为 100 年的债券，名动一时，其他债券余额的期限结构从 1 年到 83 年不等。便捷高效的直接融资，帮助美国文化产业与资本市场实现了成功对接。

3. 担保

担保对于创意型中小企业来说是一项重要的手段，以鼓励金融机构提供以债务为基础的担保融资。虽然大部分的文化创意产业公司很难实现这一融资方式，但还是有成功的案例存在。主要的担保计划都是由公共体系完成的，即国家级别或地方级别。也有少部分的私人担保存在，如荷兰的 Kunstenaars & Co 和一家私人银行合作为文化产业提供担保基金。担保主要有三个种类：公共担保（主要在德国、爱尔兰和英国）；针对创意中小企业的公共兼私人担保（主要在法国和西班牙）；还有针对创意行业子行业的私人担保（荷兰）。目前主要有两种担保计划存在，即普通中小企业多行业担保和创意产业特殊担保。

4. 股权融资

创意产业的企业在使用股权融资上还是很受限的。不过这主要还是取决于公司的大小，大公司趋向于寻找私人投资，而小公司，特别是那些有很大潜力的，在成立之初很多都通过股权融资的方式获得资金的注入。内容产业，包括信息通信导向的创意企业，如视频游戏、动画、网页设计、广播等一直是最大受益于股权融资的子产业，如 Ingenious Media。

股权融资相比其他融资手段有很大的优势，因为它提供资金支持的同时也提供业务上的支持。对于大部分创意行业来说，贸易收益和在同一价值链的其他利益相关者提供的资金是它们主要的资金来源，在图书、音乐、视频游戏和视听产业，许多重要人物（投资人）充当小型创意公司的“守门员”，并且为它们提供资金以进行创新和探索。这些重要人物或者大公司经常把创意行业中小的利益相关者当作资源，并寻找投资机会。

目前，欧洲有两种主要的股权融资方式，即风险投资和夹层投资。和美国相比，欧洲只存在很少的风险投资和夹层投资。整个欧洲有62个特别的股权融资计划，其中一部分是针对文化创意产业的。大部分是近几年出现的，由公共和地区政府牵头，其中32个针对和ICT相关的视听产业。如比利时的瓦隆尼亚视听投资基金Wallimage在不到10年内，联合贷款120个电影项目共计3000万欧元，这些投资带动瓦隆尼亚和布鲁塞尔地区1亿欧元的消费。

5. 企业上市资金

文化企业通过证券市场发行股票上市融资已成为一种普遍的企业融资模式，投资者通过一二级市场认购股票也成为一种普遍的文化投资渠道。资本市场最为发达的美国拥有世界最大的证券交易所——纽约证券交易所和全球中小企业的融资天堂——纳斯达克证券交易所，因此美国文化企业如符合上市条件，基本都会选择上市融资的方式扩张势力，实现进一步的投资目标，企业上市筹集资金成为文化投资资本的重要组成部分。如新闻集团分别在纽约证券交易所、伦敦证券交易所上市交易，并在澳大利亚证券交易所上市交易。又如全球第一大社交网站Facebook在2012年2月1日正式向美国证券交易委员会（SEC）提出首次公开发行（IPO）申请，目标融资规模达50亿美元，并任命摩根士丹利、高盛和摩根大通为主要承销商。这将是硅谷有史以来规模最大的IPO。2012年5月18日，Facebook正式在美国纳斯达克证券交易所上市。

（三）外国资本

在全球经济一体化的今天，外国资本越来越成为一国文化资本的必然组成部分。当前，经济全球化一体化迫使各国文化市场逐渐对外开放，各国为保护本国文化市场，对文化进口产品均课以重税。在这种情况下，别国只能采取直接投资打入市场。因此，一国文化资本构成中往往能看到外国资金的身影。如美国为造成市场封闭，经常采用贸易保护主义政策对外国进口商品课以重税，限制进口，别国文化产品要打入美国市场，只能采取直接投资的方法，这使大量国际投资进入美国文化产业。从很大程度上来说，美国文化产业是由外国跨国公司来运作的，如在好莱坞最具实力的电影制片厂之中，哥伦比亚三星的老板是日本的索尼公司，福克斯的老板则是澳大利亚的新闻集团。在流行音乐产业部门更是如此，除了美国的 WEA 公司之外，更多在美国市场上赚取钞票的是日本的索尼、荷兰的宝丽金、德国的 BMG、英国的 Thorn-EMI 公司等。美国电影与音乐等产业部门对外来资本的依赖尤甚。如曾在 1998 年风靡全球的好莱坞大片《泰坦尼克号》，实际上是由 7 个国家的 30 多家公司协作完成的，其中的特技制作包给了有 16 家多国中小技术公司协助的 Digital Domain 公司，音乐制作包给了日本的索尼公司。

印度政府也减弱了对外资进入广播业的控制。印度国家新闻广播部对外国新闻频道在印度境内进行卫星上传线路连接采取了许可制度。新政策主要是用审批许可证的方式来管理和约束境外新闻频道，并不涉及其他频道，即使 100%的外资娱乐频道也可以在印度境内利用任何通信卫星进行广播，只需满足印度政府相关的法律法规即可。印度报业也逐渐引入外国资本，拓宽了行业融资渠道。印度政府在 2002 年 6 月宣布印度报业可以拥有 26%的外资股份，外资可以投资报纸业。

（四）社会捐赠资金

社会捐赠资金是一国文化发展，尤其是文化艺术事业中所消耗的财力的有力补充。社会捐赠资金的捐赠者既包括社会企业、金融机构，也包括各类基金会和个人。欧美文化事业发展在很大程度上依赖社会各界的捐赠。

美国通过制定和颁布税收激励政策来鼓励社会各界和个人对非营利的文化艺术事业机构进行捐赠。这种税收激励措施大大激发了社会对文化艺术机构的捐助热情，美国的文化团体和个人从社会各界得到的捐赠数倍于联邦政府和州政府的财政拨款。经有关部门统计，通过税收扣减，美国财政部每少收 1 美元，文化艺术事业机构得到的捐赠就会相应增加 90 美分到 1.4 美元。事实上，捐赠对文化艺术事业机构的资助确实达到了可观程度，如博物馆、交响乐团、歌剧院和其他文化机构从门票和入会费中得到的收入仅占全部收入的一小部分。即使是美国一流的文化艺术机构，如果没有社会捐赠，其创造的经济利润也很难维持自身运转。

志愿者服务可以理解为社会捐赠的另一种表现形式。在美国，志愿者服务是非营利文化艺术机构在广义范围内获得的一种捐赠。这些志愿者服务时间所蕴含的价值如果统计起来，同样非常可观。据统计，1997~1998 年，全美有近 39 万名的全职志愿者利用业余时间义务为文化、艺术等机构工作和服务。如果把每个志愿者服务时间定为每年 1700 小时，那么全体志愿者服务时间高达 6.63 亿小时。每个志愿者的义务付出都必然为非营利组织节省一定的成本或取得一定收入。换言之，志愿者们通过自己的行动，无形中又为文化艺术产业投入了大笔的资金。

（五）吸引隐形投资

吸引隐形投资是指投资者投资资金或者物品并不是以获得投资现金收益或者股权为目的，而是为了做推广、宣传，提升投资企业品牌形象，如我们所熟知的企业赞助。这种赞助既可以是钱，也可以是物，但不可否认的是它确实是文化资本的组成部分。

二、国外文化投资的主要行业领域

（一）美国文化产业重点投资领域是电影业

美国的电影产量只占世界电影产量的 6%~7%，却占据了世界总放映时间的 50%以上，好莱坞电影更是占据了世界电影市场份额的 90%以上。

2004 年，美国华尔街的私募基金加入电影投资的大军，以电影投资基金的方式出现，这在当时的文化产业投资领域尚属先行者，并吸引了大批投资人加入电影产业投资中，一定程度上保证了电影制作的资金来源。

除了电影投资基金外，美国还积极开展资产证券化和夹层融资。资产证券化由投资银行以影片 DVD 销售收入和票房收入为基础资产，向投资者发行证券化产品。夹层融资则主要采取次级贷款的形式，以及转换票据或优先股等，这两种金融手段破解了电影业融资难的问题，对美国电影业的发展产生了深远影响。

（二）日本文化产业重点投资领域是动漫业

日本动画片在全世界播放的动画片中约占 60%，广义动漫产业占日本 GDP 的 10%以上，已经成为日本第三大产业。

在日本从事动画的人比搞文学创作的人更赚钱，因此利益驱动也使更多的优秀人才献身于动画制作。日本不仅有专门的动画制作学校，最高学府东京大学还开设了动画专业。动画在日本的重要性由此可见一斑。

作为文化产业的重要组成部分，动漫产业获得的来自于政府的支持非常多。日本每年都有文化勋章颁予对日本文化有贡献的人，不少漫画家、动画家都获此殊荣。日本动漫大家可以把作品陈设在国立美术馆和博物馆，有时官方甚至出资在海外进行展览。1997年日本国际贸易产业部发起组织了一个数字动画研究团体，旨在研究如何推进动漫产业。中央政府的这一举措得到了各地方政府的响应。如在主要的动漫产品发源地东京，于2002年2月举办了第21届东京国际动漫节，这是日本商业动漫产品的第一次国际贸易展。来自日本、法国、韩国、美国等国家的104家动漫公司参加了展览，吸引了5万多名参观者。之前，动漫产品被认为是缺乏任何市场保证的，因此它很难取得支持资金。2004年，由Gonzo、日本数字内容、Rakuten证券和JET证券共同发起并建立了日本第一家动漫基金。2005年，日本数字内容、中小企业部和地区创新部（一个独立的政府机构）又各投资5亿日元为内容产品建立了一个投资基金。银行也开始改变原先相对保守的态度，以积极的、进取性的姿态投入内容产业。

（三）韩国文化产业重点投资领域是网游业

韩国在网游兴起之初就成为这个市场上的霸主。韩国政府的扶持和宽带的普及都促成了韩国网游产业的繁荣，当全民沉浸在这场狂欢中时，网游悄然超越了韩国任何一个产业而跃居第一。

韩国政府采用了当初成功培育现代、三星等大集团的模式，全力支持本国网游产业的发展，为产业购买商业引擎，交给诸多公司免费使用，同时大力支持各大游戏公司从世界各地引进人才，引导国内技术力量的革新。在推广网游的过程中，韩国人受到美国《魔兽争霸》游戏在韩国热卖的启示，开始把发展网络游戏产业奉为韩国国策，并制定了一系列的相关政策和优惠措施，鼓励国内企业发展以宽带、游戏为代表的信息产业。

据统计，韩国国内的游戏制作及经营企业已达到1500多家，网吧等游戏场所46900个，8个包括韩国政府部门下属的韩国尖端游戏产业协会KESA、韩国游戏支援中心KGPC在内的游戏协会，在288家有IT相关学位的大学中由政府指定赞助10家游戏大学及研究院，6家包括On Game Net、Game TV在内的有线电视和卫星广播专业游戏频道等，这些组成了庞大的游戏产业群体。

（四）英国政府文化投资的领域非常明确，明显倾向于公益性文化

英国政府资助的重点有三个方面：第一，严肃艺术，如戏剧、古典音乐、歌剧、芭蕾等；第二，国家级的重点文艺团体和事业单位，如皇家歌剧院、皇家芭蕾舞团、大英博物馆、大英图书馆、国家美术馆等；第三，高质量的艺术节目。

（五）德国政府的重点投资领域为会展行业，私人重点投资领域为出版业

德国是世界最大的会展国，国际上重要的专业博览会约有 2/3 在德国举办，例如，柏林国际旅游博览会、法兰克福消费品博览会、科隆五金展等。德国会展业的年均营业额虽然只有 230 亿欧元左右，但参展商和参观者为博览会的支出已超过 100 亿欧元，极大地带动了当地的就业与消费，德国每年约有 10 万人从事与会展有关的工作。

德国私人机构重点投资的文化领域是出版行业。德国是世界第二大出版国，截至 2009 年 5 月，德国注册出版社（包含杂志社）多达 16000 家，成规模的出版社有 2000 家左右，但出版市场基本被 100 多家大中型出版公司垄断，它们的销售总额约占全国销售额的 92%。

（六）印度文化产业重点投资领域分别是电影业和广播业

印度电影产业发展迅速，电影市场繁荣，得到了各类投资者的普遍青睐。印度是一个电影产量大国，宝莱坞和印度其他几个主要影视基地构成了印度的庞大电影业，每年出产的电影数量和售出的电影票数量居全世界第一。在印度，任何人都可以当电影制片人，任何公司也可以摄制电影，这种灵活的运作机制，使印度电影业具有了非常大的投资吸引力。

印度的广播业也是近些年的投资热点区域。进入 21 世纪后，印度广播信号已覆盖 94%的国土面积，政府和私营电台用 24 种印度主要语言和 146 种地方语言广播。全国 2/3 的家庭都有收音机，听众接近 4 亿。作为世界上最大的广播电台之一，全印广播电台 2001 年拥有 27000 名工作人员，每天在全国、地方和对外广播中播出 300 多档新闻节目。全印广播电台在全国建立了 213 座广播电台和广播中心，其中包括 114 家区域电台、77 家地方电台、14 家转播中心、3 家娱乐广播中心（多彩印度）、5 家社区广播电台。

第三节 国外文化投融资创新模式

近年来，为了加快本国文化产业发展速度，增强文化产业国际市场竞争能力，一些文化产业发达国家创新了多种文化产业投融资模式，如尝试利用互联网平台、彩票发行平台进行融资，与金融资本市场进一步融合，通过引入私募基金、利用资产证券化等手段进行融资。

一、网络融资模式

随着文化产业内容生产、传播与消费的互联网化，网络众筹网站平台随之兴起。网络众筹模式最早出现在美国，现在已经初具规模，并具有一定的市场影响力。之后，韩国和日本的动漫业、影视业也开始采用网络众筹方式为项目筹集资金。据《经济学人》报道，网络众筹业目前正在全球迅速发展，全球众筹资金从2009年的5.3亿美元上升到2012年的26.6亿美元。在2007年，全球网络众筹平台不足100个，到2013年初已经有700多个。

1999年，韩国Intz.com网站建立了第一只电影网民基金，为喜剧片《茅趸王》接受网民投资，最终从464名网民手中筹得7.75万美元资金，占影片成本预算的1/20左右，网民投资者获得的投资收益率高达97%。

在很长一段时期，韩国票房好的商业大片都曾建立网民基金。尽管韩国电影的振兴、电影网络融资模式的成功吸引了社会的广泛关注，然而不可回避的是，由于网络固有风险以及网络融资制度不完善等问题逐渐暴露出来，从2001年开始，网络融资在规模上迅速萎缩。

美国动漫产业较早尝试网络众筹，比尔·普林顿等知名导演、The Cyanide & Happiness等知名品牌都曾在美国最知名的众筹网站Kickstarter上成功完成项目融资计划。据统计，截至2013年6月，众筹网站Kickstarter共实现379个动漫项目的筹资目标，其中漫画项目325个，动画项目54个。

二、发行彩票融资

为满足国家文化艺术事业发展的资金需要，欧洲一些国家会采用发行彩票的方式进行筹资，将取得的彩票发行收入投入文化艺术事业建设中，如英国。彩票发行收入是英国文化发展的重要资金来源。英国政府在鼓励企业赞助文化艺术的同时，也鼓励全体公民自愿支持文化事业。1994 年 11 月 19 日，英国发行了第一期国家彩票，到 2001 年上半年，国家彩票累计发行总额已达到 314 亿英镑，其中的 25%用于资助文化艺术、体育和慈善事业。在 1995~1999 年，超过 1000 个艺术项目从“彩票基金”中获得了总额 10 亿英镑以上的资助。仅彩票收入一项，一年就可以为文化艺术事业筹集到赞助费 6 亿多英镑，极大地弥补了政府文化投资的不足。

三、资产证券化融资

资产证券化是近十几年来国际金融领域十分重要的创新之一，知识产权资产证券化是金融资本与知识资本的一种有效结合，是以金融技术为依托，以知识产权的信用为担保，以证券化为载体的融资方式。它具有融资成本低、实施难度小、不影响知识产权权属及融资风险小等优势。在美国，知识资产证券化已运用于文化产业的各个领域，从电子游戏、音乐、电影、休闲娱乐、演艺、主题公园等与文化产业关联的知识产权，到时装的品牌、最新医药产品的专利、半导体芯片，甚至专利诉讼的胜诉金，几乎都已成为证券化的对象。

四、引入私募基金

私募基金是发达国家金融市场的重要组成部分，在国外已发展了 50 多年。全球私募资金总额高达 702 亿美元，2006 年，美国私募股权并购项目总额高达 250 亿美元。目前，美国私募基金的交易量已经占到美国 GDP 的 3.2%，而且还在继续增长。对募资企业来说，私募股权融资不仅能够为文化创意企业带来资金，还可能给企业带来管理、技术、市场和其他需要的专业技能。而且，如果投资者是大型知名企业或著名金融机构，它们的名望和资源在企业未来上市时还有利于提高上市的股价、改善二级市场的表现。此外，与传统的银行贷款相比，私募股权基金的周期相对较长，通常都在 5~7 年，比较符合文化创意企业投入周期、投资回报周期相对较长的特点。

思考题

(1) 简述国际文化投资的政策环境。

(2) 简述国外文化投资的运作模式。

(3) 简述国外文化投融资的新模式。

第八章

中国对外文化贸易

本章导读

经济全球化的进程促进了各国贸易活动在多元领域的开展，文化贸易作为国际贸易中的重要组成部分，一方面，具有资源消耗低、附加值高的特点，是一国对外贸易转型升级的方向，能够带来显著的经济效益；另一方面，能够弘扬和传播一国的特色文化和价值理念，对提升一国的国际影响力有着重要作用。因此，文化贸易对国家的发展越来越重要。随着我国文化贸易绝对规模的日益扩张，我国已经是名副其实的文化贸易大国，但离文化贸易强国还存在着一定距离。

主要内容

（1）中国对外文化贸易发展阶段。

（2）中国对外文化贸易发展的关键因素。

（3）中国对外文化贸易发展的辅助因素。

学习目标

了解中国对外文化贸易的发展阶段，掌握中国对外文化贸易发展的关键因素和辅助因素。

第一节 中国对外文化贸易发展历程

2001年，我国正式加入WTO。随着对外贸易平台的扩大，中国与世界其他国家的交流日益频繁，贸易伙伴越来越多。经济全球化推动了文化在世界范围内的传播与交流，为各国进行文化贸易带来了契机。从改革开放开始，以“入世”作为我国文化贸易发展进程的分水岭，我国文化贸易总体呈现出从单一化到多元化演变的发展进程。

一、文化贸易单一化发展阶段

1978年，改革开放促进了“对内改革和对外开放”这一战略的实施。然而，我国文化体制改革的进程尚未拉开帷幕。文化体制遗留了计划经济时代形成的制度性障碍，文化领域形成了以公益性文化事业单位为主、经营性文化事业单位为辅的格局。由于我国文化体制在这一时期以文化事业单位为主体进行经营活动，过于依赖国家财政的扶持与保护，没有完全进入到市场竞争的行列中，所以，这一阶段文化贸易的发展相对单一。“入世”以前，从贸易主体来看，国家在文化贸易中充当了计划进出口的重要角色。从贸易对象来看，我国文化贸易主要集中于欧美发达国家。前期中国主要和法国进行文化贸易，后期美国取代法国成为中国几乎唯一的进口国。从贸易产品来看，中国对外输出主要以艺术表演团体进行的戏剧、音乐、舞蹈和杂技的文化交流与演出为主。外来文化产品主要是发达国家的电影，特别是20世纪90年代中后期掀起了电影引进的大潮，1998年引进的《泰坦尼克号》取得了3.6亿元国内票房收入，相当于当时100部国产电影的总票房。从贸易投资渠道来看，虽在新中国成立之初就有外国资本进入中国电影业进行直接投资的先例，但之后由于国情原因，外资在进入中国文化领域时受到多方限制，最多只是社会主义阵营国家兄弟式的援助。

二、文化贸易多元化发展阶段

2001 年 3 月，国家将“推动有关文化产业发展”纳入“十五”规划纲要中，“文化产业”首次被写进国家政策性文件，这标志着我国对文化产业的重视力度越来越大。作为 WTO 的重要一员，我国积极参与到国际文化贸易的竞争中，文化贸易的发展趋势总体呈现出多元化、现代化的特点。从贸易主体来看，随着文化体制改革的深入，许多文化事业单位实现了企业化的转型和变革。文化企业成为直面国际市场竞争的主体，国家从文化贸易的参与者转变为管理者。从贸易对象来看，我国文化贸易进出口的国际市场空间不断延伸，进出口市场遍布亚洲地区和欧美地区，不再仅仅局限于某个特定国家和地区。从贸易产品来看，文化贸易覆盖了影视文化、新闻出版、表演艺术、动漫游戏、艺术品、文化展览等多个行业。从贸易投资渠道来看，文化企业上市融资的步伐日益加快，新浪、搜狐等新媒体在美国纳斯达克上市。通过资本运营的方式，外国资本成功进入中国文化产业领域，进一步拓宽了国内文化企业的融资渠道。①

总之，随着文化贸易由单一化发展向多元化发展的转变，中国在国际文化市场上赢得发展机遇的同时，也面临着越来越复杂的国际环境。在国际文化竞争的市场上，部分国家总是企图将代表一国价值观、信仰和生活方式的作品通过文化贸易的方式输出到其他国家。例如，美国电影蕴含的主流意识形态——个人英雄主义和享乐观念会在无形中对观众产生影响。韩国电视剧通过宣传本国的生活方式和民族历史，在一定程度上激发了受众对韩国文化的渴求。如果一个国家不能在文化贸易中占得上风，那么这些具有“侵略性”的文化产品将会对一国的民族特性和意识形态带来严重的威胁，进而引发国家文化安全问题。因此，必须对我国文化贸易现状进行分析，正确判定我国文化贸易的地位。

① 刘建华. 对外文化贸易研究［M］. 北京：中国书籍出版社，2013（4）.

第二节　中国对外文化贸易发展现状

文化贸易的快速发展，引起了党和政府对我国对外文化贸易的高度重视。这也推动着中国对外文化贸易的总体规模、商品结构、市场结构和贸易竞争力状况不断发生着变化。

当前，中国对外文化贸易发展迅速，文化贸易规模不断扩大，文化贸易的结构不断优化。本节从总体发展规模、产品结构、市场结构和竞争力状况方面对中国对外文化贸易的现状进行具体分析。

一、中国对外文化贸易总体发展规模

伴随着全球文化贸易的快速发展，中国对外文化贸易额不断增加，贸易规模迅速扩张。总体来看，中国对外文化贸易顺差现象显著，由 2002 年的顺差 295.93 亿美元扩大到了 2011 年的 1259.16 亿美元，这表明中国文化贸易对世界文化贸易的影响越来越大。

文化贸易分为文化货物贸易和文化服务贸易。2002~2011 年我国文化货物贸易总体规模迅速扩大。2011 年，中国文化货物贸易在文化贸易总额中占绝对比重，文化货物贸易进出口总额达 1352.24 亿美元，相当于 2002 年文化产品贸易进出口总额的 3.86 倍，且持续保持着顺差的态势。与此同时，中国对外文化服务贸易发展迅速，2011 年，我国文化服务贸易进出口总额达 7.31 亿美元，是 2000 年文化服务贸易进出口总额的近 15 倍。

但从贸易平衡看，2002~2011 年，我国文化贸易结构性逆差依然存在。我国文化贸易呈现总体顺差状态，其中，文化货物贸易持续出超，2011 年实现顺差 1160.68 亿美元。而中国对外文化服务贸易处于逆差，从 2000 年 2000 多万美元的逆差，达到了 2011 年 2 亿多美元的逆差。

二、中国对外文化贸易产品结构

中国对外文化贸易产品主要包括文化艺术品、声像制品、设计品、新型媒介物、表演艺术品、印刷品和视觉设计品等。总体而言，中国对外文化产品贸易的出口产品结构呈现“一枝独秀”，进口产品结构呈现“三足鼎立”之势。

（一）出口产品结构呈现“一枝独秀”

由图 8-1 可以看出，设计品是中国最主要的文化出口产品，占比 70%以上。而如影视媒介、表演艺术、出版物等核心的文化产品所占比重很小，不足 3%。由此可以看出，中国对外文化贸易的出口产品结构呈现“一枝独秀”态势。这虽然发挥了中国制造成本低廉的优势，但是中国对外文化贸易出口产品主要是附加值低的劳动密集型产品，无法促进中国对外文化贸易竞争力的大幅度提高。

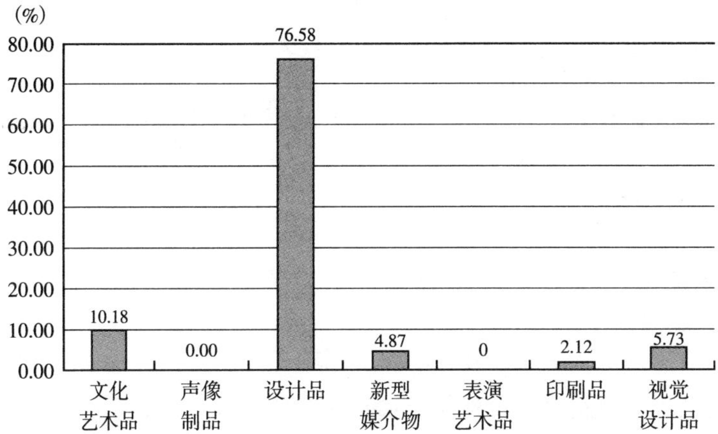

图 8-1 2010 年我国七大文化产品出口额所占比重

资料来源：联合国贸发会议统计数据库（http：//unctad.org/en/Pages/Home.aspx）。

（二）进口产品结构呈现“三足鼎立”

与文化贸易的出口产品结构相比，中国文化贸易的进口产品结构有所不同。由图 8-2 可以看出，设计品、新型媒介物和文化艺术品是中国文化产品进口的前三甲，三者所占中国文化产品进口的比重合计达到了 85%以上。其中，设计品所占的比重达到 40%，虽然设计品所占的比重很大，但是新型媒介物和文化艺术品所占比重也不低。所以，文化贸易进口产品结构没有像出口产品结构一样出现“一枝独秀”现象，而是呈现“三足鼎立”之势。

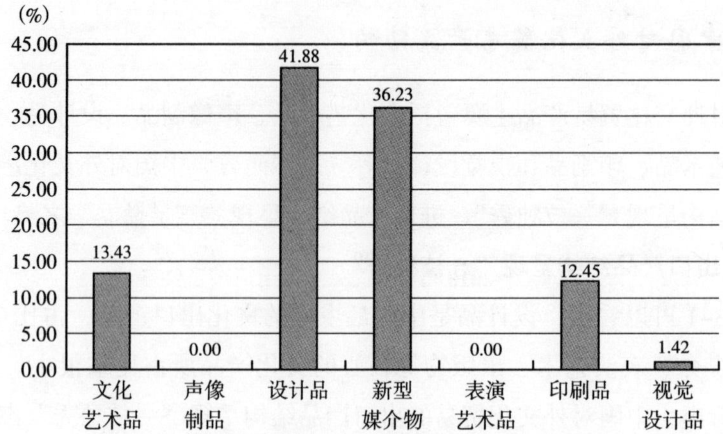

图 8-2 2010 年我国七大文化产品进口额所占比重

资料来源：联合国贸发会议统计数据库（http://unctad.org/en/Pages/Home.aspx）。

由图 8-2 可以看出，声像制品、表演艺术品和视觉设计品三者所占中国文化产品进口的比重很小，不足 5%。另外，由联合国贸发会议统计数据库中的数据可知，文化艺术品的进口比重由 2002 年的 19.29%下降至 2010 年的 13.43%，总体上呈下降趋势；而新型媒介物的进口比重总体上呈上升趋势。总的来看，中国对外文化贸易进口产品结构呈现“三足鼎立”之势。

三、中国文化贸易的市场结构

市场结构主要是指供给方和需求方之间的关系。本部分主要从出口市场结构和进口市场结构来分析中国对外文化贸易的市场结构，并着重分析文化贸易的主要进出口国情况。

（一）出口市场结构

目前，我国对外文化贸易出口市场结构比较单一，主要集中于西欧、北美和东南亚的发达国家和地区。中国文化贸易出口市场排名前十位的均为发达国家和地区，且前十大出口市场所占比例波动不大，其中美国所占比例达到了三成（见图 8-3）。

由图 8-3 可以看出，2010 年中国文化贸易出口市场分布中，发达经济体所占比重最大，达到 62.2%，发展中经济体所占比重次之，为 33.2%，转型经济体所占份额最低，为 4.6%。由此可见，发达经济体仍是中国对外文化贸易最大的

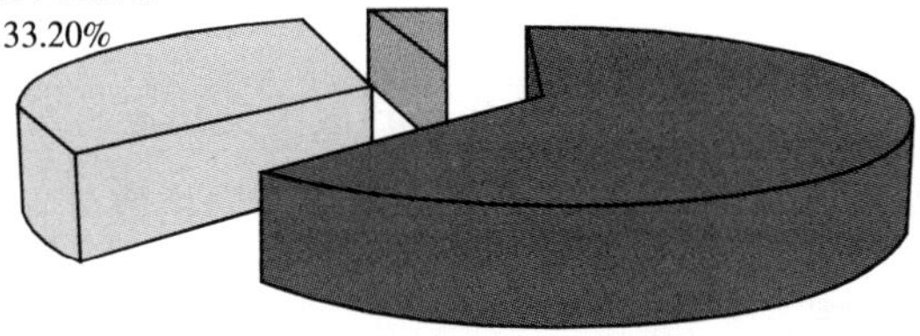

图 8-3 2010 年中国文化贸易出口市场分布

资料来源：联合国贸发会议统计数据库（http：//unctad.org/en/Pages/Home.aspx）。

出口市场。

（二）进口市场结构

就中国对外文化贸易进口市场而言，发达国家和发展中国家基本上平分了中国对外文化贸易进口市场（见图 8-4）。排名前十位的中国对外文化贸易进口市场所占比例波动较大，但不存在比例过大的进口市场，主要集中于欧洲、北美和亚洲地区。

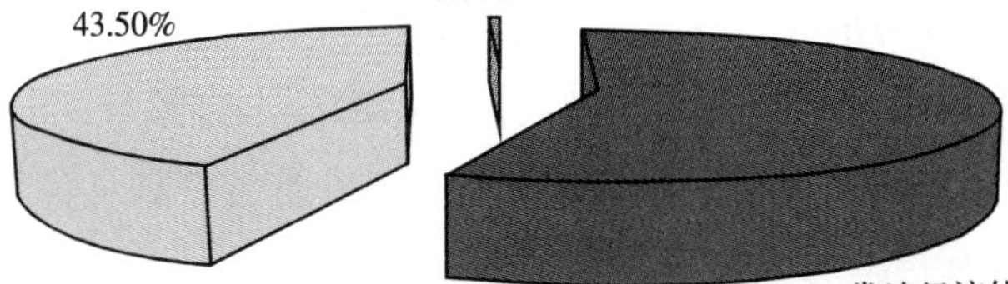

图 8-4 2010 年中国文化贸易进口市场分布

资料来源：联合国贸发会议统计数据库（http：//unctad.org/en/Pages/Home.aspx）。

对中国对外文化贸易进口数据的分析得出，发达经济体和发展中经济体平分了中国对外文化贸易的进口市场。但是目前来看，中国对外文化贸易最大的进口市场依然是发达经济体。由图 8-4 可以看出，在 2010 年中国文化贸易进口市场分布中，发达经济体所占比重最大，达到 55.9%，发展中经济体所占比重次之，为 43.5%，转型经济体所占份额最低，为 0.6%。

四、中国对外文化贸易竞争力

一国文化产业国际竞争力的强弱直接影响到该国文化贸易发展的速度快慢和规模大小。本部分选取了国际市场占有率和贸易竞争力指数（NTB）两个指标分析中国对外文化贸易的竞争力状况。

（一）国际市场占有率

国际市场占有率指标反映的是一国或地区某产品或产业在世界出口市场所占的比重。国际市场占有率（M）的大小有不同的意义，代表着不同的国际竞争力强弱水平。当 M 值大于 10%时，代表贸易国际竞争力非常强；若 M 值处于 5%~10%，代表贸易国际竞争力较强；若 M 值处于 1%~5%，代表贸易国际竞争力一般；若 M 值小于 1%，则代表贸易国际竞争力非常弱。

我国 M 值的最高值出现于 2005 年，为 2.35%，M 值的最低值出现于 2008 年，为 2.13%，整体来看 M 值波动不大，却一直在较低值附近浮动。从 2004~2012 年的数据可以看出，M 值均处于 1%~5%，整体在 2.2%上下浮动，平均值为 2.23%。由此可知，中国核心文化产品国际市场占有率较低，国际竞争力一般。

（二）贸易竞争力指数

贸易竞争力指数简称 NTB，是指某一产品的净出口额与进出口总额的比值。NTB 的取值范围在-1~1，若 NTB 值大于 0，则说明该产品具备竞争力，反之则说明该产品不具备竞争力。

本书选取了三类文化产品为研究对象，第一类为图书、期刊、报纸，第二类为电视节目，第三类为音像、电子出版物，并计算出了这三类文化产品 2005 年、2008 年、2011 年这三年的文化产品 NTB 指数。从中国核心文化产品 NTB 指数可以看出，中国核心文化产品的 NTB 指数均处于-0.5~-1，表明中国核心文化产品竞争力差。

第三节　中国文化体制改革与发展对外文化贸易

我国新时期的文化体制改革大体经历了三个发展阶段。

一、第一阶段（1978~1993 年）

1978 年 12 月，中国共产党十一届三中全会的召开标志着我国新的历史时期的开始，我国开始进入改革开放和社会主义现代化建设的新时期。伴随着经济体制改革，政治、文化和社会事业改革也不断向前推进。对于文化事业而言，主要是由“以阶级斗争为纲”的文化范式进入到以经济建设为中心的新范式。这一时期，国家的经济建设仍然是在计划经济的模式下进行。就文化体制来说，同样是实行着高度集中的有计划发展的国有文化发展模式。这一阶段文化事业开始复苏，以短篇小说《班主任》、话剧《曙光》、报告文学《哥德巴赫猜想》等为代表的作品，标志了新时期文学春天的来临。随后，文学上有“伤痕文学”、“反思文学”、“文学寻根”等；美术有“星星画展”、“八五美术运动”等；电影有《老井》、《红高粱》，并在国际上获奖。这一时期的文化繁荣与复苏都是建立在原有文化体制基础上的。①

随着经济体制改革的深入发展，经济建设领域的问题同样出现在文化领域。因为，只要承认商品社会，文化产品与文化服务就不可避免地成为市场经济的一部分，文化建设也不可避免地走向商品化，经济领域所要求的利益驱动在文化领域同样发生。与高度集中的计划经济体制一样，原有文化体制的弊端日益暴露出来，越来越不适应新时期经济体制改革的要求，越来越不适应文化事业发展的要求。原有的文化体制，在文化机构的总体布局上，与行政管理体制相对应，层层建立专业文艺团体，造成人财物浪费。在文化资源的结构上是单一的公有制，全部文艺团体由国家财政包起来。在利益分配上实行平均主义的“大锅饭”，文化

① 2005 年中国文化产业发展报告，中国网。

工作者的付出与报酬互不相关，实行全国统一的工资制度。在人事制度上，没有正常的人员流动和淘汰机制，机构臃肿，冗员过多，呈现行政化、机关化，文化工作者的积极性很难发挥。改革文化体制已成为推动文化事业繁荣发展的重要任务。1979 年 10 月，邓小平代表中国共产党中央在中国文学艺术工作者第四次代表大会上祝词，提出了新时期中国文学艺术事业发展的一系列指导方针。对文化体制改革而言，这个讲话奠定了理论基础。1980 年 2 月全国文化局长会议召开，明确提出了文化体制改革的任务和目标，会议指出，艺术表演团体的体制和管理制度方面的问题很多，严重地影响了表演艺术的发展和提高，需要进行合理的改革。明确提出，坚决地、有步骤地改革文化事业体制，改革经营管理制度。1983 年国务院《政府工作报告》提出，文化体制需要有领导、有步骤地进行改革。改革是为了促进社会主义文艺的繁荣，提高作家、艺术家的思想艺术素质，提高作品的思想艺术质量。这一阶段文化体制改革的内容主要是：

(*a*) 调整艺术部门和艺术团体的布局。1985 年中共中央办公厅、国务院办公厅批转了文化部《关于艺术表演团体的改革意见》，要求改革全国专业艺术表演团体数量过多、布局不合理的状况，在大中城市，专业艺术表演团体要精简，重复设置的院团要合并或撤销，对市县专业文艺团体设置也提出了调整的要求。

(*b*) 在文化单位推行以承包经营责任制为主要内容的改革，以解决“统得过死”和吃“大锅饭”等体制弊端。同时，实行了以文补文、多业助文等改革措施，以解决文化单位出现的经济困境。

(*c*) 实行文化资源的“双轨制”。在 1988 年国务院批转文化部《关于加快和深化艺术表演团体体制改革的意见》和 1989 年中共中央《关于进一步繁荣文艺的若干意见》中，提出了对文化团体实行“双轨制”的改革意见，即全民所有制院团和多种所有制艺术团体“双轨”发展的制度。国家主办的全民所有制艺术表演团体主要体现国家的文化发展政策，代表国家的文化发展方向，执行国家文化发展的方针。这些院团主要代表国家和民族的艺术水平，或进行带有实验性的，或具有特殊的历史保留价值的，或是少数民族地区的文化艺术活动。而大多数艺术表演团体则实行多种所有制形式，由社会各种力量主办。

这一阶段文化体制改革中最重要的一件事是文化市场的发展和地位得到承认。1987年，在文化部、公安部、国家工商行政管理局发布的《关于改进舞会管理问题的通知》中，正式认可营业性舞会等文化娱乐的经营性活动。1989年，国务院批准在文化部设置文化市场司，全国文化市场管理体系开始建立。

二、第二阶段（1993~2001年）

1992年，邓小平视察南方重要谈话发表和党的十四大的召开，标志着我国改革开放和现代化建设进入了一个新阶段。深化改革，扩大开放，发展社会主义市场经济，既为文化发展奠定了基础、注入了活力，同时也促进了文化体制的改革。1996年，党的第十四届六中全会通过的《中共中央关于加强社会主义精神文明建设若干重要问题的决议》，提出了文化体制改革的任务和一系列方针。《决议》提出，改革文化体制是文化事业繁荣和发展的根本出路。改革的目的在于增强文化事业的活力，充分调动文化工作者的积极性，多出优秀作品，多出优秀人才。强调改革要符合精神文明建设的要求，遵循文化发展的内在规律，发挥市场机制的积极作用。改革要区别情况，分类指导，理顺国家、单位、个人之间的关系，逐步形成国家保证重点、鼓励社会兴办文化事业的发展格局。

2000年10月，党的十五届五中全会通过的《中共中央关于制定国民经济和社会发展第十个五年计划的建议》正式提出文化产业发展的思路，要求完善文化产业政策，加强文化市场建设和管理，推动文化产业发展。文化产业发展思路的提出，标志着中国对于文化事业发展思路的根本变化，具有重要的意义，特别是对于文化体制改革具有决定性的作用。以前对于文化的意义、地位和作用的认识是单一的，认为文化属于意识形态，是社会主义思想、阵地，是教育手段，是娱乐形式。而文化产业概念的提出，则反映了在市场经济条件下，文化除了上述属性外，还具有产业属性，价值规律在其中发挥着重要的作用。这不仅是社会主义市场经济发展的必然要求，也是经济全球化引致的国际文化产业发展趋势在我国的反映。这一阶段文化体制改革主要围绕以下几个重点进行：

(*a*) 深化文化单位的内部改革，根据不同文化单位的特点，建立健全激励竞争机制，努力增强生机和活力。改革干部人事管理制度、工资奖金分配制度，建立新的激励机制、竞争机制和约束机制。

(*b*) 培育社会主义文化市场，规范市场行为，完善运行机制，促进文化市场繁荣健康、活跃有序地发展。这一时期初步建立起包括文艺演出市场、电影电视市场、音像市场、文化娱乐市场、文化旅游市场在内的文化市场体系。

(*c*) 文化管理部门加大自身改革的力度，转变职能，提高效率，加强和改进对文化事业的宏观管理。

(*d*) 进一步完善文化经济政策，逐步建立保障公共文化事业发展的政策体系。

1998 年，文化部文化产业司正式成立，标志着我国文化产业管理体制的形成。这一阶段文化产业（事业）在改革中迅速发展，实力不断壮大，活力不断增强，据统计，从 1990~2002 年，我国的报纸由 1576 种增至 2111 种，增长 34%，总印数达 351 亿份；各种期刊由 6078 种增至 8899 种，增长了 46%；图书从 74973 种增长到 154526 种，全国建成了一批大型书城，各种形式的连锁店 4000 多家，图书网点 7 万多个，图书销售额增长了 12 倍；广播电视播出机构从 1000 个增加到 1988 个，广播节目套数由 645 套增加到 1777 套，电视节目套数由 512 套增加到 1047 套，广播和电视的人口覆盖率分别从 73%和 80%增加到 90%以上；有线电视从无到有，全国用户达到 9000 多万户；2001 年，我国音像市场销售总额达到 200 多亿元，比改革开放初期增长了 1000 倍。但从总体上看，这一时期的发展主要体现为规模的扩大和数量的扩张。1990~1998 年全国文化系统文化产业的增加值从只有 12.1 亿元增加到 83.7 亿元，增长了 6 倍；文化产业机构由 6.8 万个增加到 9.2 万个，增长了 35%；从业人员由 49.5 万人增长到 72.1 万人，增长了 46%。社会办的文化产业机构总量是文化事业单位的 2.7 倍，从业人员是其 1.5 倍，所创增加值是其 1.5 倍。1999 年，全国文化产业单位已达 26.97 万家，从业人员 113.4 万人，固定资产价值 315.7 亿元。这一阶段，文化产业化的浪潮从多种所有制企业进一步拓展到国有大型骨干文化单位，大规模的文化产业集团逐步出现和形成。①

这一阶段的文化体制改革还有一个突出的特点，就是高度重视法治建设，大力推进文化领域的依法管理。据统计，这一时期由全国人民代表大会常委会、国务院和中央文化管理部门陆续制定和颁布了200多部法律、法规、政策性文件或部门规章，涵盖了舞台艺术、新闻出版、广播影视、互联网、文化经济等诸多领域，其中包括《著作权法》、《广播电视管理条例》、《电影管理条例》、《出版管理条例》、《音像制品管理条例》、《印刷管理条例》等。

三、第三阶段（2001年至今）

2001年11月11日，我国正式加入世界贸易组织。这一阶段，我国文化体制改革以此为契机，采取了许多与国际文化产业发展趋势接轨的措施，有力地推动了我国文化产业参与国际性的竞争。

2001年10月，文化部发布《文化产业发展第十个五年计划纲要》，其中提出，发展文化产业的根本目的是要解放和发展社会主义文化艺术生产力，建设有中国特色的社会主义文化，提高人民文化生活水平，增强我国综合国力。“十五”期间，我国文化产业指导方针是：以邓小平理论和“三个代表”重要思想为指导，解放思想、实事求是，加快文化产业发展，推动文化管理体制改革和制度创新，努力开创社会主义文化建设的新局面。“十五”期间，加快发展文化产业的主要目标是：初步建立与社会主义市场经济体制相适应、政府调控市场、市场引导企业的文化产业运行框架，使文化产业创造的增加值每年以20%以上的速度快速增长，“十五”期末文化产业产值占国内生产总值的2%，城镇居民人均文化娱乐消费支出占全部消费性支出的比重提高到5%，把文化产业培育成为国民经济新的增长点，在优化国民经济结构中发挥重要作用。加快文化产业发展的主要措施是：鼓励规模经营和专业化协作，促进文化产业各行业形成适合自身特点的组织结构；促进文化企业之间的合理竞争，清除阻碍建立和形成统一的文化市场的各种壁垒，营造公平竞争的市场环境；国家通过实施若干重大的基础性文化资源开发项目，推动文北产业结构向高层次转换；积极筹措文化产业发展资金，加快文

① 谢明家. 文化产业的时代审视［M］. 北京：人民出版社，2002.

化产业发展；调整文化产业的税收政策和投融资政策，广开发展文化产业的筹资渠道；改进人才管理制度，完善分配激励机制；鼓励发展外向型文化产业，提高对外文化交流的规模和水平。鼓励文化产业单位面向国际，充分利用国际、国内两个市场、两种资源发展外向型文化产业，以利于引进世界一流的文化艺术产品，并出口优秀的、具有民族特色的文化艺术产品。同时，进一步简化出口审批手续，缩短审批时间，对于有条件的单位逐步给予文化艺术产品和服务的进出口权。鼓励国内演出经纪单位在国外设立演出经纪机构，开拓国际演出市场。

2002 年召开的党的十六大，确定了新世纪、新阶段党和国家的奋斗目标和行动纲领。党的十六大第一次将文化分成文化事业和文化产业，强调要积极发展文化事业和文化产业。

文化产业和文化事业的区别

文化产业与文化事业的划分，直接关系到国家对于这两部分事业发展的不同政策。长期以来，国家对于文化产业与文化事业的划分是模糊不清的，在计划经济下，是将所有文化都看作文化事业，而忽视文化发展的效益性。而在文化产业浪潮的冲击下，人们似乎又将所有的文化都作为产业去看待，拼命地追求文化的经济效益，而忽略了文化的社会效益，忽略了公益性文化发展需要国家的支撑和扶持，造成文化发展的铜臭现象。将文化发展划入社会生产的第二产业、第三产业去考虑，这是毋庸置疑的。但文化本身所具有的潜移默化的作用，决定了国家必须把握文化发展的主流方向，而不能完全将文化交由市场去调控。因此，区分文化产业与文化事业是文化体制改革的关键。否则，我国文化的发展将会从一个极端走向另一个极端。这种危险并不是杞人忧天。文化产业与文化事业的区别在于：

(a) 价值目标不同。文化事业以满足人民大众的精神生活需要为宗旨，以实现国家的公共政策为目标，以社会效益为价值标准。文化产业以实现经济效益为价值标准，以市场需求为目标，遵循市场规律的调节原则。

(b) 组织机构的性质不同。文化事业单位属于公共事业机构，文化产业单位属于企业单位。

(c) 资金来源不同。文化事业单位的资金来源于国家财政援款或社会捐赠，文化产业单位的资金来源于社会投资。

(d) 管理机制不同。文化事业由政府以行政方式进行管理，以国家政策和社会效益为调控目标。文化产业以经济效益为其调控目标，国家通过对市场的调控实现其管理目标。

文化事业和文化产业的性质和功能的不同，决定了两者各自不同的发展路径。一种提法是“繁荣文化事业靠政府，发展文化产业靠市场”，这种提法比较贴切地反映了文化事业与文化产业的功能区别所要求的政策区别。

文化产业与文化事业的门类划分并没有截然的标准，而是随着国家文化事业发展的需要而对不同性质的文化门类采取不同的管理模式，或对同一文化门类的不同需要而采取不同的管理模式。一般而言，对于社会意识形态的影响比较大，而且需要国家给予扶持的文化门类，仍应保留其社会公共事业的方式进行运作，如部分具有公民意识培养的艺术形式、创作，为发扬与弘扬民族文化、继承民族文化遗产的艺术创作、艺术形式，义务教育等事业是不宜通过文化市场的商业化方式运作和管理的。

资料来源：潘嘉玮. 加入世界贸易组织后中国文化产业政策与立法研究 [M]. 北京：人民出版社，2006.

整个文化体制改革的方向是，根据社会主义精神文明建设的特点和规律，适应社会主义市场经济发展的要求，推进文化体制改革。改革的目标、任务和原则是把深化改革同调整结构和促进发展结合起来，理顺政府和文化企事业单位的关系，加强文化法制建设，加强宏观管理，深化文化企事业单位内部改革，逐步建立有利于调动文化工作者积极性，推动文化创新，多出精品、多出人才的文化管理体制和运行机制。党的十六大还提出要抓紧制定文化体制改革的总体方案。党的十六大以后，我国文化体制改革的步伐明显加快。

组建文化集团是这一阶段文化体制改革的突破口。到 2002 年初，全国共组建了包括中国广电集团和中国出版集团在内的文化集团 70 多家，在地域上，涵盖了北京、上海、广东、江苏、浙江、四川等地；在主要经营业务上，有报业集团 38 家，出版集团 10 家，发行集团 5 家，广电集团 12 家，电影集团 5 家。在电影改革中还组建了电影院线 30 多条。这些集团的组建，探索了文化体制和文化发展机制的改革路径，加快了市场整合和结构调整，调动了广大职工的积极性和主动性，有利于多出优秀作品和人才。但是，在组建集团中多是以行政力量进行整合，资金来源仍较为单一。集团虽然有了一定的形式和相应的组织结构，但未发生根本性质的改变。集团定位不清楚，有许多是事业型集团，事业与产业职能性质存在交叉，在实际中引发了一系列问题和矛盾。

2003 年，党的十六届三中全会通过了《中共中央完善社会主义市场经济体制若干问题的决定》（以下简称《决定》），进一步明确了文化体制改革的目标。科学发展观的提出，更加突出了文化建设在三个文明协调发展中的基础性和战略性地位。《决定》具体提出了文化体制改革的总目标是按照社会主义精神文明建设的特点和规律，适应社会主义市场经济发展的要求，逐步建立党委领导、政府管理、行业自律、企事业单位依法运营的文化管理体制。《决定》分别提出了文化事业和文化产业的改革方向和目标：公益性文化事业单位要深化劳动人事、收入分配和社会保障制度改革，加大国家投入，增强活力，改善服务；经营性文化单位要创新体制，转换机制，面向市场，壮大实力。《决定》要求健全文化市场体系，建立富有活力的文化产品生产经营体制。完善文化产业政策，鼓励多渠道资金投入，促进各类文化产业共同发展，形成一批大型文化企业集团，增强文化产业的整体实力和国际竞争力，依法规范文化市场秩序。面对国际文化集团强劲的攻势，《决定》明确提出文化体制改革要形成一批大型文化企业集团。

2003 年 6 月，在北京召开了全国文化体制改革试点工作会议，按照党的十六大关于深化文化体制改革的要求，专门研究部署了文化体制改革试点工作。全国有包括北京、重庆、广东、深圳、沈阳、西安、丽江在内的 9 个省市和 39 个宣传文化单位参加了改革试点。这些试点单位根据社会主义精神文明建设的特点和规律，适应社会主义市场经济发展的要求，以发展为主题，以体制机制创新为重点，以增强活力、壮大实力、提高竞争力、繁荣社会主义文化、满足人民群众日益增长的精神文化需求为目的，努力探索适应社会主义建设事业发展，符合社会主义市场经济体制要求的文化管理体制和运行机制。这一阶段文化体制改革的核心问题是要重塑国有文化市场主体，主要解决国有文化事业单位转企改制问题，以创新体制、转换机制、面向市场、增强活力为重点，促进经营性文化产业的改革和发展。

2004 年，党的十六届四中全会通过的《中共中央关于加强党的执政能力建设的决定》，提出了“深化文化体制改革，解放和发展文化生产力”这一重要命题。“解放和发展文化生产力”的提出，反映了中国共产党对文化体制改革的认识更加深入。该决定要求，根据社会主义精神文明建设的特点和规律，适应社会主义市场经济的要求，进一步革除制约文化发展的体制性障碍。坚持把社会效益放在首位，实现社会效益和经济效益的统一，把文化发展的着力点放在满足人民群众精神文化需求和促进人的全面发展上。强调文化体制改革要以体制机制创新为重点，增强微观活力，健全文化市场体系，依法加强管理，促进文化事业全面繁荣和文化产业快速发展，增强我国文化的总体实力。该决定还具体要求加强文化发展战略研究，抓紧制定文化发展纲要和文化体制改革总体方案。

这一阶段，一方面文化体制改革理论研究不断深入，另一方面改革的实践有很大突破。在文化体制改革的实践中主要进行了三种试点：

(*a*) 分离改制，将文化集团中的广告、印刷、发行、电视剧等一般节目制作部分分离出来，转制为企业，面向市场搞好经营，接受集团领导监督，确保正确的经营方向，并为壮大主业服务。如浙江日报报业集团以印务中心为试点单位，建立了多元产权的现代企业制度；杭州日报报业集团在以股份制改造广告中心、实现集团控股的同时，允许经营骨干持股。

(*b*) 整体改制为企业。如中国对外演出公司和中国对外展览公司改制为中国对外文化集团，广东省出版集团由过去的事业性质整体转制为企业，浙江、广东、西安、沈阳等地的电影公司也整体改制为企业。

(*c*) 一步到位，直接进行股份制改造。如北京儿童艺术剧院直接实行股份制改造。北京歌剧舞剧院转企改制一步到位，新成立由首都旅游集团控股，歌华集团、北京电视台、北京三奇广告有限公司联合投资的北京歌剧舞剧有限责任公司。

改革在融资领域也有突破。长期以来，我国文化投融资过分依赖政府，投资主体单一，民间资本与外资投资渠道不畅，影响了社会资本进入文化产业。这一阶段，文化部门陆续出台了多项政策措施，取消了限制，鼓励民营企业投资文化领域。目前，民营企业已经成为许多文化领域投资的主要力量。据统计，2003年全国共制作电影197部，其中民营公司投资60部，在2004年上半年国产的一百多部影片中，民营企业参与制作的占80%。在每年的电视剧中，民营公司投资20多亿元。民营影视企业已经成为我国影视产业的重要力量。随着文化体制改革的深入，一些文化企业进行了股份制改造，实现了资本市场的融资。在深、沪两个资本市场上市的有50余家公司涉及文化产业，文化产业板块初步形成。另外，近几年的文化基础设施投入是过去几十年的总和。

伴随着文化体制改革，文化管理部门也进行了自身的改革，一个以提高行政效率和透明度为主要目标的依法行政、依法管理的文化行政管理体系正在逐步形成。文化行政管理机关的管理方式正在逐步实现从微观向宏观、从直接向间接、从传统的行政管理向依法管理转变；正在逐步由抓审批、抓活动为主向抓宏观调控、抓政策研究制定、抓社会监督和公共服务转变。特别是《行政许可法》的颁布施行，对于推进依法行政、促进文化行政管理方式的改革和行政管理水平的提高，产生了全面而深刻的影响。

第四节　中国对外文化贸易发展的影响因素

我国实现文化贸易强国的过程就是文化贸易竞争力提升的过程。根据迈克尔·波特的钻石模型，生产要素、国内需求条件、企业战略、相关支持产业是决定一国特定产业竞争力的关键因素，政府行为与机会是决定一国特定产业竞争力的辅助因素。[①] 本节将借助钻石模型分析我国实现文化贸易强国目标的影响因素。

① 刘颖琦，吕文栋，李海升. 钻石理论的演变及其应用［J］. 中国软科学，2003（10）.

一、关键因素

（一）生产要素

生产要素是指一个国家在特定产业竞争中相关生产资源的状况，主要由初级生产要素和高级生产要素组成。一般来说，文化贸易的初级生产要素主要包括自然资源和人文资源，高级生产要素主要包括人力资源、资本投入和创新技术。核心文化产品是知识、资本、技术密集型的特殊产品，在劳动力、资本和技术的共同作用下文化产品才能创造更大的价值。自然资源和人文资源作为初级生产要素，在文化贸易中发挥的作用有限。所以，要提高文化贸易竞争力水平，主要还是要依靠高级生产要素。

1. 人力资源

与一般文化产品不同，核心文化产品的生产凝结着创作者的智慧和想象力。只有依托人的创意，文化产品才会发挥最大的价值。另外，文化企业经营目标的实现在于消费者的最终消费，有的文化产品个人创意和内容都很好，但是缺乏把握商业机会的营销能力，以至于市场化推广不能顺利进行。所以，人才作为创意和营销的主体，是否配置到位对文化贸易的发展有着举足轻重的作用。新时期各国文化贸易的竞争实际上就是人才的比拼，如果没有专业素质过硬、德才兼备、规模宏大的国际化文化经营管理复合型人才队伍，就难以实现文化贸易的经济效益。

从表 8–1 的数据来看，近十年来我国文化产业高级职称人数总体呈上升趋势，但上升幅度不大。从比例来看，文化产业高级职称人数占文化产业就业总人数的比重在 2009 年突破了 2%，但文化产业高级职称人数占文化产业就业总人数比重的最高年份与最低年份的差值仅为 0.79%。中级职称人数略高于高级职称人数，但中高级职称总人数所占文化产业就业总人数的比重不超过 8%，有将近 92%的文化产业就业人员没有任何职称。总体来说，我国高级职称人数占文化产业就业人数的比重偏低、增幅过小。这说明，我国文化产业队伍中拥有专业技术素质的高级人才数量相当匮乏、人力资源结构不尽合理、人力资源质量参差不齐。这些因素直接成为阻碍我国文化产业和文化贸易发展的瓶颈，制约了我国实现文化贸易强国的进程。

表 8-1　2003~2012 年我国文化产业就业人数情况

年份	文化产业高级职称人数（人）	文化产业就业总人数（人）	文化产业高级职称人数占文化产业就业总人数比重（%）	文化产业高级职称人数增长率（%）
2003	28838	1671543	1.73	2.05
2004	31415	2325381	1.35	8.94
2005	33001	1918400	1.72	5.05
2006	34391	1899250	1.81	4.21
2007	37685	1956331	1.93	9.58
2008	38219	1998710	1.91	1.42
2009	42485	1984159	2.14	11.16
2010	44295	2107926	2.10	4.26
2011	46023	2212956	2.08	3.90
2012	47874	2289675	2.09	4.02

资料来源：《中国文化文物统计年鉴》。

2. 资本投入

资本是文化企业维持日常经营、赖以生存和发展的基础，也是壮大市场规模、增强竞争力、赢得长期竞争优势的必要资源。无论是文化设施的建设还是文化产品的创造都离不开资本的投入。由于核心文化产品的制作前期需要大量的资金投入，相比于一般产品要求更长的制作周期，并且在后期营销阶段，又需要投入大量资金进行市场操作，如果没有足够的资本投入，那么必定会影响文化产品的质量和水准，进而影响文化产品的国际竞争力。以电影《花木兰》为例，迪士尼公司总共投入 1.1 亿美元并花费数年时间准备题材。美国之所以能称霸国际文化市场，关键在于美国文化产业在资本层面已经形成了一套完善的资本投入模式，主要表现为政府扶持与外来投资共同发展文化产业。

目前，我国文化企业主要以政府和民间的资本投入为主，文化贸易的主要资金来源于政府财政的拨款。总体来说，政府对文化领域的资本投入比重还是比较低。同时，由于我国文化产业并没有形成良好的产业链，投资环境不佳，民众参与度不高，难以吸引社会资本的进入。最后，我国进行文化贸易的企业大多数为中小企业，在进行出口活动时面临的风险较大，存在着融资困难、资本运作水平不高的问题。

3. 创新技术

文化产业是“内容为王”的产业，文化产品的竞争力除了必需的文化内涵之外，很大程度体现在产品的先进性上，而先进性又来自于创意。所以，创意是文化产业的灵魂。文化产品在内容或形式上的创意需要依托创新技术才能予以满足。创新技术能赋予文化产品持续的生命力和特别的吸引力，有助于文化产品在激烈的国际市场中求得生存和发展，在优胜劣汰的竞争机制中更有利于满足市场的广泛需求、赢得消费者的高度认可，进一步推动我国文化贸易转型升级目标的实现。

中国五千年的历史积淀了非常丰厚的文化财富和资源禀赋，为我国实现文化贸易强国目标创造了良好的先天条件。但是，我国文化产业创新技术的运用程度却不高。以演艺对外贸易为例，我国演艺产业的科技含量不高，以高难度杂技为代表的中国演艺还只是依靠提高表演的难度作为提升竞争力的路径。近年来，英国经典舞台剧《妈妈咪呀》作为中国引进来的国外优秀剧目，表演场景精美绝伦，其背后是各种创新技术的运用，如可以跟随剧情变换的灯光、高质量的音响效果和计算机控制的舞台，这是许多传统表演艺术无法比拟的。所以，为了摆脱低端产业链的特征，必须努力提高文化产品中的创新技术含量。

（二）国内需求条件

钻石模型强调了国内需求条件是创造一国特定产业竞争力的基本前提。国内市场需求是国内消费者向生产者传递经济信息的信号，是引导生产活动进行的内因，是决定市场潜在规模的因素，也是推动行业发展的根本动力。文化企业会根据消费者需求的信号，组织开展相应的研发和生产活动。当生产经营达到一定规模时，将刺激文化企业引进生产能力更大的设备、更新工艺流程。巨大的市场空间和显著的经济利益也会吸引行业外的企业纷纷对文化产业进行投资。这将进一步扩大文化产业的规模，促进文化产品的升级，全面提高文化产品在国内外市场的竞争优势。另外，国内需求条件也会对文化产品的种类和质量产生影响，从而影响到文化出口产品的竞争力。

现阶段，我国经济高速发展，人们的生活水平得到显著提高。社会生产力的发展解决了人们的基本温饱问题，加快了人们从贫困迈向小康生活的步伐，在基本物质需求被满足后，伴随着文明的进步和思想的活跃，人们提出了更高层次、更为迫切的精神追求——对文化产品的需求。从表 8-2 可以看到，近年来我国城镇居民文化娱乐用品与服务消费呈现上升的势头，特别是文化娱乐服务消费，

2003~2012 年，城镇居民人均文化娱乐服务消费从 155.91 元增加到 762 元。但是，城镇居民文化娱乐总消费占现金消费总支出的最高比例只有 7.28%。这说明，我国城镇居民对文化消费的比重还是很低的。另外，农村居民的人均文教娱乐消费不容乐观，2012 年，农村居民的人均文教娱乐消费为 445.49 元，不及城镇居民人均消费的 1/3，这可能与农村居民的收入和受教育程度不高有关。

表 8-2　2003~2012 年我国城镇居民文化消费情况

年份	文化娱乐用品消费（元/人）	文化娱乐服务消费（元/人）	文化娱乐总消费（元/人）	文化娱乐总消费占现金消费总支出的比重（%）
2003	264.47	155.91	420.38	6.46
2004	256.65	217.20	473.85	6.60
2005	280.21	245.93	526.14	6.62
2006	310.26	280.78	591.04	6.80
2007	343.17	347.59	690.76	6.91
2008	354.82	381.27	736.09	6.55
2009	381.32	445.56	826.88	6.74
2010	406.96	559.34	966.30	7.17
2011	449.55	652.19	1101.74	7.27
2012	451.88	762.00	1213.88	7.28

资料来源：《中国统计年鉴》。

（三）企业战略

文化企业是文化贸易的主体，文化企业的竞争力直接决定了我国文化贸易的国际竞争力，文化企业制定何种战略与文化贸易的发展有着密切的关系。一般来说，企业战略包括发展战略、组织结构、营销模式等。规模经营作为企业战略的一种，体现了企业经营能力的规模水平，有助于实现规模经济。对于文化企业来说，实行规模经营有利于集中力量进行技术创新、科研开发，从而降低生产成本、提高劳动生产率，有利于提升与国外企业抗衡的能力。对于整个文化产业来说，规模经营程度反映了行业里大企业对市场的支配状况。大企业有着雄厚的资金、先进的技术、现代化的管理手段，是引领行业升级的主导力量。文化产业规模经营程度的提高，有利于文化产业形成高水平、大规模的国际文化企业。未来的国际文化市场争夺赛将会集中于大企业之间，规模程度提高可以促使我国形成文化品牌优势，进一步促进我国文化产品的出口。所以说，规模经营也是我国实现文化贸易强国的一个主要因素。

产业集中度是衡量少数企业生产经营对市场支配程度的指标，它反映了产业规模经营的程度大小。从图 8-5 可以看出，我国文化产业市场集中度相当低，最高年份为 2007 年，市场集中度仅为 0.4%。产业集中度过低意味着市场中没有生产规模集中的大企业作为支柱，市场过于分散，这不利于政策的开展和实施。另外，产业集中度过低意味着市场进入的壁垒低。市场在逐步开放的过程中不仅会带来国内企业过度竞争，同时也会伴随着国外企业的涌入，这会对我国文化安全产生一定的威胁，不利于我国实现文化贸易强国的目标。总体来说，我国文化产业集中度过低与我国文化产业起步较晚、文化企业的发展基础薄弱有关。目前，国内文化企业"小、软、散、滥"问题比较突出，规模化、专业化、集约化程度不高，缺乏龙头企业和知名品牌。虽然一些文化企业已初具规模，但与世界知名的文化企业相比，实力依然悬殊。

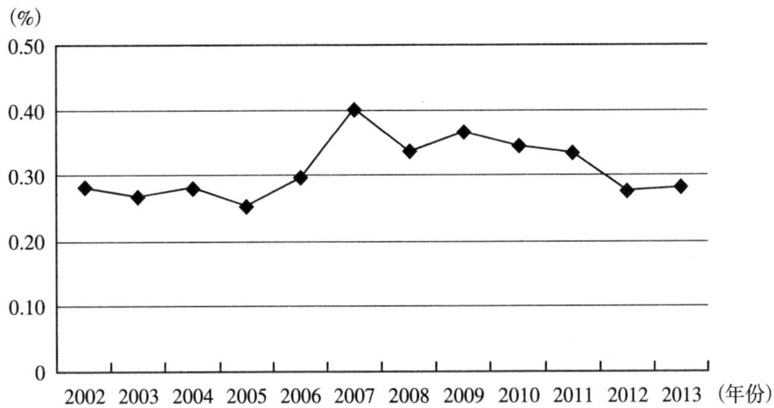

图 8-5　2002~2013 年我国文化产业集中度情况

资料来源：根据 2002~2013 年我国文化行业前八家上市公司数据整理计算所得。

（四）相关支持产业

相关支持产业为文化产业的发展拓展了渠道，其中以互联网为媒介的信息数字产业的兴起为文化贸易的发展创造了的宝贵条件。数字媒体的出现，极大地丰富了文化产品的表现形式。IT 业促进了数字电视、手机报、网络游戏等产业的繁荣，满足了不同层次的消费需求。随着传播渠道的扩增，特别是电子商务的发展，全球各地的生产者都可以通过 B2B、C2C 平台进行文化产品的销售，消费者也可以通过不同渠道来接触到这些文化产品。另外，数字化使得文化贸易成本降低，带来了显著的经济效益。通过虚拟平台的展示，文化产品的接收和输出可以通过互联网实现，原有实物传递过程中所需的贸易物流成本和交易费用得到了节约。

目前，在信息水平的发展上，我国和世界先进技术的差距正在日益缩小。《中国互联网络发展状况统计报告（2015）》数据显示，截至2014年底，我国互联网用户规模已经突破6.49亿，较2011年增长了1.36亿；互联网用户中85.8%的网民用手机上网，较2011年增长了16.2%；互联网普及率达到了47.9%，较2011年增长了9.6%。当前，互联网已经逐渐渗透到各类产业的发展中，文化产业也在互联网技术的影响下逐渐实现转型升级。

二、辅助因素

（一）政府行为

制度政策是政府规定的一系列规则的集合，是政府行为的直观体现，任何产业的健康运作都离不开一个良好的制度政策环境和实施机制，这对生产要素的有序运作有着很大的影响。一方面，文化贸易制度政策的有效实施有利于规范文化贸易的发展，为相关文化企业的行为提供直观的指导，使得文化企业的交易行为有章可循。文化企业可以通过政策的导向预判、规划发展方向，从而避免盲目交易产生的浪费，在最大的可控限度内降低交易成本。另一方面，文化贸易制度政策一旦建立起来，又能对适用范围内的文化企业进行约束、监管和协调，从而进一步规范市场秩序、避免恶性竞争、有效实现组织的目标。特别是当文化产品在不同价值观的社会之间进行流通和传播时，又会涉及意识形态、民族特性、文化主权和文化安全等十分突出的问题，在日益复杂的国际贸易环境中，文化贸易面临着比一般货物更为严峻的贸易风险。所以，国家对文化贸易活动进行制度政策层面的规范和引导，有利于维护我国文化安全，加快我国实现文化贸易强国目标的进程。

随着我国把文化产业提升至国家战略性地位，政府出台了一系列制度政策来支持和保障文化产业的振兴与发展（见表8-3）。除此之外，政府还利用财政资金设立文化产业发展专项基金，旨在对规划的重点发展行业进行奖励，创造示范和引导效应，为文化贸易投资搭建便利平台。

表 8-3 我国对外文化贸易政策一览

时间	对外文化贸易政策
2005 年 1 月	《国家文化产品出口示范基地认定管理办法（暂行）》
2006 年 8 月	《关于鼓励和支持文化产品和服务出口的若干政策》
2009 年 7 月	《文化产业振兴规划》
2010 年 1 月	《2009~2010 年度国家文化出口重点企业目录》
2011 年 12 月	《关于促进文化产品和服务"走出去"总体规划》
2012 年 2 月	《"十二五"时期文化产业倍增计划》
2014 年 3 月	《关于加快发展对外文化贸易的意见》

（二）机遇

借着政府扶持的东风，站在国内外新的形势面前，文化产业和文化贸易面临着新的发展机遇。

从国内机遇来看，首先，随着文化产业越来越受到各国的重视，越来越多的投资开始将注意力集中到文化领域，文化产业的发展潜力巨大；其次，国内居民收入水平和消费水平的提升，城镇和农村居民恩格尔系数的下降，带来了比物质需求更高层次的精神需求，文化产品的消费空间正在逐步释放；最后，上海自由贸易区的设立为文化企业"走出去"提供了高效便利的专业服务，尤其是国家对外文化贸易基地（上海）的设立，更是为文化贸易提供了贸易便捷、关税减免、融资服务等方面的支持，这将大大促进文化贸易的发展。

从国外机遇来看，北京奥运会和上海世博会的召开为世界打开了一扇了解中国的大门，中国文化受到世界的关注和热议。各式各样的国际级别的博览会、文化论坛、会展等文化活动相继在中国召开，为中外文化交流提供了很好的平台。与此同时，中国也在不断输出自己的文化，如在世界各地建立孔子学院，举办"中国文化交流年"活动，传播儒学和传统文化。随着中国国力的不断强盛，国际交流的日益频繁，世界越来越关注中国，神秘的东方文化吸引着国外民众的视线，客观上创造了对我国文化产品的需求。

思考题

(1) 中国对外文化贸易发展经历了哪些阶段?

(2) 中国对外文化贸易发展的关键因素有哪些?

(3) 中国对外文化贸易发展的辅助因素有哪些?